Ott
Lengersdorf

Abitur 2021 | *Leistungskurs*
Aufgabensammlung zur zentralen Abiturprüfung
Mathematik am Berufskolleg – Berufliches Gymnasium
— Fachbereich Wirtschaft und Verwaltung —

Nordrhein-Westfalen

Merkur
Verlag Rinteln

Wirtschaftswissenschaftliche Bücherei für Schule und Praxis
Begründet von Handelsschul-Direktor Dipl.-Hdl. Friedrich Hutkap †

Die Verfasser:

Roland Ott
Oberstudienrat

Norbert Lengersdorf
Oberstudienrat am Berufskolleg für Wirtschaft und Verwaltung in Herzogenrath

Das Werk und seine Teile sind urheberrechtlich geschützt. Jede Nutzung in anderen als den gesetzlich zugelassenen Fällen bedarf der vorherigen schriftlichen Einwilligung des Verlages. Hinweis zu § 60 a UrhG: Weder das Werk noch seine Teile dürfen ohne eine solche Einwilligung eingescannt und in ein Netzwerk eingestellt werden. Dies gilt auch für Intranets von Schulen und sonstigen Bildungseinrichtungen.

* * * * *

13. Auflage 2020
© 2008 by MERKUR VERLAG RINTELN

Gesamtherstellung:
MERKUR VERLAG RINTELN Hutkap GmbH & Co. KG, 31735 Rinteln
E-Mail: info@merkur-verlag.de
lehrer-service@merkur-verlag.de
Internet: www.merkur-verlag.de

Merkur-Nr. 0447-13
ISBN 978-3-8120-1050-4

Vorwort

Die vorliegende Aufgabensammlung enthält nur auf die neue Prüfungsordnung für das Berufskolleg in Nordrhein-Westfalen abgestimmte Aufgaben zur Vorbereitung auf das Abitur 2021 im Fach Mathematik an beruflichen Gymnasien im Fachbereich Wirtschaft und Verwaltung.

Die Aufgaben behandeln nur Themen, die in den Abiturvorgaben 2021 für den Leistungskurs Mathematik, Fachbereich Wirtschaft und Verwaltung, aufgeführt sind.

Die zentrale Abiturprüfung 2021 besteht aus zwei Teilen, einem hilfsmittelfreien Prüfungsteil A und einem Prüfungsteil B mit Hilfsmittel (GTR bzw. CAS)

Die Aufgaben für den Leistungskurs sind gegliedert nach den Prüfungsgebieten: Analysis mit Anwendungen, Stochastik und Lineare Algebra.

Dem pandemiebedingten Distanzlernen wird Rechnung getragen durch eine Fokussierung auf inhaltliche Schwerpunkte für die schriftliche Abiturprüfung für das Abitur 2021.

Die Analysis behandelt im Abitur 2021 als Schwerpunkt (fokussiert) ganzrationale Funktionen und Exponentialfunktionen und die Modellierung von berufsbezogenen Anwendungen mithilfe dieser Funktionstypen: Marktpreistheorie, Konsumenten- und Produzentenrente, Modelle der vollständigen Konkurrenz und des Angebotsmonopols, Absatz- und Umsatzentwicklung.

Die Lineare Algebra hat die Schwerpunkte Lineare Gleichungssysteme, Stochastische Matrizen und Lineare Optimierungsprobleme. Innerbetriebliche Verflechtungen und mehrstufige Produktionsprozesse sollen nicht im Fokus stehen.

Schwerpunkt in der Stochastik ist die bedingte Wahrscheinlichkeit, die Binomialverteilung und einseitige Hypothesentests in ökonomischen Anwendungen.

Über die in den fokussierten Vorgaben hinaus werden auch die nicht mit Stern gekennzeichneten Inhalte in den Aufgaben behandelt.

Die Einteilung nach Prüfungsgebieten ermöglicht ein gezieltes Üben. Der Schwierigkeitsgrad der Aufgaben ist unterschiedlich.

Da die Aufgabensammlung allen Schüler/innen bei der Vorbereitung auf das schriftliche Abitur helfen soll, sind zu allen Aufgaben ausführliche Lösungen angegeben. An verschiedenen Stellen sind Lösungsalternativen aufgezeigt, ohne einen Anspruch auf Vollständigkeit zu erheben.

Autoren und Verlag wünschen viel Glück und Erfolg bei der Abiturprüfung.

Inhaltsverzeichnis

	Ablauf der schriftlichen Abiturprüfung 2021	8
	Operatoren und Dokumentation von Lösungen	9
I	**Hilfsmittelfreier Teil der zentralen Abiturprüfung**	11
	Aufgaben zur Prüfungsvorbereitung – Analysis	11
	Lösungen	21
	Aufgaben zur Prüfungsvorbereitung – Lineare Algebra	31
	Lösungen	39
	Aufgaben zur Prüfungsvorbereitung – Stochastik	45
	Lösungen	53
II	**Teil der zentralen Abiturprüfung mit Hilfsmittel (GTR/CAS)**	
1	Analysis	59
	Mathematische Formeln Wirtschaft und Verwaltung	59
	Aufgaben zur Prüfungsvorbereitung Analysis	61
	Lösungen -Aufgaben zur Prüfungsvorbereitung Analysis	76
2	Lineare Algebra	96
	Formelsammlung zur Linearen Algebra	96
	Aufgaben zur Prüfungsvorbereitung Lineare Algebra	98
	Lösungen - Aufgaben zur Prüfungsvorbereitung Lineare Algebra	113
3	Stochastik	131
	Formelsammlung zur Stochastik	131
	Aufgaben zur Prüfungsvorbereitung Stochastik	132
	Lösungen - Aufgaben zur Prüfungsvorbereitung Stochastik	147
III	**Musteraufgabensätze zur Zentralen Abiturprüfung 2021**	163
	Musteraufgabensatz 1	163
	Musteraufgabensatz 2	170
IV	**Zentrale Abiturprüfungen**	192
	Zentrale Abiturprüfung 2017	192
	Zentrale Abiturprüfung 2018	210
	Zentrale Abiturprüfung 2019	224
	Zentrale Abiturprüfung 2020	240
	Stichwortverzeichnis	255

Ablauf der Schriftlichen Abiturprüfung 2021

Leistungskurs

Aufgaben-teil	Aufgabentyp	Aufgaben-zahl	Dauer	Punkte
Teil A	Der Aufgabenteil A besteht aus einer Aufgabe mit vier Teilaufgaben, zwei zur Analysis und je eine zur Linearen Algebra und Stochastik. Mindestens zwei der Teilaufgaben sind mit Anwendungsbezug.	1	max. 60 Minuten	24
Teil B	Der Aufgabensatz B umfasst eine Aufgabe zur Analysis, eine Aufgabe zur Linearen Algebra und eine Aufgabe zur Stochastik. Die Aufgabenstellung des Aufgabenteils B ist entweder zur Lösung mit graphik-fähigen Taschenrechnern (GTR) oder mit einem Computeralgebrasystem (CAS) konzipiert.	3	min. 210 Minuten	96
	Darstellungsleistung Teil A und B			5
Summe		4	270 Minuten	125

Die Aufgaben sowohl im Teil A als auch im Teil B bestehen jeweils aus Teilaufgaben.

Organisation

Zu Beginn der Bearbeitungszeit erhalten die Prüflinge die beiden zu bearbeitenden Aufgabenteile A und B. Die zugelassenen Hilfsmittel gemäß Punkt 5 werden noch nicht ausgegeben.

Die Prüflinge geben individuell nach Bearbeitung, jedoch nach spätestens 60 Minuten der Bearbeitungszeit, ihre Ausarbeitungen zum Aufgabenteil A ab und erhalten im Gegenzug Zugang zu den gemäß Punkt 5 zugelassenen Hilfsmitteln (GTR oder CAS; Formelsammlung).

Die Gesamtbearbeitungszeit für beide Prüfungsteile beträgt im Leistungskurs 270 Minuten.

Für Prüflinge, die die Aufgaben und die Lösungen des Prüfungsteils A vorzeitig abgeben, verlängert sich entsprechend die Bearbeitungszeit für den Prüfungsteil B. Ein Wörterbuch zur deutschen Rechtschreibung ist in beiden Prüfungsteilen der Klausur zugelassen.

Operatoren und Dokumentation von Lösungen

1 Allgemeine Bemerkungen zu den Aufgabenstellungen

Der Prüfling wird nicht zur Nutzung einer bestimmten Technologie aufgefordert, da das Erkennen der Sinnhaftigkeit des Einsatzes des Taschenrechners eine selbstständige Leistung ist. Die Vorgehensweise und Darstellung der Lösung muss unabhängig von der gewählten Technik nachvollziehbar dokumentiert werden. Der Schüler hat zu verdeutlichen, wie er mit welchen Eingaben mit der genutzten Technik zu welchen Ergebnissen gelangt ist. Die Dokumentation erfolgt immer mit mathematischen Regeln unter Nutzung der Fachsprache.

2 Beispiele zu einigen der häufig genutzten Operatoren

2.1

Operator	Beschreibung
Angeben, Nennen	Objekte, Sachverhalte, Begriffe, Daten ohne nähere Erläuterungen bzw. Begründungen und ohne Darstellung von Lösungsansätzen oder Lösungswegen aufzählen

Erläuterungen: Der Prozess der Ergebnisermittlung bleibt gegebenenfalls im Dunkelnsomit auch die Wahl des Hilfsmittels. „Angeben /Nennen" erfordert Einsicht in den Sachzusammenhang oder den mathematischen Zusammenhang.

Beispiel: …und geben Sie eine mögliche Kostenfunktion an.

(Abitur 2017 LK CAS, Analysis 2.1.3)

Erwartungshorizont:

Kostenfunktion z.B. mit c = 12: $K(x) = \frac{1}{400}x^3 - \frac{1}{15}x^2 + 12x + 200$

2.2

Operator	Beschreibung
Erläutern	Strukturen und Zusammenhänge erfassen, in Einzelheiten verdeutlichen und durch zusätzliche Informationen verständlich machen

Erläuterungen: Beispielsweise kann zur Problemlösung ein Sachzusammenhang durch zusätzlich hergeleitete Informationen mit eigenen Worten dargelegt werden oder aber auch ein Vorgehen verständlich beschrieben werden.

Beispiel:

Erläutern Sie anhand der kurzfristigen und der langfristigen Preisuntergrenze, ob die Rasolux GmbH einen Preis von 700GE/ME unterbieten kann.

(Abitur 2017 GK Analysis 2.2.1)

Erwartungshorizont:

kPUG: Minimierung der variablen Stückkosten $k_v(x) = 10x^2 - 240x + 1920$

Notwendige und hinreichende Bedingung bei quadratischen Funktionen mit positivem Leitkoeffizient: $k'_v(x) = 0 \quad 20x - 240 = 0 \Leftrightarrow x = 12 \quad$ kPUG: $k_v(12) = 480$ (GE/ME)

LPUG: Minimierung der Stückkosten $k(x) = 10x^2 - 240x + 1920 + \frac{7840}{x}$

Darstellung des Graphen im Intervall von 0 bis 20 liefert den Tiefpunkt (14 | 1080)

LPUG 1080 GE/ME. Ein Preis von 700GE/ME kann kurzfristig, aber nicht langfristig unterschritten werden.

2.3

Operator	Beschreibung
Berechnen	Ergebnisse von einem Ansatz ausgehend durch Rechenoperationen gewinnen

Erläuterungen: Der Ansatz, der auf der symbolischen Ebenen zur Lösung führt, ist zu dokumentieren. Der sich anschließende Lösungsweg muss unter Beibehaltung mathematischer Regeln nachvollziehbar dargestellt werden. Wenn ein GTR/CAS für einen Lösungsschritt verwendet wird, ist der Ansatz und der logische Schritt zu dokumentieren.

Beispiel: Berechnen Sie den maximalen Gewinn (Abitur 2017 LK GTR, Analysis 2.2.1.2)

Erwartungshorizont

Gewinnmaximum: $G'(x) = 0$ und $G''(x) < 0$

Ableitungen: $G'(x) = -3x^2 + 12x - 1{,}25$; $G''(x) = -6x + 12$

Notwendige Bedingung: $G'(x) = 0 \Leftrightarrow x_1 = 3{,}89 \vee x_2 = 0{,}11$

Mit $G''(3{,}89) < 0$ und $G(3{,}89) = 23{,}32$ gilt:

Bei einer Produktion von 3,89 ME wird der maximale Gewinn von 23,32 GE erzielt.

2.4

Operator	Beschreibung
Bestimmen, Ermitteln	Zusammenhänge bzw. Lösungswege finden und die Ergebnisse formulieren.

Erläuterungen: Die Wahl der Mittel (z.B. ob graphisch oder numerisch) bleibt offen. Durch Spezifizierung wie „Ermitteln Sie graphisch" oder „Bestimmen Sie rechnerisch" würde die Verwendung der Werkzeugebene des GTR bzw. CAS beschränkt.

Beim graphischen ermitteln von Lösungen kann dies durch Anfertigung einer Zeichnung auf Papier oder durch Darlegung der Lösungsschritte beim graphischen Lösen mit GTR bzw. CAS erfolgen.

Beispiel: Gehen Sie davon aus, dass gilt: $a = \frac{1}{225}c - \frac{23}{450}$ und $b = -30a$

Ermitteln Sie den Bereich, in dem der Parameter c liegen muss, damit K eine ertragsgesetzliche Kostenfunktion ist ... . (Abitur 2017 LK CAS, Analysis 2.1.3)

Erwartungshorizont

Mit $b^2 \leq 3 \cdot a \cdot c$ ist folgende Ungleichung zu lösen: $(\frac{23}{15} - \frac{2}{15}c)^2 \leq 3(\frac{1}{225}c - \frac{23}{450}) \cdot c$

Lösung mit CAS: $11{,}5 \leq c \leq 46$

(Die Erläuterungen zu den Operatoren sind der Rückkopplungsveranstaltung zum Zentralabitur 2017 entnommen, Qualitäts-und Unterstützungs-Agentur-Landesinstitut für Schule NRW)

I Hilfsmittelfreier Teil der zentralen Abiturprüfung
Aufgaben zur Prüfungsvorbereitung – Analysis

Dieser Teil der Abiturprüfung enthält 4 Aufgaben entsprechend den Abiturvorgaben, davon mindestens zwei mit Anwendungsbezug.

Analysis   Lösungen Seite 21

Punkte

Aufgabe 1

Zur ertragsgesetzlichen Kostenfunktion
$K(x) = ax^3 + bx^2 + cx + d$; $a, c, d > 0$, $b < 0$,
x in ME, K(x) in GE,
sind in der nebenstehenden Abbildung
die Graphen der Grenzkostenfunktion,
der Stückkostenfunktion und der variablen
Stückkostenfunktion dargestellt.

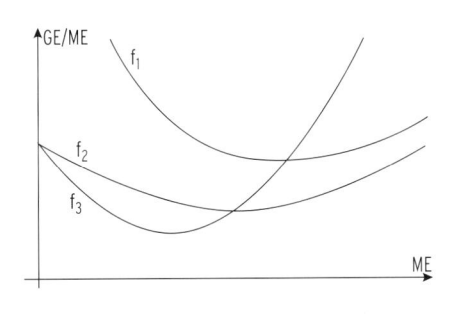

1.1 Ordnen Sie dem jeweiligen Graphen die entsprechende ökonomische Funktion begründet zu.   3

1.2 Beweisen Sie, dass die betriebsminimale Ausbringungsmenge bei $x = -\frac{b}{2a}$ liegt.   3

Aufgabe 2

Die monatlichen Absatzzahlen eines Produkts werden mit $f(t) = (40 - t)e^{0{,}05t}$,
(t in Monaten, f(t) in ME/Monat)
modelliert. Der nebenstehende Graph
verdeutlicht die Situation.

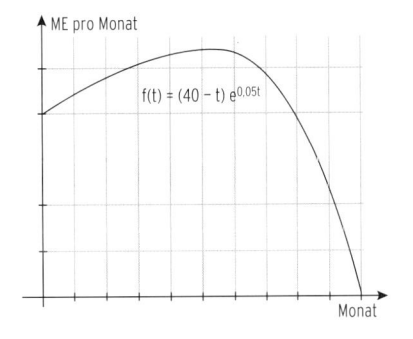

2.1 Berechnen Sie den Zeitpunkt, bis zu dem das Produkt auf dem Markt abgesetzt werden kann.   2

2.2 Zeigen Sie, dass der Zeitpunkt des maximalen monatlichen Absatzes bei t = 20 liegt.   4

($f''(t) = -\frac{1}{400} t\, e^{0{,}05t}$ kann verwendet werden.)

Analysis

Aufgabe 3

Die monatlichen Absatzzahlen eines neuartigen Produkts werden mit

$f(t) = -\frac{1}{10}t^3 + 2t^2$

(t in Monaten, f(t) in ME/Monat) modelliert. Der nebenstehende Graph verdeutlicht die Situation.

3.1 Bestimmen Sie die in den ersten 20 Monaten insgesamt abgesetzte Menge.   3 Punkte

3.2 Skizzieren Sie in das nebenstehende Koordinatensystem den Graphen der Funktion, die den Gesamtabsatz in Abhängigkeit von der Zeit angibt.   3

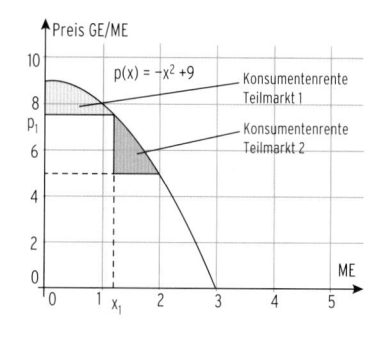

Aufgabe 4

Die Preisentwicklung eines Produkts entspricht der Nachfragefunktion p mit

$p(x) = -x^2 + 9$; x in ME, p(x) in GE/ME.

Das Produkt wird auf dem Teilmarkt 1 für p_1 GE/ME und auf dem Teilmarkt 2 für 5 GE/ME verkauft. Es werden insgesamt 2 ME abgesetzt (vgl. nebenstehende Abbildung).

4.1 Beschreiben Sie den Einfluss der Höhe des Preises p_1 auf die Konsumentenrente des jeweiligen Teilmarkts.   2

4.2 Weisen Sie nach, dass die gesamte Konsumentenrente optimal abgeschöpft wird, wenn $x = \sqrt{\frac{4}{3}}$ (ME) ist.   4

Analysis

Aufgabe 5

Die folgende Tabelle gibt die Stückkosten k, die variablen Stückkosten k_v und die Grenzkosten K' zur ertragsgesetzlichen Kostenfunktion K an (x in ME; K(x) in GE):

x	1	2	3	4	5	6	7	8
k(x)	201,0	124,0	97,0	84,0	77,8	76,0	77,6	82,0
$k_v(x)$	57,0	52,0	49,0	48,0	49,0	52,0	57,0	64,0
K'(x)	51,0	44,0	43,0	48,0	59,0	76,0	99,0	128,0

Beurteilen Sie die Richtigkeit der folgenden Aussagen allein unter Zuhilfenahme der Tabellenwerte:

1.1 Das Betriebsminimum liegt bei 4 ME.

1.2 Die Kosten steigen zwischen 0 und 4 ME degressiv.

1.3 Die Fixkosten belaufen sich auf 144 GE.

Aufgabe 6

Die Absatzentwicklung eines Produktes wird durch die folgende Funktion beschrieben:

$f(t) = 9t \cdot e^{-0,3t} + 6$

dabei steht t > 0 für die Monate und f(t) für den Absatz in ME pro Monat.

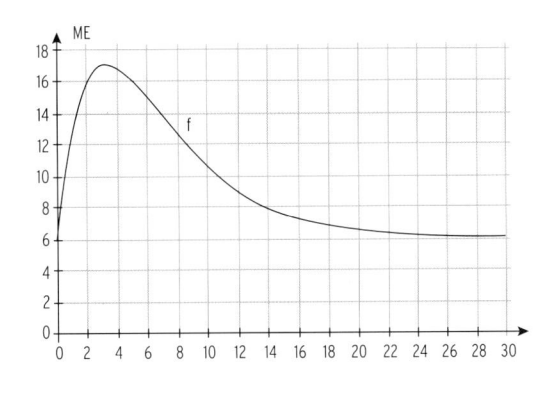

1 Berechnen Sie den Zeitpunkt, zu dem die monatlichen Absatzzahlen maximal werden (notwendiges Kriterium genügt).

2 Nehmen Sie mit Hilfe des Graphen Stellung zu der folgenden Aussage:
In der zweiten Hälfte des ersten Jahres liegt der Zeitpunkt des maximalen Absatzrückganges.

Analysis

Aufgabe 7

Gegeben sind folgende Angebotsfunktion p_A und Nachfragefunktion p_A:

$p_A(x) = \frac{2}{3}x^2 + \frac{16}{3}$

$p_N(x) = -\frac{1}{3}x^2 + \frac{64}{3}$

x in ME, p(x) in GE/ME

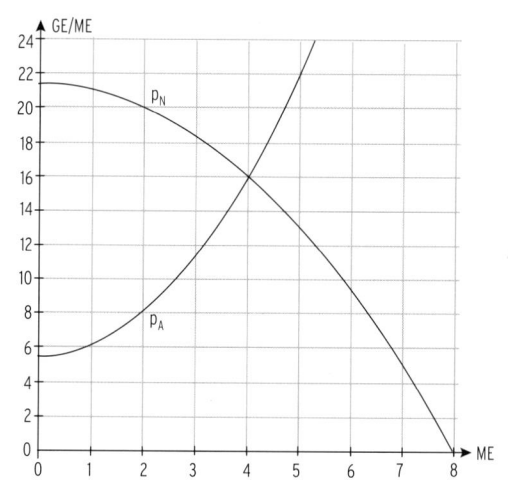

1 Berechnen Sie das Marktgleichgewicht. 4

2 Begründen Sie anhand der Graphen, dass die Konsumentenrente geringer ist als die Produzentenrente. 2

Aufgabe 8

Gegeben ist die Funktion f mit der Gleichung $f(x) = x^3 + 2x^2 - 2x$. Die Abbildung zeigt den Graphen der Funktion f.

1 Berechnen Sie alle Nullstellen der Funktion f.

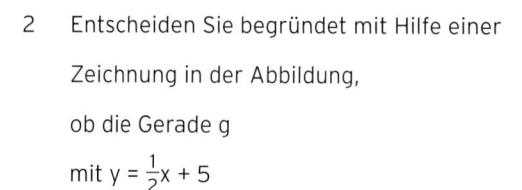

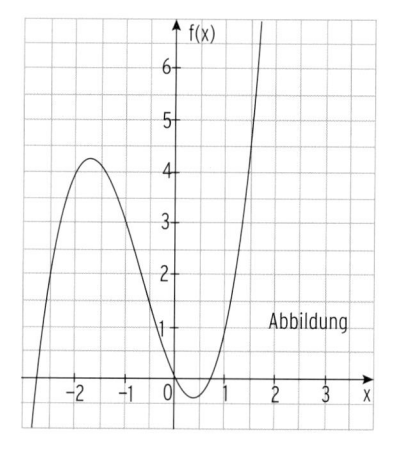

2 Entscheiden Sie begründet mit Hilfe einer Zeichnung in der Abbildung, ob die Gerade g mit $y = \frac{1}{2}x + 5$ eine Tangente am Graphen von f im Punkt P (− 2 | 4) ist. 6

Analysis

Aufgabe 9

Gegeben ist die Funktion f mit der Gleichung $f(x) = x^3 + 3x^2 - 1$. Die Koordinaten des lokalen Hochpunktes und des lokalen Tiefpunktes sind ganzzahlig.

Die Abbildung zeigt den Graphen der Funktion f.

(1) Entscheiden Sie begründet, ob der Graph der Ableitungsfunktion f' eine nach oben oder nach unten geöffnete Parabel ist.

(2) Geben Sie alle Werte für den Parameter c an, so dass die Funktion g_c mit der Gleichung $g_c(x) = f(x) + c$ genau zwei Nullstellen besitzt. Begründen Sie Ihre Angabe.

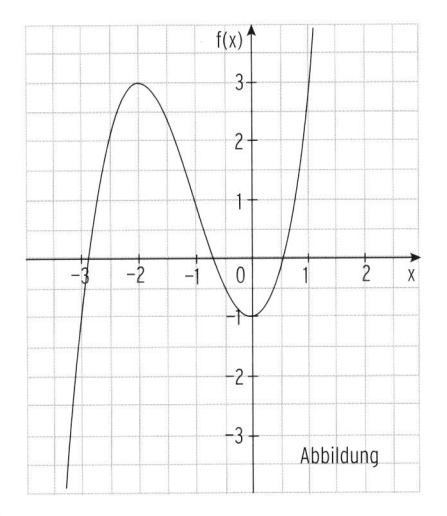

6

Aufgabe 10

Gegeben ist die Funktion f mit der Gleichung $f(x) = \frac{1}{2}x^3 - x - 2$. Der Graph ist in der Abbildung dargestellt.

(1) Weisen Sie rechnerisch nach, dass die in der Zeichnung erkennbare Nullstelle tatsächlich eine Nullstelle ist.

(2) Gegeben ist die Funktion g_a mit der Gleichung $g_a(x) = f(x + a)$. Geben Sie an, wie sich der Graph von g_a verändert, wenn man für a immer größere Zahlen einsetzt.

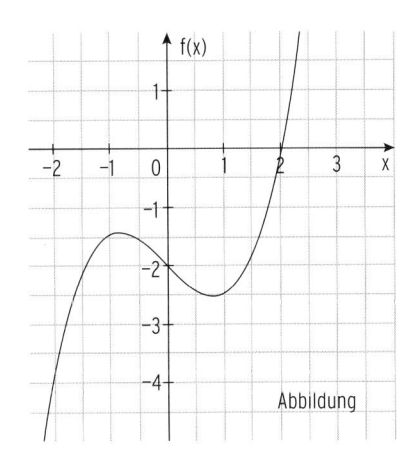

Geben Sie außerdem einen Wert für a an, so dass die Funktion g_a die Nullstelle $x = -1$ besitzt.

6

Analysis Aufgabe 11

Die nebenstehende Abbildung zeigt den Graphen der Funktion f mit der Gleichung

$f(x) = \frac{1}{3}x^3 - 2x^2 + \frac{16}{3}$.

(1) Bestimmen Sie eine Gleichung der Tangente an den Graphen von f im Punkt P(2 | 0).

(2) Skizzieren Sie den Graphen von f′ in die Abbildung.

(6 Punkte)

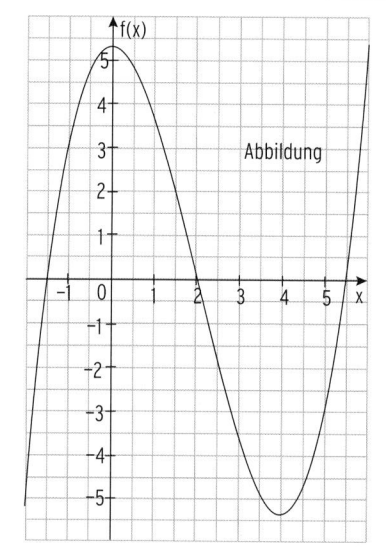

Abbildung

Aufgabe 12

Gegeben ist eine Funktion f. Die Abbildung 1 zeigt die Parabel ihrer Ableitungsfunktion f′ mit der Gleichung

$f'(x) = -\frac{1}{4}x^2 + x + 3$.

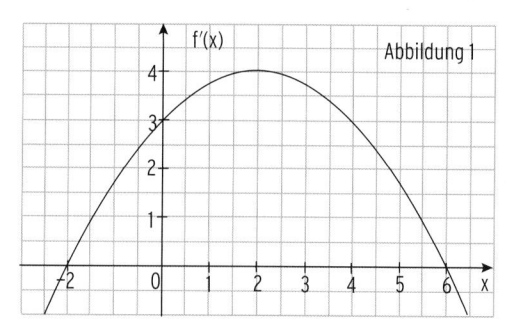

(1) Die Parabel von f′ besitzt die beiden Nullstellen x = −2 und x = 6. Ermitteln Sie unter Verwendung dieser Nullstellen rechnerisch die Koordinaten des Scheitelpunktes S der Parabel.

(2) Begründen Sie, dass keine der beiden Abbildungen 2 und 3 den Graphen der Funktion f zeigt. Führen Sie jeweils mindestens ein Gegenargument auf.

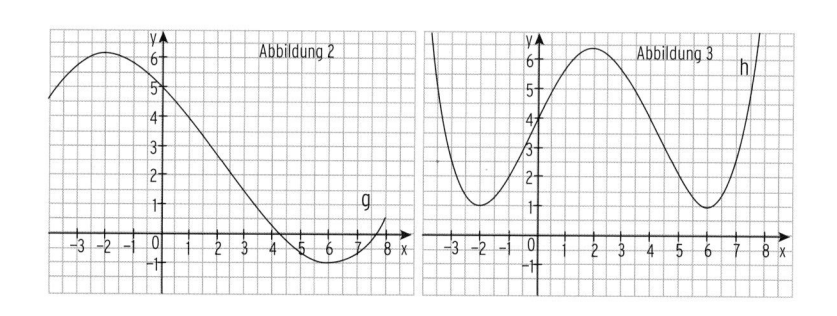

Abbildung 1

Abbildung 2

Abbildung 3

Aufgaben

Analysis   Lösungen Seite 26/27

Aufgabe 13

Die Abbildung zeigt das Schaubild einer Funktion f.
Ermitteln Sie einen möglichen Funktionsterm.

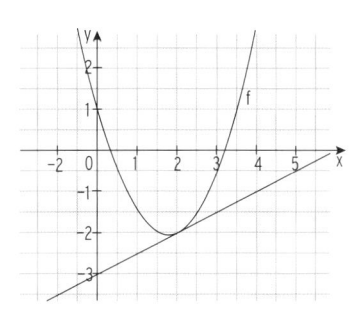

Aufgabe 14

Das Schaubild der Funktion f mit $f(x) = -x^3 + 3x^2 - x - 4$ besitzt einen Wendepunkt.
Bestimmen Sie eine Gleichung der Tangente in diesem Wendepunkt.

Aufgabe 15

Das Schaubild einer ganzrationalen Funktion dritten Grades berührt die x-Achse
im Ursprung. Der Punkt H(1 | 1) ist der Hochpunkt des Schaubilds.
Bestimmen Sie die Funktionsgleichung.

Aufgabe 16

Die Tangente an den Graphen von f mit $f(x) = e^{x-3} - 2$ an der Stelle x = 3
schneidet die Asymptote des Graphen von f in S.
Bestimmen Sie die Koordinaten von S.

Aufgabe 17

Berechnen Sie das Integral $\int_{-1}^{2}(x^3 - 0{,}5x^2 - 3x)dx$.
Interpretieren Sie den Integralwert mit Hilfe
geeigneter Flächenstücke.

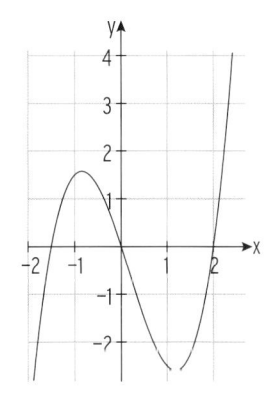

Aufgabe 18

Gegeben sind die Funktionen f und g mit $f(x) = -x^2 + 3$ und $g(x) = 2x$.
Berechnen Sie den Inhalt der Fläche, die von den Graphen der beiden Funktionen
eingeschlossen wird.

Aufgabe 19

Gegeben ist die Funktion f mit $f(x) = 4e^{2x} - 2$.
Bestimmen Sie diejenige Stammfunktion F von f mit $F(0{,}5) = -1$.

Analysis

Aufgabe 20

Die Entwicklung der Gesamtkosten der Produktion von Fahrrädern kann durch die Funktion K mit $K(x) = 0{,}5x^3 - 8x^2 + 45x + 70$ mit $D_K = [0; 13]$ beschrieben werden.
Berechnen Sie das Minimum der variablen Stückkosten und interpretieren Sie ihr Ergebnis.

Aufgabe 21

Bilden Sie die erste Ableitung der Funktion f mit $f(x) = (2x^2 + 5) \cdot e^{-2x}$.

Aufgabe 22

Die Abbildung zeigt das Schaubild der Ableitungsfunktion f′ einer Funktion f. Geben Sie für jeden der folgenden Sätze an, ob er richtig, falsch oder nicht entscheidbar ist. Begründen Sie jeweils ihre Antwort.

1. Das Schaubild von f hat bei $x = -2$ einen Tiefpunkt.
2. Das Schaubild von f hat für $-3 \leq x \leq 6$ genau zwei Wendepunkte.
3. Das Schaubild von f verläuft im Schnittpunkt mit der y-Achse steiler als die erste Winkelhalbierende
4. $f(0) > f(5)$

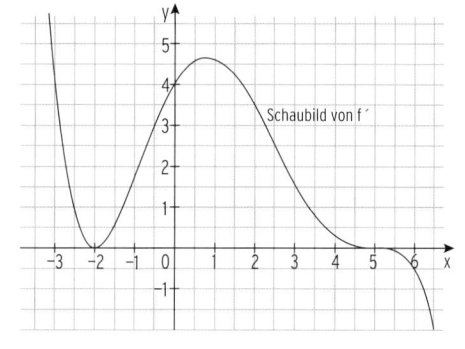

Aufgabe 23

Die Abbildung zeigt das Schaubild der Ableitungsfunktion f′ einer Funktion f. Welcher der folgenden Aussagen über die Funktion f sind wahr, falsch oder unentscheidbar?
Begründen Sie Ihre Antworten.

1. f ist streng monoton wachsend für $-3 < x < 3$.
2. Das Schaubild von f hat mindestens einen Wendepunkt.
3. Das Schaubild von f ist symmetrisch zur y-Achse.
4. Es gilt $f(x) > 0$ für alle $x \in [-3; 3]$.

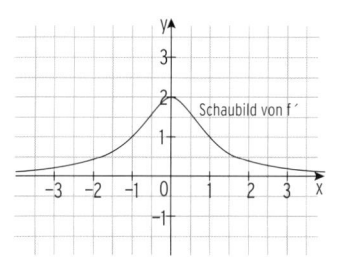

Analysis   Lösungen Seite 29/30   Punkte

Aufgabe 24

Gegeben ist die Funktion f mit der Gleichung:

$f(x) = \frac{1}{3}x^3 - \frac{11}{4}x^2 + 6x - 2$.

Die Abbildung 1 zeigt den Graphen der Ableitungsfunktion f'.

(1) Berechnen Sie die beiden Stellen x_1 und x_2, an denen die erste Ableitung f' den Wert Null besitzt.

(2) Geben Sie an, ob an der Stelle x_1 ein lokaler Hoch- oder ein lokaler Tiefpunkt des Graphen von f vorliegt, und begründen Sie Ihre Angabe mit Hilfe der Abbildung 1.

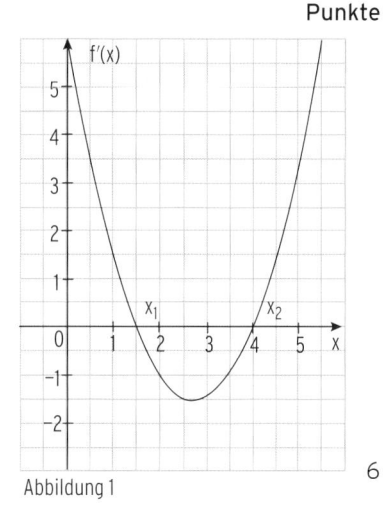

Abbildung 1

6

Aufgabe 25

Gegeben ist die Gleichung $x^3 - 10x^2 + 6x + 72 = 0$

Zeigen Sie: $x_1 = 4$ ist eine Lösung. Bestimmen Sie alle Lösungen.

Aufgabe 26

Gegeben ist die Funktion f mit $f(x) = -x^3 + 3x^2 - 2x$ und $x \in \mathbb{R}$.
Die Abbildung zeigt ihren Graphen von f, der bei $x = 1$ den Wendepunkt W hat.

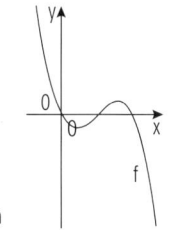

a) Zeigen Sie, dass die Tangente an den Graphen von f im Punkt W die Steigung 1 hat.

2

b) Betrachtet werden die Geraden mit positiver Steigung m, die durch W verlaufen. Geben Sie die Anzahl der Schnittpunkte dieser Geraden mit dem Graphen von f in Abhängigkeit von m an.

3

Aufgabe 27

Die Unternehmensführung geht von einer ertragsgesetzlichen Kostenfunktion K 3. Grades aus. Die Abbildung zeigt den Graph der Grenzkostenfunktion K', den Graph der Stückkostenfunktion k und den Graph der Preisfunktion p.

Prüfen Sie die folgenden Aussagen auf Richtigkeit und begründen Sie Ihre Entscheidung.

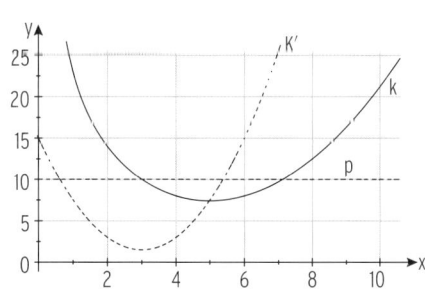

1   Der Graph von K besitzt eine Wendestelle in $x = 3$.
2   Je größer die produzierte Stückzahl, desto geringer sind die Stückkosten.
3   Die Schnittstelle von Preisgerade und Grenzkostenkurve ist die betriebsoptimale Stückzahl.

Analysis

Aufgabe 28

Das Unternehmen Nokateo möchte für die anstehende Sommersaison den Unisex-Pullover Habicht auf den Markt bringen und analysiert den Produktlebenszyklus für den Pullover aus der Vorsaison. Die Abbildung zeigt den Graphen der Gesamtabsatzfunktion A des Vorgängermodells.

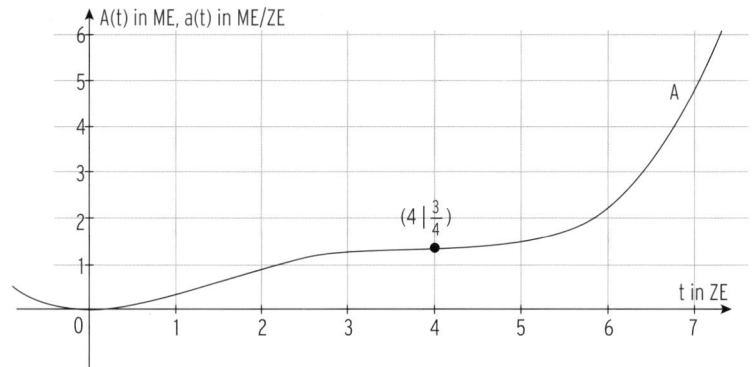

a) Skizzieren Sie den Graphen des Produktlebenszklus a in das vorgegebene Koordinatensystem. (2 Punkte)

b) Kennzeichnen Sie in der Grafik den ökonomisch sinnvollen Definitionsbereich. (1 Punkt)

c) Der Produktlebenszyklus a kann durch eine Funktion der Funktionenschar $a_b(t) = \frac{1}{16}t^3 - bt^2 + t$ beschrieben werden. Bestimmen Sie die Funktionsgleichung der oben eingezeichneten Gesamtabsatzfunktion A. (3 Punkte)

Aufgabe 29

Die Abbildung zeigt den Graphen einer in $\mathbb{R}$ definierten, differenzierbaren Funktion g.
Betrachtet wird eine in $\mathbb{R}$ definierte Funktion f, für deren erste Ableitungsfunktion $f'(x) = e^{g(x)}$ gilt.

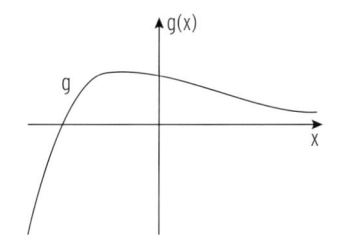

a) Untersuchen Sie, ob der Graph von f einen Extrempunkt hat. (2 BE)

b) Untersuchen Sie, ob der Graph von f einen Wendepunkt hat. (3 BE)

Lösungen - Aufgaben zur Prüfungsvorbereitung – Analysis
Hilfsmittelfreier Teil der Zentralen Abiturprüfung

Aufgabe 1 (Aufgaben Seite 11)

1.1 Der Graph der Grenzkostenfunktion schneidet den Graphen der variablen Stückkostenfunktion im Betriebsminimum, den der Stückkostenfunktion im Betriebsoptimum. Also gehört f_3 zur Grenzkostenfunktion. Die kurzfristige Preisuntergrenze ist geringer als die langfristige Preisuntergrenze, so dass f_2 der variablen Stückkostenfunktion und f_1 der Stückkostenfunktion zugeordnet werden kann.

1.2 Minimum der variablen Stückkosten:

$k_v(x) = a x^2 + bx + c; \quad k_v'(x) = 2ax + b$

Notwendig und hinreichend bei ertragsgesetzlicher Kostenfunktion:

$k_v'(x) = 0 \qquad 2ax + b = 0$

$\qquad\qquad\qquad x = -\frac{b}{2a}; \text{ da } a > 0 \quad \text{Minimalstelle}$

Aufgabe 2

2.1 Nullstellenbetrachtung

$f(t) = 0 \qquad\qquad (40 - t)e^{0,05t} = 0$

da $e^{0,05t} \neq 0$ für alle $t \in \mathbb{R} \qquad t = 40$

Nach 40 Monaten verschwindet das Produkt vom Markt.

2.2 Extremwertbetrachtung: Notwendige Bedingung $f'(t) = 0$

$f'(t) = 0,05(40 - t)e^{0,05t} - e^{0,05t} = e^{0,05t}(0,05(40 - t) - 1)$

(Produkt- und Kettenregel)

$f'(t) = 0 \qquad\qquad 0,05(40 - t) - 1 = 0$

$\qquad\qquad\qquad\qquad 1 - 0,05t = 0$

$\qquad\qquad\qquad\qquad t = 20$

Dazu hinreichend für Maximum ($f''(20) = -\frac{1}{400} \cdot 20 \cdot e^1 = -\frac{e}{20} < 0$)

Alternativ: $f'(20) = e^{0,05 \cdot 20}(0,05(40 - 20) - 1) = e^1 \cdot 0 = 0$

Lösungen - Analysis

Aufgabe 3 (Aufgaben Seite 12)

3.1 Die gesamte Absatzmenge der ersten 20 Monate wird mit dem Integral berechnet.

$$\int_0^{20} f(t)dt = \int_0^{20} \left(-\frac{1}{10}t^3 + 2t^2\right)dt = \left[-\frac{1}{40}t^4 + \frac{2}{3}t^3\right]_0^{20} = -4000 + \frac{16000}{3} \approx 1333{,}3 \text{ (ME)}$$

3.2

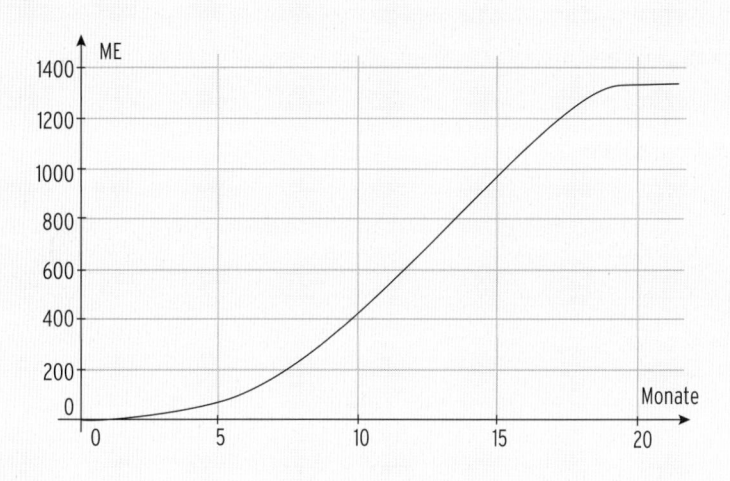

Aufgabe 4

4.1 Bei Erhöhung des Preises p_1 wird die Konsumentenrente im Teilmarkt 1 geringer und gleichzeitig die des Teilmarkts 2 höher. Bei Verringerung des Preises verhält es sich umgekehrt.

(Bei einem Preis p_1 von 9 GE/ME erlischt der Teilmarkt 1, bei einem Preis p_1 von 5 GE/ME erlischt der Teilmarkt 2.)

4.2 Damit die Konsumentenrente höchstmöglich abgeschöpft wird, muss der Preis p_1 so gewählt werden, dass der Flächeninhalt des Rechtecks unter dem Flächenstück zur Konsumentenrente Teilmarkt 1 möglichst groß wird (dadurch wird die Konsumentenrente möglichst klein).

$A(x) = x \cdot f(x) - 5x = -x^3 + 9x - 5x = -x^3 + 4x$

Extremwertbetrachtung: $A'(x) = 0 \qquad -3x^2 + 4 = 0$

$$x^2 = \frac{4}{3}$$

Mit $x > 0$: $\qquad\qquad\qquad\qquad x = \sqrt{\frac{4}{3}}$

Dazu hinreichend: $A''\left(\sqrt{\frac{4}{3}}\right) = -6\sqrt{\frac{4}{3}} < 0$

Lösungen - Analysis

Aufgabe 5 (Aufgaben Seite 13)

1.1 Die variablen Stückkosten und die Grenzkosten sind im Betriebsminimum gleich, also ist aus der Tabelle abzulesen: $x_{BM} = 4$. Die Aussage ist also wahr.

1.2 Die Grenzkostenfunktion K' gibt den Kostenzuwachs an. Dieser nimmt nur bis 3 ME ab (degressiver Zuwachs), danach wieder zu (progressiver Zuwachs). Daher ist die Aussage falsch.

1.3 Die Stückkostenfunktion und die variable Stückkostenfunktion unterscheiden sich nur durch den Term $\frac{K_{fix}}{x}$.
Daher gilt: $K_{fix} = k(1) - k_v(1) = 201 - 57 = 144$.
Die Aussage ist also wahr.

Aufgabe 6

1. $f(t) = 9t \cdot e^{-0,3t} + 6$; $f'(t) = 9 \cdot e^{-0,3t} + (-0,3) \cdot 9t \cdot e^{-0,3t} = 9 \cdot e^{-0,3t}(1 - 0,3t)$

   (mit Produkt und Kettenregel)

   Notwendige Bedingung: $f'(t) = 0$ $\quad\quad 9(1 - 0,3t) = 0 \quad (e^{-0,3t} \neq 0)$
   $$-0,3t + 1 = 0$$
   $$t = \frac{1}{0,3} = \frac{10}{3}$$

   Der maximale Absatz wird im 4. Monat erreicht.

2. Der stärkste Absatzrückgang entspricht dem Wendepunkt mit re/li-Krümmungswechsel.

   Dieser liegt laut Graph bei ungefähr (8 | 12,5). Die Aussage ist also wahr.

Aufgabe 7 (Aufgaben Seite 14)

1. Schnittpunkt von Angebots- und Nachfragefunktion:

   $p_A(x) = p_N(x) \quad\quad \frac{2}{3}x^2 + \frac{16}{3} = -\frac{1}{3}x^2 + \frac{64}{3}$

   $x^2 = 16 \Leftrightarrow x = \pm 4$

   Da negative Produktionswerte ökonomisch sinnlos sind, liegt die Gleichgewichtsmenge bei 4 ME. Der Gleichgewichtspreis liegt bei 16 GE/ME: $\quad p_A(4) = p_N(4) = 16$

   Die Abbildung bestätigt das Ergebnis.

2. Der Inhalt der zwischen dem Graphen von p_N und $y = 16$ eingeschlossenen Fläche stellt den Geldwert der Konsumentenrente dar, der Flächeninhalt zwischen $y = 16$ und dem Graphen von p_A den Geldwert der Produzentenrente. Die Fläche der Konsumentenrente ist kleiner als die Fläche der Produzentenrente, somit ist die Konsumentenrente geringer als die Produzentenrente.

Lösungen - Analysis

Aufgabe 8 (Aufgaben Seite 14)

1 Nullstellen: $f(x) = 0$ $\qquad$ $x^3 + 2x^2 - 2x = 0 \Leftrightarrow x(x^2 + 2x - 2) = 0$

Also $x_1 = 0$. $\qquad$ Zusätzlich: $\qquad$ $x^2 + 2x - 2 = 0$

$$x_{2|3} = -1 \pm \sqrt{1 + 2}$$

Die drei Nullstellen sind $x_1 = 0$, $x_{2|3} = -1 \pm \sqrt{3}$.

2 Einzeichnen der Geraden g (siehe Abbildung rechts). Man sieht deutlich, dass g den Graphen von f im Punkt P $(-2 \mid 4)$ nicht berührt, sondern schneidet. Daher kann g keine Tangente am Graphen von f im Punkt P sein.

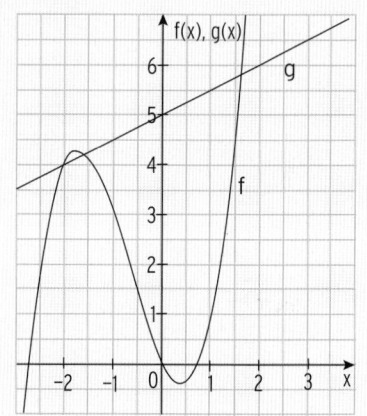

Aufgabe 9 (Aufgaben Seite 15)

(1) Es gilt: $f'(x) = 3x^2 + 6x$. Das Vorzeichen des Koeffizienten vor x^2 entscheidet, ob die Parabel nach oben oder nach unten geöffnet ist. Weil $3 > 0$ gilt, ist die Parabel nach oben geöffnet.

Oder: Die Parabel von f ' besitzt die Nullstellen $x = -2$ und $x = 0$, denn sie sind die lokalen Extremstellen von f. Nur dazwischen fällt der Graph von f, also liegt die Parabel von f ' für $-2 < x < 0$ unterhalb der x-Achse. Die Parabel muss also nach oben geöffnet sein.

(2) $c = -3$ oder $c = 1$. Damit es genau zwei Nullstellen gibt, muss der Graph von g_c die x-Achse im Hochpunkt oder im Tiefpunkt berühren. Somit muss entweder der Graph von f (Hochpunkt $H(-2 \mid 3)$) um drei Einheiten nach unten oder um eine Einheit nach oben (Tiefpunkt $T(0 \mid -1)$) verschoben werden.

Aufgabe 10

(1) Am Graphen ist erkennbar, dass $x = 2$ die vermutliche Nullstelle ist.

Zum rechnerischen Nachweis: Setze $x = 2$ in $f(x)$ ein.

Wegen $f(2) = \frac{1}{2} \cdot 2^3 - 2 - 2 = 4 - 2 - 2 = 0$ ist $x = 2$ eine Nullstelle von f.

(2) Je größer a wird, desto weiter wird der entsprechende Graph der Funktion f nach links verschoben. Damit $x = -1$ eine Nullstelle wird, muss der Graph von f um drei Einheiten nach links verschoben werden, also muss $a = 3$ gelten.

Lösungen - Analysis

Aufgabe 11 (Aufgaben Seite 16)

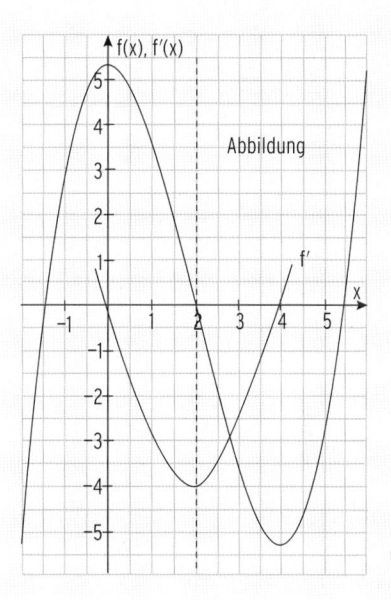

(1) Gesucht ist die Gleichung zu t mit

$t(x) = mx + b$.

Mit $f'(x) = x^2 - 4x$ gilt für die Steigung

von t: $m = f'(2) = 4 - 4 \cdot 2 = -4$.

Einsetzen von $m = -4$ und den

Koordinaten von P(2|0) ergibt:

$0 = -4 \cdot 2 + b$

$b = 8$

Also lautet die Tangenten-

gleichung: $t(x) = -4x + 8$.

(2) Eine Skizze der Parabel von f'

ist rechts abgebildet.

Aufgabe 12

(1) Aus Symmetriegründen liegt die x-Koordinate des Scheitelpunktes S in der

Mitte der beiden Nullstellen − 2 und 6. Die Mitte ist 2.

$f'(2) = -\frac{1}{4} \cdot 2^2 + 2 + 3 = 4$

Der Scheitelpunkt S besitzt somit die Koordinaten S(2 | 4).

(2) Der Graph der Funktion g in Abbildung 2 besitzt an der Stelle x = 2

eine negative Steigung, während am Graphen von Abbildung 1 abzulesen ist:

$f'(2) = 4 > 0$.

Der Graph der Funktion h in Abbildung 3 zeigt drei lokale Extremstellen.

Wegen der notwendigen Bedingung für Extremstellen hat h' mindestens

drei Nullstellen, aber f' hat nur zwei Nullstellen.

Lösungen - Analysis

Aufgabe 13 (Aufgaben Seite 17)

Man liest ab: Parabel von f mit $f(x) = ax^2 + bx + c$; $f'(x) = 2ax + b$

Bedingungen und LGS:	$f(0) = 1$	$c = 1$
	$f(2) = -2$	$4a + 2b + c = -2$
	$f'(2) = \frac{1}{2}$	$4a + b = \frac{1}{2}$

Einsetzen von $c = 1$: $4a + 2b + 1 = -2$ $\quad 4a + 2b = -3$

$\qquad\qquad\qquad\qquad\qquad\qquad\quad 4a + b = \frac{1}{2} \qquad |\cdot(-1)$

Addition ergibt: $\qquad\qquad\qquad\qquad b = -3{,}5$

Einsetzen in z. B. $4a + b = \frac{1}{2}$ ergibt $\qquad a = 1$

Möglicher Funktionsterm $\qquad\qquad f(x) = x^2 - 3{,}5x + 1$

Aufgabe 14

$f(x) = -x^3 + 3x^2 - x - 4$; der Graph von f besitzt einen Wendepunkt.

Ableitungen: $f'(x) = -3x^2 + 6x - 1$; $f''(x) = -6x + 6$

Wendepunkt: $f''(x) = 0 \qquad\qquad -6x + 6 = 0 \quad$ für $\quad x = 1$

Mit $f'''(x) = -6 \neq 0$ ist $x = 1$ Wendestelle.

Mit $f(1) = -3$ und $f'(1) = 2$ erhält man mit $y = mx + b$ die Tangente in $W(1 \mid -3)$:

$$-3 = 1 \cdot 2 + b \text{ und damit } b = -5$$

Gleichung der Wendetangente: $y = 2x - 5$

Aufgabe 15

Ansatz: $f(x) = ax^3 + bx^2 + cx + d$; $f'(x) = 3ax^2 + 2bx + c$; $f''(x) = 6ax + 2b$

Bedingungen:	$f(0) = 0$	$d = 0$
	$f'(0) = 0$	$c = 0$
$H(1 \mid 1)$ der Hochpunkt:	$f(1) = 1$	$a + b + c + d = 1$
	$f'(1) = 0$	$3a + 2b + c = 0$

c und d eingesetzt: $\qquad\qquad a + b = 1 \qquad |\cdot 3$

$\qquad\qquad\qquad\qquad\qquad\quad 3a + 2b = 0 \qquad |\cdot(-1)$

Additionsverfahren: $\qquad\qquad b = 3$

Einsetzen in $a + b = 1$ ergibt $\qquad a = -2$

Funktionsterm: $\qquad\qquad\qquad f(x) = -2x^3 + 3x^2$

Lösungen - Analysis

Aufgabe 16
(Aufgaben Seite 17)

$f(x) = e^{x-3} - 2$ Ableitung: $f'(x) = e^{x-3}$

Mit $f(3) = -1$ und $f'(3) = 1$ erhält man mit $y = mx + c$ die Tangente in $P(3 \mid -1)$:

Punktprobe: $\qquad -1 = 1 \cdot 3 + c \Leftrightarrow c = -4$

Gleichung der Tangente: $y = x - 4$

Schnitt mit der Asymptote: $y = -2$: $\qquad -2 = x - 4 \Leftrightarrow x = 2$

Koordinaten des Schnittpunktes: $S(2 \mid -2)$.

Aufgabe 17

$\int_{-1}^{2} (x^3 - 0{,}5x^2 - 3x)dx = \left[\frac{1}{4}x^4 - \frac{1}{6}x^3 - \frac{3}{2}x^2\right]_{-1}^{2} = -\frac{10}{3} + \frac{13}{12} = -\frac{40}{12} + \frac{13}{12} = -\frac{27}{12} = -\frac{9}{4}$

$\qquad = -2{,}25$

(Flächenbilanz)

Das Flächenstück zwischen dem Graphen von f und der x-Achse oberhalb der x-Achse ist um 2,25 kleiner als das Flächenstück zwischen dem Graphen von f und der x-Achse unterhalb der x-Achse.

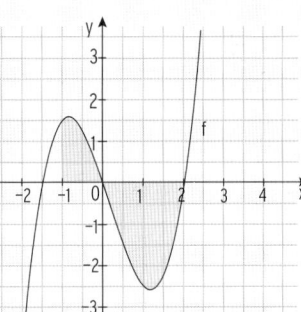

Aufgabe 18

Schnittstellen von f und g durch

Gleichsetzen: $f(x) = g(x)$ $\qquad -x^2 + 3 = 2x$

Nullform: $\qquad x^2 + 2x - 3 = 0$

Lösung mit Formel: $x_{1|2} = \dfrac{-b \pm \sqrt{b^2 - 4ac}}{2a}$ $\quad x_{1|2} = \dfrac{-2 \pm \sqrt{4 - 4 \cdot (-3)}}{2} = \dfrac{-2 \pm 4}{2}$

Schnittstellen = Integrationsgrenzen: $\qquad x_1 = -3;\ x_2 = 1$

Integration von -3 bis 1 über $f(x) - g(x)$: $\int_{-3}^{1} (f(x) - g(x))dx$

"obere Grenze − untere Grenze"

$-\int_{-3}^{1} (-x^2 + 3 - 2x)dx = \left[-\frac{1}{3}x^3 + 3x - x^2\right]_{-3}^{1}$

$= -\frac{1}{3} + 3 - 1 - (-\frac{1}{3}(-3)^3 + 3(-3) - (-3)^2) = \frac{32}{3}$

Der Inhalt der eingeschlossenen Fläche beträgt $\frac{32}{3}$.

Aufgabe 19

$f(x) = 4e^{2x} - 2$

Stammfunktion: $\qquad F(x) = 2e^{2x} - 2x + c$

Bedingung für c: $F(0{,}5) = -1$: $\qquad F(0{,}5) = 2e^1 - 1 + c = -1 \Rightarrow c = -2e$

Gesuchte Stammfunktion: $\qquad F(x) = 2e^{2x} - 2x - 2e$

Lösungen - Analysis

Aufgabe 20
(Aufgaben Seite 18)

Gesamtkosten K mit $K(x) = 0{,}5x^3 - 8x^2 + 45x + 70$ mit $D_K = [0; 13]$

Minimum der variablen Stückkosten

variable Stückkosten $k_v(x) = 0{,}5x^2 - 8x + 45$; $k_v'(x) = x - 8$; $k_v''(x) = 1 > 0$

Minimum der variablen Stückkosten: $k_v'(x) = 0$ für $x = 8$

Nachweis: $k_v(8) = 13$ ist das Minimum wegen $k_v''(x) = 1 > 0$

Interpretation: Der minimale Verkaufspreis, bei dem bereits die fixen Kosten als Verlust in Kauf genommen werden, beträgt 13 GE/ME.

Aufgabe 21

Ableitung von f mit $f(x) = (2x^2 + 5) \cdot e^{-2x}$ mit der Produktregel

Mit $u(x) = 2x^2 + 5 \Rightarrow u'(x) = 4x$ und $v(x) = e^{-2x} \Rightarrow v'(x) = -2e^{-2x}$

folgt durch Einsetzen in $\quad f'(x) = u(x) v'(x) + v(x) u'(x)$:

$\quad f'(x) = (2x^2 + 5) \cdot (-2e^{-2x}) + e^{-2x} \cdot 4x$

Zusammenfassen durch Ausklammern: $\quad f'(x) = e^{-2x}\left((2x^2 + 5) \cdot (-2) + 4x\right)$

Erste Ableitung von f: $\quad f'(x) = e^{-2x}(-4x^2 - 10 + 4x)$

Aufgabe 22

1. falsch; $f'(x)$ wechselt bei $x = -2$ das Vorzeichen nicht.
2. wahr: Das Schaubild von f' hat für $-3 \leq x \leq 6$ genau zwei Extrempunkte.
3. wahr: $f'(0) = 4 > 1$
4. falsch: $f'(x) > 0$ für $0 < x < 5$, also ist f wachsend für $0 < x < 5$

Aufgabe 23

1. f ist streng monoton wachsend für $-3 < x < 3$.

   wahr, da $f'(x) > 0$ für alle x

2. Das Schaubild von f hat mindestens einen Wendepunkt.

   wahr, da das Schaubild von f' mindestens einen Extrempunkt (Hochpunkt) hat.

3. Das Schaubild von f ist symmetrisch zur y-Achse.

   falsch, da $f'(-x) = f'(x)$ gilt.

   Für Symmetrie zur y-Achse muss f(x) fallen für $x < 0$ und wachsen für $x > 0$ oder umgekehrt, also zum Beispiel $f'(-1) = -f'(1)$

4. Es gilt $f(x) > 0$ für alle $x \in [-3; 3]$.

   nicht entscheidbar, der Funktionsterm von f ist festgelegt bis auf einen konstanten Summanden.

Lösungen - Analysis

Aufgabe 24 (Aufgaben Seite 19)

(1) $f(x) = \frac{1}{3}x^3 - \frac{11}{4}x^2 + 6x - 2$; $f'(x) = x^2 - 5{,}5x + 6$

Setze $f'(x) = 0$ $\quad x^2 - 5{,}5x + 6 = 0 \Leftrightarrow x_{1|2} = \dfrac{5{,}5 \pm \sqrt{5{,}5^2 - 24}}{2}$

$$x_{1|2} = \dfrac{5{,}5 \pm 2{,}5}{2}$$

Man erhält $x_1 = 1{,}5$ und $x_2 = 4$.

Hinweis: Ein bloßes Ablesen der Nullstellen genügt wegen des Operators „Berechnen Sie" nicht.

(2) In der Abbildung 1 erkennt man an der ersten Nullstelle einen +/− -Vorzeichenwechsel der Ableitungswerte $f'(x)$. Das bedeutet, dass der Graph der Ausgangsfunktion f erst steigt und dann sinkt. Daher liegt an der Stelle $x = 1{,}5$ ein lokales Maximum vor.

Aufgabe 25

$x^3 - 10x^2 + 6x + 72 = 0$

Einsetzen ergibt eine wahre Aussage; $x_1 = 4$ ist eine Lösung:

Polynomdivision mit $(x - 4)$: $(x^3 - 10x^2 + 6x + 72) : (x - 4) = x^2 - 6x - 18$

Lösung der quadratischen Gleichung $x^2 - 6x - 18 = 0$: $x_{2|3} = \dfrac{6 \pm \sqrt{108}}{2} = 3 \pm \sqrt{27}$

Lösungen der Gleichung: $x_1 = 4$; $x_{2|3} = 3 \pm \sqrt{27}$

Aufgabe 26

$f(x) = -x^3 + 3x^2 - 2x$ und $x \in \mathbb{R}$; $x = 1$ ist Wendestelle

a) $f'(x) = -3x^2 + 6x - 2$; $f'(1) = -3 + 6 - 2 = 1$
Die Tangente an G_f im Punkt W hat die Steigung 1.

b) Geraden mit positiver Steigung m durch W
Anzahl der Schnittpunkte: 3 für $0 < m < 1$
1 für $m \geq 1$

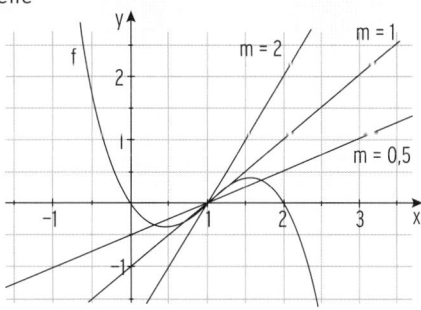

Aufgabe 27

1 Die Aussage ist richtig, da das Grenzkostenminimum etwa in $x = 3$ liegt. Damit ist $K''(3) = 0$; die notwendige Bedingung für Wendestelle ist erfüllt.

2 Die Aussage ist falsch, denn ab dem Betriebsoptimum (Stückkostenminimum) steigen die Stückkosten wieder an.

Lösungen - Analysis

Aufgabe 27 (Aufgabe Seite 19)

3 Die Aussage ist falsch, da die betriebsoptimale Stückzahl x_{BO} die Schnittstelle der Grenzkosten- und der Stückkostenfunktion ist.

Oder: x_{BO} ist die Minimalstelle von $k(x)$ ($k(x_{BO})$ langfristige Preisuntergrenze)
Die Grenzkostenkurve schneidet die Stückkostenkurve in deren Tiefpunkt.

Aufgabe 28 (Aufgaben Seite 20)

a) Skizze des Graphen der Absatzfunktion a und Kennzeichnung des $D_{ök}$

Hinweise: $A'(t) = a(t)$

$A'(4) = 0$; $A'(0) = 0$

a wird maximal auf

$D_{ök} = [0; 4]$

b) Ergänzen $D_{ök}$:

siehe markierter Abschnitt
auf der Abszissenachse; $D_{ök} = [0; 4]$

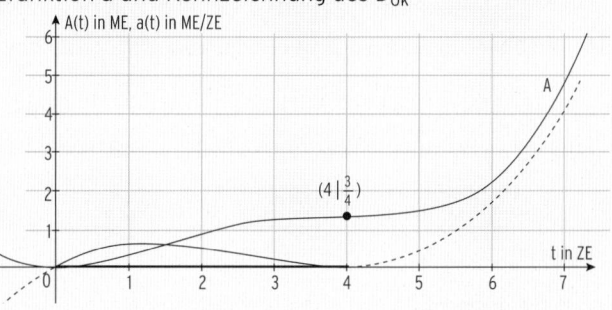

c) Bestimmung der Funktionsgleichung der Gesamtabsatzfunktion A

$a_b(t) = \frac{1}{16}t^3 - bt^2 + t$ mit Stammfunktion: $A_b(t) = \frac{1}{64}t^4 - \frac{b}{3}t^3 + \frac{1}{2}t^2 + C$ mit $C = 0$

da die Gesamtabsatzfunktion im Ursprung startet

Punkt $S(4 | \frac{4}{3})$ einsetzen in $A_b(t) = \frac{1}{64}t^4 - \frac{b}{3}t^3 + \frac{1}{2}t^2$: $\quad \frac{4}{3} = \frac{1}{64} \cdot 4^4 - \frac{b}{3} \cdot 4^3 + \frac{1}{2} \cdot 4^2$

Mit $4^2 = 16$; $4^3 = 64$ $\quad \frac{4}{3} = 4 - \frac{64b}{3} + 8 \Leftrightarrow \frac{64b}{3} = \frac{32}{3} \Leftrightarrow b = \frac{1}{2}$

$A(t) = \frac{1}{64}t^4 - \frac{1}{6}t^3 + \frac{1}{2}t^2$ $\qquad$ Hinweis: S ist ein Sattelpunkt.

Aufgabe 29

a) Extrempunkt: $f'(x) = 0 \wedge f''(x) \neq 0$

Wegen $f'(x) = e^{g(x)} > 0$ für alle $x \in \mathbb{R}$ hat der Graph von f keinen Extrempunkt.

b) Wendepunkt: $f''(x) = 0 \wedge f'''(x) \neq 0$ oder $f''(x_1) = 0$ und $f''(x)$ ändert das Vorzeichen in x_1.

Mit der Kettenregel: $f''(x) = g'(x) \cdot e^{g(x)}$

An der Stelle, an der g ein Maximum annimmt, ändert sich das Vorzeichen von $g'(x)$.

Wegen $e^{g(x)} > 0$ ändert sich damit an dieser Stelle auch das Vorzeichen von $f''(x)$,

d. h. der Graph von f hat einen Wendepunkt.

Aufgaben zur Prüfungsvorbereitung – Lineare Algebra

Hilfsmittelfreier Teil der Zentralen Abiturprüfung

Lineare Algebra

Aufgabe 1   Lösungen Seite 39   Punkte

Die nebenstehende Tabelle gibt die Materialverflechtung in einem zweistufigen Produktionsprozess an, in dem aus Rohstoffen R_1, R_2 und R_3 zunächst Zwischenprodukte Z_1 und Z_2 und anschließend Endprodukte E_1 und E_2 entstehen

			E_1	E_2
		Z_1	4	b
	Z_1	Z_2	1	3
R_1	1	0	4	2
R_2	3	1	c	9
R_3	2	a	12	16

1.1 Zeichnen Sie das Verflechtungsdiagramm der ersten und zweiten Stufe.   3

1.2 Ermitteln Sie die fehlenden Werte für a, b und c.   3

Aufgabe 2

Das nebenstehende Schaubild zeigt die graphische Lösung (Lösungspolygon) eines Ungleichungssystems, mit dem der Gewinn optimiert werden soll. Mit dem Produkt zu y werden 100 GE Gewinn gemacht.

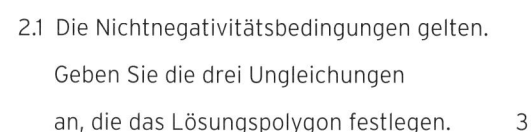

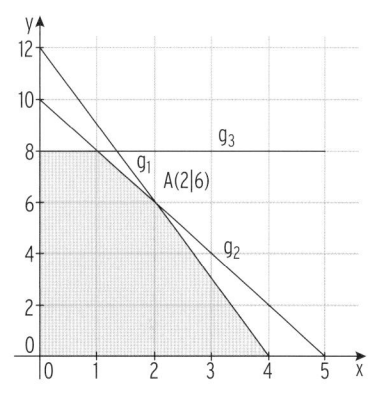

2.1 Die Nichtnegativitätsbedingungen gelten.

Geben Sie die drei Ungleichungen an, die das Lösungspolygon festlegen.   3

2.2 Ermitteln Sie eine mögliche Zielfunktion G, so dass es genau eine maximale Lösung in A(2 | 6) gibt, und den zu G gehörigen maximalen Gewinn.   3

Aufgabe 3

Ein Fixvektor $\vec{v}$ einer Matrix M ist ein Vektor, für den gilt: $\vec{v} \cdot M = \vec{v}$ mit $\vec{v} \neq \vec{0}$.

a) Untersuchen Sie, ob es Werte für a und b gibt, sodass für die Matrix $N = \begin{pmatrix} 0{,}7 & a & b \\ 0{,}3 & 0{,}5 & 0{,}2 \\ 0{,}3 & 0{,}5 & 0{,}2 \end{pmatrix}$

und den Vektor $\vec{w} = (100 \ \ 70 \ \ 30)$ die Bedingungen I und II gelten.

I   Der Vektor $\vec{w}$ ist ein Fixvektor der Matrix N.

II Die quadratische Matrix N ist stochastisch, d.h. alle Elemente sind nichtnegative reelle Zahlen und die Zeilensummen sind jeweils gleich 1.   3

b) Die Vektoren $\vec{x}$ und $\vec{y}$ mit $\vec{x} + \vec{y} \neq \vec{0}$ sind Fixvektoren einer Matrix L.

Zeigen Sie, dass auch der Vektor $\vec{z} = \vec{x} + \vec{y}$ ein Fixvektor von L ist.   3

Lineare Algebra

Aufgabe 4 Lösungen Seite 40 Punkte

Bei einem zweistufigen Produktionsprozess wird der Bedarf je Mengeneinheit an Roh- und Zwischenprodukten für die Endprodukte in dem folgenden Verflechtungsdiagramm verdeutlicht.

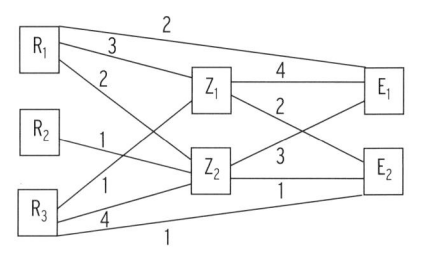

Die Kosten für je eine ME der Rohstoffe entsprechen dem Zeilenvektor (2 5 3).

3.1 Zeigen Sie, dass für die Rohstoff-Endprodukt-Matrix gilt: $C_{RE} = \begin{pmatrix} 20 & 8 \\ 3 & 1 \\ 16 & 7 \end{pmatrix}$ 3

3.2 Nehmen Sie Stellung zu der Behauptung, dass die Rohstoffkosten für 10 ME von E_1 über 1000 GE betragen.   3

Aufgabe 5

Ein Unternehmen stellt aus drei unterschiedlichen Bauteilen B1, B2 und B3 die Endprodukte E1, E2 und E3 her. Das Unternehmen hat noch 70 ME von B1 und jeweils 60 ME von B2 und B3 auf Lager.

4.1 Die Materialverflechtung ist der Matrix M_{BE} zu entnehmen: $M_{BE} = \begin{pmatrix} 1 & 2 & 3 \\ 2 & 2 & 0 \\ 1 & 2 & 2 \end{pmatrix}$

Berechnen Sie, wie viele ME der Endprodukte hergestellt werden können, wenn der Lagerbestand vollständig aufgebraucht werden soll.   4

4.2 Durch eine Veränderung der Produktion werden nun für die Herstellung von einer ME von E3 eine zusätzliche ME von B3 benötigt. Als umgeformte erweiterte Koeffizienten-Matrix ergibt sich bei obigen Lagerbeständen: $\begin{pmatrix} 1 & 2 & 3 & | & 70 \\ 0 & 2 & 6 & | & 80 \\ 0 & 0 & 0 & | & 10 \end{pmatrix}$

Interpretieren Sie die Bedeutung dieser Matrix im Sachzusammenhang.   2

Aufgabe 6

Gegeben sind die Matrizen $A = \begin{pmatrix} -2 & 5 \\ -2 & 6 \end{pmatrix}$ und $B = \begin{pmatrix} 2 & -3 & 1 \\ 4 & 2 & 5 \\ 1 & 1 & 2 \end{pmatrix}$.

6.1 Begründen Sie, warum die Matrizen A und B nicht miteinander multipliziert werden können.   1

6.2 Berechnen Sie die zu A inverse Matrix A^{-1}.   3

6.3 Geben Sie eine 3x2-Matrix C mit c_{ij} an, so dass gilt: $c_{ij} = 1$ wenn $i > j$, $c_{ij} = i + j$ wenn $i = j$ und $c_{ij} = i \cdot j$ wenn $i < j$.   2

Lineare Algebra

Aufgabe 7   Lösungen Seite 40/41   Punkte

Ein Unternehmen stellt aus vier Rohstoffen R1, R2, R3 und R4 drei Zwischenprodukte Z1, Z2 und Z3 und aus diesen wiederum zwei Endprodukte E1 und E2 her. Die Materialverflechtung ist den unten stehenden Stücklisten zu entnehmen.

	Z1	Z2	Z3
R1	1	0	2
R2	0	2	2
R3	1	1	3
R4	2	1	0

	E1	E2
Z1	1	1
Z2	2	0
Z3	0	1

1.1 Ermitteln Sie, wie viele ME der Rohstoffe für die Produktion der jeweiligen Endprodukte benötigt werden.   3

Das Unternehmen kalkuliert für die folgende Geschäftsperiode mit einer Nachfrage von 200 ME für E1 und 300 ME für E2 und Kosten in Höhe von 4800 GE. Aufgrund der aufwändigeren Produktion soll der Verkaufspreis für E2 doppelt so hoch sein wie der für E1.

1.2 Berechnen Sie, wie hoch die Verkaufspreise mindestens sein müssen, damit das Unternehmen kostendeckend produziert.   3

Aufgabe 8

Bestimmen Sie die Lösungsmenge des linearen Gleichungssystems

$$\begin{pmatrix} 2 & 3 & 2 \\ 0 & 4 & 3 \\ 1 & 1{,}5 & 1 \end{pmatrix} \cdot \begin{pmatrix} x_1 \\ x_2 \\ x_3 \end{pmatrix} = \begin{pmatrix} 4300 \\ 4250 \\ 4950 \end{pmatrix}$$

Ersetzen Sie die Zahl 1,5, sodass das geänderte LGS eindeutig lösbar ist mit $x_2 = 800$.

Aufgabe 9

In einem mehrstufigen Prozess ergeben sich folgende Zusammenhänge: $C_{RE} = \begin{pmatrix} 4 & 5 & 2 \\ 1 & 3 & 4 \\ 2 & 1 & 5 \end{pmatrix}$.

Die Produktion der Endprodukte erfolgt mit $\vec{m} = \begin{pmatrix} x \\ 2x \\ 3x \end{pmatrix}$.

Im Lager befinden sich noch die folgenden Rohstoffe: $\vec{r} = \begin{pmatrix} 20 \\ 19 \\ 19 \end{pmatrix}$.

Die Rohstoffpreise pro Mengeneinheit werden durch den Vektor $\vec{k}_R = (2\ \ 3\ \ 2)$ angegeben.

a) Bestimmen Sie die Anzahl der Endprodukte, die durch den vollständigen Verbrauch der Rohstoffe hergestellt werden können.

b) Berechnen Sie die Rohstoffkosten für die Produktion von 3 ME E_1, 2 ME von E_2 und 1 ME von E_3.

Lineare Algebra

Aufgabe 10   Lösungen Seite 41

Zu einem bestimmten Zeitpunkt haben die drei Anbieter A1, A2 und A3 jeweils 10 000 Kunden. Die für das nächste Jahr zu erwartende Kundenwanderung zwischen diesen Anbietern wird durch die nebenstehende Übergangstabelle beschrieben.

von \ nach	A1	A2	A3
A1	0,90	0,04	0,06
A2	0,02	0,90	0,08
A3	0,02	0,03	0,95

a) Vervollständigen Sie den nebenstehenden Übergangsgraphen zur Kundenwanderung innerhalb des nächsten Jahres. Geben Sie die Gesamtzahl der Kunden an, die innerhalb des nächsten Jahres den Anbieter wechseln. (2)

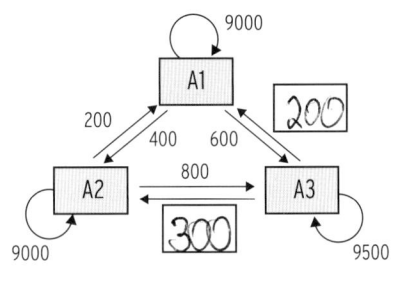

b) Ausgehend von der Ausgangsverteilung von je 10 000 Kunden wird eine Fusion der Anbieter A1 und A2 zu einem Anbieter A1&A2 geplant.
Im Kundengeschäft behalten beide ihr bekanntes Profil bei, so dass angenommen werden kann, dass die Kundenwanderung im nächsten Jahr weiterhin wie in der obigen Übergangstabelle dargestellt abläuft.
Vervollständigen Sie den nebenstehenden Übergangsgraphen zur Kundenwanderung innerhalb des nächsten Jahres unter Berücksichtigung der Fusion.
Vervollständigen Sie die nebenstehende Übergangstabelle zur Kundenwanderung innerhalb des nächsten Jahres unter Berücksichtigung der Fusion. (3)

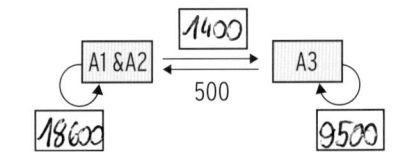

von \ nach	A1 &A2	A3
A1 &A2		
A3		0,95

Aufgabe 11

Betrachtet werden stochastische Matrizen, d. h. qadratische Matrizen, deren Zeilensummen jeweils gleich eins sind und in denen alle Elemente größer oder gleich null sind.

a) Bestimmen Sie einen Vektor $\vec{v}$ mit $\vec{v} \neq (0\ 0)$ derart, dass für die Matrix M mit $M = \begin{pmatrix} 0,4 & 0,6 \\ 0,3 & 0,7 \end{pmatrix}$ gilt: $\vec{v} \cdot M = \vec{v}$ 2

b) Zeigen Sie: Ist N eine stochastische 2×2-Matrix und $\vec{u}$ ein Vektor mit der Zeilensumme 5, dann ist auch $\vec{u} \cdot N$ ein Vektor mit der Zeilensumme 5.   3

Lineare Algebra

Aufgabe 12 — Lösungen Seite 42

BioKosmetiKuss stellt in einem zweistufigen Produktionsprozess aus pflanzlichen Rohstoffen Zwischenprodukte und aus diesen wiederum verschiedene Parfums her. Die folgenden Matrizen beschreiben die Verflechtung:

$$X = \begin{pmatrix} 7 & 11 & 7 \\ 15 & 23 & 13 \\ 10 & 17 & 7 \end{pmatrix}; \; Y = \begin{pmatrix} 1 & 2 & 1 \\ 1 & a & 3 \\ 4 & 1 & b \end{pmatrix}; \; Z = \begin{pmatrix} 1 & 2 & 1 \\ 2 & 3 & 3 \\ 2 & 3 & c \end{pmatrix}.$$

a) Begründen Sie, welche Matrix die Rohstoff-Zwischenprodukt-Matrix, die Zwischenprodukt-Endprodukt-Matrix bzw. die Rohstoff-Endprodukt-Matrix ist.

b) Bestimmen Sie die produktionsbedingten Parameter a, b und c. Deuten Sie Ihre Ergebnisse im Sachzusammenhang.

Aufgabe 13

Eine Firma produziert in einem ersten Schritt aus den Rohstoffen R_1 und R_2 die Zwischenprodukte Z_1 und Z_2. Daraus werden in einem zweiten Schritt die Endprodukte E_1 und E_2 hergestellt. Den folgenden Tabellen ist zu entnehmen, wie viele ME im jeweiligen Schritt zur Herstellung von jeweils einer ME der Zwischenprodukte bzw. Endprodukte verarbeitet werden:

	Z_1	Z_2
R_1	2	1
R_2	0	2

	E_1	E_2
Z_1	1	0
Z_2	1	2

3.1 Ermitteln Sie, wie viele ME von R_1 jeweils benötigt werden, um 50 ME von Z_1 sowie 100 ME von E_1 herzustellen. Bestimmen Sie die Tabelle, die den Zusammenhang von Rohstoffen und Endprodukten verdeutlicht.

3.2 Aufgrund einer Umstellung des Produktionsverfahrens ändert sich der Bedarf an R_1 für die Herstellung von Z_1 und Z_2. Dadurch werden für jede ME von E_1 nur noch zwei ME von R_1 und für jede ME von E_2 nur noch eine ME von R_1 benötigt. Bestimmen Sie für jedes der Zwischenprodukte Z_1 und Z_2, wie viele ME von R_1 zur Herstellung einer ME benötigt werden.

Aufgabe 14

Betrachtet werden die Matrizen A und B mit $A = \begin{pmatrix} 1 & 2 \\ 3 & -1 \end{pmatrix}$ und $B = \frac{1}{7}\begin{pmatrix} 1 & 2 \\ 3 & -1 \end{pmatrix}$ sowie eine Matrix C.

a) Zeigen Sie, dass B die zu A inverse Matrix ist.

b) Für die Matrix C gilt: $C \cdot \begin{pmatrix} 1 \\ 0 \end{pmatrix} = \begin{pmatrix} 3 \\ 1 \end{pmatrix}$ und $C \cdot \begin{pmatrix} 0 \\ 1 \end{pmatrix} = \begin{pmatrix} 5 \\ 8 \end{pmatrix}$

Begründen Sie, dass gilt: $C \cdot \begin{pmatrix} 1 \\ 1 \end{pmatrix} = \begin{pmatrix} 8 \\ 9 \end{pmatrix}$

Lineare Algebra

Aufgabe 15

Gegeben ist die Matrix $A = \begin{pmatrix} 1 & 2 & 1 \\ 2 & 3 & 3 \\ 2 & 3 & 0 \end{pmatrix}$.

a) Zeigen Sie, die Matrix A besitzt eine Inverse.

b) Bestätigen Sie, dass $B = \begin{pmatrix} -3 & 1 & 1 \\ 2 & -\frac{2}{3} & -\frac{1}{3} \\ 0 & \frac{1}{3} & -\frac{1}{3} \end{pmatrix}$ die Inverse der Matrix A ist.

Aufgabe 16

Eine Firma stellt aus drei unterschiedlichen Rohstoffen vier Zwischenprodukte her. Aus den Zwischenprodukten entstehen in einer zweiten Produktionsstufe die Endprodukte E_1 und E_2.

Die Materialkosten für E_1 und E_2 betragen (42,4   72,2), die Kosten für die Fertigung von je einer ME der Zwischenprodukte und der Endprodukte sind durch folgende Vektoren gegeben: $\vec{k}_Z = (1 \quad 0{,}5 \quad 1 \quad 0{,}6); \quad \vec{k}_E = (6 \quad 8)$.

Für die Zwischenprodukt-Endproduktmatrix B gilt $B = \begin{pmatrix} 6 & 3 \\ 6 & 0 \\ 2 & 1 \\ 0 & 10 \end{pmatrix}$.

Die Endprodukte sollen zu einem Preis am Markt angeboten werden, der mindestens 25% über den variablen Herstellkosten liegt.

Bestimmen Sie die Preisuntergrenze für E_1 und E_2.

Aufgabe 17

1   Bestimmen Sie die Lösung des folgenden Gleichungssystems:

$2x_3 = 2 \land x_1 + x_2 + x_3 = 2 \land x_2 - x_3 = 2$

2   Gegeben sind die Gleichungssysteme A und B:

A $x_1 + x_2 + 2x_3 = 12$
    $-x_1 + x_2 = -8$
    $ x_2 + x_3 = 2$

B $x_1 + x_2 + 2x_3 = 12$
    $-x_1 + x_2 = -8$
    $ x_2 + x_3 = 4$

Entscheiden Sie, welches der Gleichungssysteme A und B nicht lösbar ist, und begründen Sie Ihre Entscheidung.

Lineare Algebra

Aufgabe 18   Lösungen Seite 43/44   Punkte

Die Fertigung der Spielzeuge E1, E2 und E3 erfolgt in drei Abteilungen. Pro Tag kann in den drei Abteilungen jeweils 8 Stunden gearbeitet werden. Die für die Herstellung der drei Spielzeuge benötigten Zeiten in Minuten sind in der folgenden Tabelle zusammengefasst:

	Zeit in Minuten je Spielzeug E1	Zeit in Minuten je Spielzeug E2	Zeit in Minuten je Spielzeug E3
Abteilung 1	5	5	1
Abteilung 2	3	6	2
Abteilung 3	6	3	3

Beim Verkauf werden pro Stück 4 € bei Spielzeug E1, 3 € bei Spielzeug E2 und 2 € bei Spielzeug E3 Gewinn erzielt.
Bestimmen Sie die Restriktionen und die Zielfunktionsgleichung.   5

Aufgabe 19

Die Fertigung der Spielzeuge E1, E2 und E3 und die Frage nach dem maximalen Gewinn führt auf folgendes Simplextableau.

	x_1	x_2	x_3	u_1	u_2	u_3	b
A1	0	15	−9	6	0	−5	480
A2	0	0	16	−9	5	5	480
A3	15	0	12	−3	0	5	960
	0	0	9	−6	0	−5	15Z − 5280

a) Zeigen Sie, das gegebene Tableau ist nicht das optimale Tableau.   1

b) Bestimmen Sie das optimale Tableau, den maximalen Gewinn und die zugehörigen Produktionszahlen.   6

Aufgabe 20

1 Gegeben ist das eindeutig lösbare Gleichungssystem LGS 1: $3x_1 - 2x_2 + 2x_3 = 10$
$$6x_1 + 2x_2 - 4x_3 = 6$$
$$4x_2 - 8x_3 = 12.$$

1.1 Berechnen Sie den Lösungsvektor $\begin{pmatrix} x_1 \\ x_2 \\ x_3 \end{pmatrix}$ von LGS 1.

1.2 Begründen Sie, warum alle Lösungen des gegebenen Gleichungssystems LGS1 auch Lösungen des nachfolgenden Gleichungssystems LGS2 sind.
$3x_1 - 2x_2 + 2x_3 = 10$ ∧ $6x_1 + 2x_2 - 4x_3 = 6$ ∧ $12x_1 + 4x_2 - 8x_3 = 12$.

Lineare Algebra

Lösungen Seite 44   Punkte

Aufgabe 21

Das Unternehmen Nugo produziert die drei Nuss-Frucht-Mischungen „nussig", „fruchtig" und „50spezial". Mit Hilfe des Simplexverfahrens soll geklärt werden, welche Mengen der drei Nuss-Frucht-Mischungen produziert und verkauft werden müssen, um den maximalen Gewinn zu erzielen. Dieses Maximierungsproblem führt auf folgendes Tableau:

			„nussig"	„fruchtig"	„50spezial"	Paranüsse	Walnüsse	Mango	Rosinen	Vorrat
			x	y	z	u_1	u_2	u_3	u_4	
			0	0	$-\frac{5}{6}$	1	0	$-\frac{3}{2}$	$\frac{5}{6}$	250
			0	0	$\frac{1}{2}$	0	1	$-\frac{1}{2}$	$\frac{1}{2}$	600
			1	0	$\frac{3}{2}$	0	0	$\frac{1}{2}$	$-\frac{1}{2}$	150
			0	1	$\frac{2}{3}$	0	0	0	$\frac{1}{3}$	900
			0	0	$-\frac{13}{3}$	0	0	-2	$\frac{1}{3}$	G – 5100

Interpretieren Sie die Zielfunktionszeile.

Aufgabe 22

3   Eine Firma produziert in einem ersten Schritt aus den Rohstoffen R_1, R_2 und R_3 die Zwischenprodukte Z_1 und Z_2. Daraus werden in einem zweiten Schritt die Endprodukte E_1, E_2 und E_3 hergestellt. Den folgenden Tabellen ist zu entnehmen, wie viele Mengeneinheiten (ME) im jeweiligen Schritt zur Herstellung von jeweils einer ME der Zwischenprodukte bzw. Endprodukte verarbeitet werden:

	Z_1	Z_2
R_1	2	6
R_2	4	4
R_3	6	2

	E_1	E_2	E_3
Z_1	5	2	8
Z_2	5	8	2

3.1   Ermitteln Sie, wie viele ME von R_3 insgesamt benötigt werden, um jeweils   3
eine ME von E_1, E_2 und E_3 herzustellen.

3.2   Aufgrund von Lieferschwierigkeiten kann die Firma für R_3 nur noch auf   3
einen Lagerbestand von 54 ME zurückgreifen. Berechnen Sie, wie viele ME von Zwischenprodukten noch produziert werden können, wenn die Anzahl der ME von Z_2 um 50% größer sein soll als die Anzahl der ME von Z_1.

Lösungen - Aufgaben zur Prüfungsvorbereitung – Lineare Algebra

Hilfsmittelfreier Teil der Zentralen Abiturprüfung

Lineare Algebra (Aufgaben Seite 31)

Aufgabe 1

1.1 Verflechtungsdiagramm

1.2 Aus der Matrizengleichung

$$\begin{pmatrix} 1 & 0 \\ 3 & 1 \\ 2 & a \end{pmatrix} \begin{pmatrix} 4 & b \\ 1 & 3 \end{pmatrix} = \begin{pmatrix} 4 & b \\ 13 & 3b+3 \\ 8+a & 2b+3a \end{pmatrix} = \begin{pmatrix} 4 & 2 \\ c & 9 \\ 12 & 16 \end{pmatrix}$$

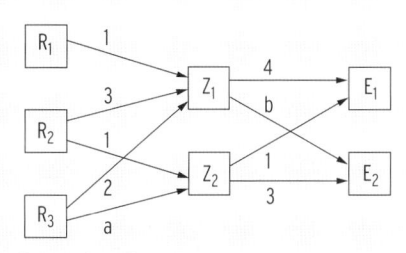

folgt z. B.: $8 + a = 12 \Rightarrow a = 4$ $\qquad 3b + 3 = 9 \Rightarrow b = 2$

Einsetzen in $2b + 3a = 16$ ergibt eine wahre Aussage

Fehlende Werte: $a = 4$, $b = 2$, $c = 13$.

Aufgabe 2

2.1 Ungleichungen, die zum Lösungspolygon passen.

$g_1: y = -\frac{12}{4} x + 12 \qquad\qquad 3x + y \leq 12$

$g_2: y = -\frac{10}{5} x + 10 \qquad\qquad 2x + y \leq 10$

$g_3: y = 8 \qquad\qquad\qquad\qquad y \leq 8$

2.2 Zielfunktion, so dass es genau eine maximale Lösung in A gibt.

Die Gerade der Zielfunktion muss zwischen g_1 und g_2 verlaufen, also $-3 < m < 2$.

Mögliche Zielfunktion: $\qquad y = -2{,}5x + b$

Berechnung von b durch Punktprobe mit A(2 | 6): $\qquad 6 = -2{,}5 \cdot 2 + b \Rightarrow b = 11$

Maximaler Gewinn: $\qquad y = -2{,}5x + \frac{G}{100}$

$\frac{G}{100} = 11 \Rightarrow G = 1100 \qquad\qquad G_{max} = 1100$ GE

Aufgabe 3

a) Bedingung I: $\vec{v} \cdot M = \vec{v}$ $\qquad (100 \; 70 \; 30) \begin{pmatrix} 0{,}7 & a & b \\ 0{,}3 & 0{,}5 & 0{,}2 \\ 0{,}3 & 0{,}5 & 0{,}2 \end{pmatrix} = (100 \; 70 \; 30)$

ergibt $\qquad\qquad\qquad\qquad 100a + 50 = 70 \Rightarrow a = 0{,}2$

und $\qquad\qquad\qquad\qquad\qquad 100b + 20 = 30 \Rightarrow b = 0{,}1$

Bedingung II:

Einsetzen von a und b: $N = \begin{pmatrix} 0{,}7 & 0{,}2 & 0{,}1 \\ 0{,}3 & 0{,}5 & 0{,}2 \\ 0{,}3 & 0{,}5 & 0{,}2 \end{pmatrix} \qquad$ N ist stochastisch

(alle Elemente nichtnegative reelle Zahlen und die Zeilensummen jeweils gleich 1)

b) Einsetzen von $\vec{z} = \vec{x} + \vec{y}$ in $\vec{z} \cdot L$ ergibt: $(\vec{x} + \vec{y}) \cdot L = \vec{x} \cdot L + \vec{y} \cdot L = \vec{x} + \vec{y} = \vec{z}$

Lösungen Lineare Algebra

Aufgabe 4 (Aufgaben Seite 32)

3.1 $C_{RE} = A_{RZ} \cdot B_{ZE} + \begin{pmatrix} 2 & 0 \\ 0 & 0 \\ 0 & 1 \end{pmatrix} = \begin{pmatrix} 3 & 2 \\ 0 & 1 \\ 1 & 4 \end{pmatrix} \begin{pmatrix} 4 & 2 \\ 3 & 1 \end{pmatrix} + \begin{pmatrix} 2 & 0 \\ 0 & 0 \\ 0 & 1 \end{pmatrix} = \begin{pmatrix} 18 & 8 \\ 3 & 1 \\ 16 & 6 \end{pmatrix} + \begin{pmatrix} 2 & 0 \\ 0 & 0 \\ 0 & 1 \end{pmatrix} = \begin{pmatrix} 20 & 8 \\ 3 & 1 \\ 16 & 7 \end{pmatrix}$

3.2 Rohstoffkosten für 1 ME von E_1: $(2 \; 5 \; 3) \begin{pmatrix} 20 \\ 3 \\ 16 \end{pmatrix} = 103$

Die Behauptung stimmt, da die Rohstoffkosten für 1 ME von E_1 103 GE betragen, also für 10 ME 1030 GE $>$ 1000 GE.

Aufgabe 5

4.1 $M_{BE} \cdot \vec{x} = \vec{b}$ LGS: $\begin{pmatrix} 1 & 2 & 3 & | & 70 \\ 2 & 2 & 0 & | & 60 \\ 1 & 2 & 2 & | & 60 \end{pmatrix} \sim \begin{pmatrix} 1 & 2 & 3 & | & 70 \\ 0 & 2 & 6 & | & 80 \\ 0 & 0 & 1 & | & 10 \end{pmatrix}$ mit Lösungsvektor $\begin{pmatrix} 20 \\ 10 \\ 10 \end{pmatrix}$

Es können 20 ME von E1 und jeweils 10 ME von E2 und E3 produziert werden.

4.2 $\begin{pmatrix} 1 & 2 & 3 & | & 70 \\ 0 & 2 & 6 & | & 80 \\ 0 & 0 & 0 & | & 10 \end{pmatrix}$ Dieses Gleichungssystem besitzt keine Lösung, der vorliegende Lagerbestand kann also nicht vollständig zu Endprodukten verarbeitet werden.

Aufgabe 6

6.1 Anzahl der Spalten von A (2) = Anzahl der Zeilen von B (3)

6.2 Zu A inverse Matrix A^{-1}:

$(A|E) = \begin{pmatrix} -2 & 5 & | & 1 & 0 \\ -2 & 6 & | & 0 & 1 \end{pmatrix} \sim \begin{pmatrix} -2 & 5 & | & 1 & 0 \\ 0 & 1 & | & -1 & 1 \end{pmatrix} \sim \begin{pmatrix} -2 & 0 & | & 6 & -5 \\ 0 & 1 & | & -1 & 1 \end{pmatrix} \sim \begin{pmatrix} 1 & 0 & | & -3 & 2{,}5 \\ 0 & 1 & | & -1 & 1 \end{pmatrix}$

$A^{-1} = \begin{pmatrix} -3 & 2{,}5 \\ -1 & 1 \end{pmatrix}$

6.3 3×2-Matrix C: $C = \begin{pmatrix} 2 & 2 \\ 1 & 4 \\ 1 & 1 \end{pmatrix}$

Aufgabe 7 (Aufgaben Seite 33)

1.1 $C_{RE} = A_{RZ} \cdot B_{ZE} = \begin{pmatrix} 1 & 0 & 2 \\ 0 & 2 & 2 \\ 1 & 1 & 3 \\ 2 & 1 & 0 \end{pmatrix} \cdot \begin{pmatrix} 1 & 1 \\ 2 & 0 \\ 0 & 1 \end{pmatrix} = \begin{pmatrix} 1 & 3 \\ 4 & 2 \\ 3 & 4 \\ 4 & 2 \end{pmatrix}$

1.2 Bei Kostendeckung sind Erlös und Kosten gleich: $(x \; 2x) \cdot \begin{pmatrix} 200 \\ 300 \end{pmatrix} = 4800$

$800x = 4800 \Leftrightarrow x = 6$

Der Verkaufspreis für E1 muss mindestens 6 GE und für E2 mindestens 12 GE betragen.

Aufgabe 8

Lösung des Gleichungssystems mit dem Gaußverfahren: $\begin{pmatrix} 2 & 3 & 2 & | & 4300 \\ 0 & 4 & 3 & | & 4250 \\ 1 & 1{,}5 & 1 & | & 4950 \end{pmatrix} \sim \begin{pmatrix} 2 & 3 & 2 & | & 4300 \\ 0 & 4 & 3 & | & 4250 \\ 0 & 0 & 0 & | & 5600 \end{pmatrix}$

Das LGS enthält einen Widerspruch (3. Zeile); $L = \emptyset$

Ersetzt man 1,5 durch 5 so ergibt die Addition von Zeile 1 und Zeile 3: $0 \; 7 \; 0 \, | \, 5600$

mit $x_2 = 800$. Durch Rückwärtseinsetzen ergibt sich: $x_1 = 600$ und $x_3 = 350$

Lösungen Lineare Algebra

Aufgabe 9 (Aufgaben Seite 33)

a) $C_{RE} \cdot \vec{m} = \vec{r}$ ergibt $4x + 10x + 6x = 20$ für $x = 1$

(so wie $x + 6x + 12x = 19$ für $x = 1$ und $2x + 2x + 15x = 19$ für $x = 1$)

Von E_1 können 1 ME, von E_2 2 ME und von E_3 3 ME hergestellt werden.

b) $\vec{k_R} \cdot C_{RE} = (2\ 3\ 2) \begin{pmatrix} 4 & 5 & 2 \\ 1 & 3 & 4 \\ 2 & 1 & 5 \end{pmatrix} = (15\ 21\ 26)$; $(15\ 21\ 26) \cdot \begin{pmatrix} 3 \\ 2 \\ 1 \end{pmatrix} = 113$

Die Rohstoffkosten belaufen sich auf 113 GE.

Aufgabe 10 (Aufgaben Seite 34)

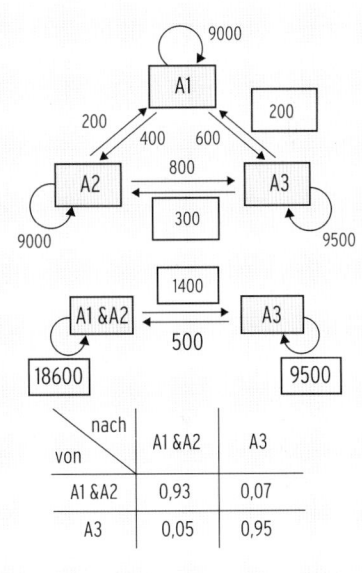

a) Übergangsgraph zur Kundenwanderung

$0{,}02 \cdot 10000 = 200$

$0{,}03 \cdot 10000 = 300$

Gesamtzahl der Kunden, die den Anbieter wechseln:

$1000 + 1000 + 500 = 2500$

b) Übergangsgraph zur Kundenwanderung

$0{,}14 \cdot 10000 = 1400$

$9000 + 9000 + 200 + 400 = 18600$

Übergangstabelle zur Kundenwanderung $\dfrac{0{,}06 + 0{,}08}{2} = 0{,}07$

nach von	A1 &A2	A3
A1 &A2	0,93	0,07
A3	0,05	0,95

Aufgabe P11

a) $(v_1\ v_2) \cdot \begin{pmatrix} 0{,}4 & 0{,}6 \\ 0{,}3 & 0{,}7 \end{pmatrix} = (v_1\ v_2)$ ergibt $0{,}4\, v_1 + 0{,}3\, v_2 = v_1$ oder $0{,}6\, v_1 + 0{,}7\, v_2 = v_2$

Vereinfachung: $\quad 0{,}3 v_2 - 0{,}6 v_1$ oder $0{,}6 v_1 - 0{,}3 v_2$

$v_2 = 2 v_1$ oder $2 v_1 = v_2$

Mögliche Lösungen: Vektor $\vec{v} = (2\ 4)$ oder $\vec{v} = (1\ 2)$

b) $N = \begin{pmatrix} a & b \\ c & d \end{pmatrix}$ mit $a + b = c + d = 1$ (stochastische Matrix); $\vec{u} = (x\ y)$ mit $x + y = 5$:

$\vec{u} \cdot N = (x\ y) \cdot \begin{pmatrix} a & b \\ c & d \end{pmatrix} = (ax + cy \quad bx + dy)$

Zeilensumme: $ax + cy + bx + dy = ax + bx + cy + dy = (a+b)x + (c+d)y$

Nach Voraussetzung gilt also: $\qquad\qquad\qquad\qquad = 1 \cdot x + 1 \cdot y = 5$

$\vec{u} \cdot N$ ist ein Vektor mit Zeilensumme 5.

Lösungen Lineare Algebra

Aufgabe 12 (Aufgaben Seite 35)

a) Es gilt: $Y \cdot Z = X$ (Probe an einigen Werten) mit Y: Rohstoff-Zwischenprodukt-Matrix, Z: Zwischenprodukt-Endprodukt-Matrix; X: Rohstoff-Endprodukt-Matrix

b) $(1\ a\ 3)\begin{pmatrix}1\\2\\2\end{pmatrix} = 15 \Rightarrow 1 + 2a + 6 = 15 \Rightarrow a = 4$ $(4\ 1\ b)\begin{pmatrix}1\\2\\2\end{pmatrix} = 10 \Rightarrow 4 + 2 + 2b = 10 \Rightarrow b = 2$

$(1\ 2\ 1)\begin{pmatrix}1\\3\\c\end{pmatrix} = 7 \Rightarrow 1 + 6 + c = 7 \Rightarrow c = 0$

b) Deutung im Sachzusammenhang:

a = 4: Für eine ME des Zwischenproduktes Z_2 braucht man 4 ME des Rohstoffes R_2.

b = 2: Für eine ME Z_3 braucht man 2 ME R_3.

c = 0: Zur Herstellung von 1 ME E_3 braucht man kein Z_3.

Aufgabe 13

3.1 50 ME von Z_1: $50 \cdot 2 = 100$ ME R_1

100 ME von E_1: $100 \cdot 2 \cdot 1 + 100 \cdot 1 \cdot 1 = 300$ ME R_1

Es gilt: $(R, Z) \cdot (Z, E) = (R, E)$ Rohstoff-Endprodukt-Tabelle:

	E_1	E_2
R_1	3	2
R_2	2	4

3.2 Benötigt man für die Produktion einer ME von Z_1 a ME von R_1 und für die Produktion einer ME von Z_1 b ME von R_1, so muss gelten wegen $(RZ) \cdot (ZE) = (RE)$:

I $(a\ b) \cdot \binom{1}{1} = 2$ und   II $(a\ b) \cdot \binom{0}{2} = 1$

ergibt   I $1 \cdot a + 1 \cdot b = 2$ II $2 \cdot b = 1$

Damit: a = 1,5; b = 0,5

Aufgabe 14

a) B ist die zu A inverse Matrix: $A \cdot B = \begin{pmatrix}1 & 2\\3 & -1\end{pmatrix} \cdot \frac{1}{7}\begin{pmatrix}1 & 2\\3 & -1\end{pmatrix} = \begin{pmatrix}1 & 0\\0 & 1\end{pmatrix} = E$

b) Aus $C \cdot \binom{1}{0} = \binom{3}{1}$ und $C \cdot \binom{0}{1} = \binom{5}{8}$ folgt $C = \begin{pmatrix}3 & 5\\1 & 8\end{pmatrix}$

Dann gilt: $C \cdot \binom{1}{1} = \binom{8}{9}$ Bem.: $\binom{1}{0}$ und $\binom{0}{1}$ bilden $E_{2;2}$.

Aufgabe 15 (Aufgaben Seite 36)

a) Die Matrix A besitzt eine Inverse, wenn das LGS $A \cdot \vec{x} = \begin{pmatrix}0\\0\\0\end{pmatrix}$ nur trivial lösbar ist.

$\begin{pmatrix}1 & 2 & 1\\2 & 3 & 3\\2 & 3 & 0\end{pmatrix} \sim \begin{pmatrix}1 & 2 & 1\\0 & -1 & 1\\0 & 0 & 3\end{pmatrix}$

b) $A \cdot B = \begin{pmatrix}1 & 0 & 0\\0 & 1 & 0\\0 & 0 & 1\end{pmatrix} = E$; B ist die Inverse der Matrix A ist.

Lösungen Lineare Algebra

Aufgabe 16
(Aufgaben Seite 36)

Variable Herstellkosten pro ME: $\vec{k}_V = \vec{k}_R \cdot C + \vec{k}_Z \cdot B + \vec{k}_E$

$$\vec{k}_Z \cdot B = (1 \quad 0,5 \quad 1 \quad 0,6) \begin{pmatrix} 6 & 3 \\ 6 & 0 \\ 2 & 1 \\ 0 & 10 \end{pmatrix} = (11 \quad 10)$$

Einsetzen ergibt $\vec{k}_V = (42,4 \quad 72,2) + (11 \quad 10) + (6 \quad 8) = (59,4 \quad 90,2)$

Mindestverkaufspreis: $59,4 \cdot 1,25 = 74,25$; $\qquad 90,2 \cdot 1,25 = 112,75$

Eine Erhöhung um 25% ergibt den Mindestverkaufspreis für E_1 von 74,25 und für E_2 von 112,75 GE.

Aufgabe 17

1 $x_3 = 1$: Einsetzen in $x_2 - x_3 = 2$ ergibt: $\qquad x_2 - 1 = 2 \Rightarrow x_2 = 3$

   Einsetzen in $x_1 + x_2 + x_3 = 2$ ergibt: $\qquad x_1 + 3 + 1 = 2 \Rightarrow x_1 = -2 \qquad$ Lösung: $(-2; 3; 1)$

2 LGS A und B: Addition von Gleichung 1 und 2 ergibt $\qquad 2x_2 + 2x_3 = 4$

   Gleichung 3 $\qquad x_2 + x_3 = 2$

   Dies ist ein Widerspruch zu $x_2 + x_3 = 4$ im LGS B. Das LGS B ist nicht lösbar.

Aufgabe 18
(Aufgaben Seite 37)

Es soll der Gewinn $z = 4x_1 + 3x_2 + 2x_3$ maximiert werden unter folgenden Restriktionen:

$x_1 \geq 0; x_2 \geq 0; x_3 \geq 0 \qquad\qquad 5x_1 + 5x_2 + 6x_3 \leq 48$

$3x_1 + 6x_2 + 2x_3 \leq 480 \qquad\qquad 6x_1 + 3x_2 + 3x_3 \leq 480$

Aufgabe 19

a) In der Zielfunktionszeile gibt es ein positives Element.

b) Umformung ergibt:

	x_1	x_2	x_3	u_1	u_2	u_3	b
A1	0	16	0	1	3	−7	800
A2	0	0	16	−9	5	5	480
A3	12	0	0	3	−3	1	480
	0	0	0	−1	−9	−25	48Z − 17760

$48Z - 17760 = 0 \Leftrightarrow z = 370$

$u_1 = u_2 = u_3 = 0 \quad x_1 = 40; \; x_2 = 50; \; x_3 = 30$

Der maximale Gewinn von 370 € wird erreicht bei Produktion von 40 Stück E1, 50 Stück E2 und 30 Stück E3.

Lösungen Lineare Algebra

Aufgabe 20 (Aufgaben Seite 37)

1.1 Mit dem Gauß-Verfahren, kommt man auf die folgende Stufenform:

$$\begin{pmatrix} 3 & -2 & 2 & | & 10 \\ 6 & 2 & -4 & | & 6 \\ 0 & 4 & -8 & | & 12 \end{pmatrix} \sim \begin{pmatrix} 3 & -2 & 2 & | & 10 \\ 0 & 6 & -8 & | & -14 \\ 0 & 4 & -8 & | & 12 \end{pmatrix} \sim \begin{pmatrix} 3 & -2 & 2 & | & 10 \\ 0 & 6 & -8 & | & -14 \\ 0 & 0 & 8 & | & -64 \end{pmatrix}$$

Dies führt auf den Lösungsvektor $\begin{pmatrix} x_1 \\ x_2 \\ x_3 \end{pmatrix} = \begin{pmatrix} 0 \\ -13 \\ -8 \end{pmatrix}$

Anmerkung: Der „Lösungsvektor" kann auch in anderer Schreibweise angegeben werden und es kann auch ein alternatives Lösungsverfahren angewandt werden.

1.2 In LGS 2 ist die dritte Zeile eine Verdoppelung der zweiten, also ist LGS 2 unterbestimmt. Da der Lösungsvektor von LGS 1 jedenfalls die ersten beiden Zeilen von LGS 2 erfüllt und die dritte Zeile in LGS 2 überflüssig ist, ist der Lösungsvektor von LGS 1 in der Lösungsmenge von LGS 2 enthalten.

Aufgabe 21 (Aufgaben Seite 38)

Interpretation der Zielfunktionszeile: Bei dieser Produktion beträgt der Gewinn 5100 GE. Wird bei sonst gleichbleibenden Bedingungen zusätzlich eine Packung „50spezial" produziert (z =1), verringert sich der Gewinn um ca. 4,33 GE ($-\frac{13}{3}$).
Wird bei sonst gleichbleibenden Bedingungen von den Mangos eine ME weniger verarbeitet ($u_3 = 1$), so verringert sich der Gewinn um 2 GE.
Wird bei sonst gleichbleibenden Bedingungen von den Rosinen eine ME weniger verarbeitet ($u_4 = 1$), erhöht sich der Gewinn um ca. 0,33 GE ($\frac{1}{3}$).
Es handelt sich nicht um ein Endtableau.
Bemerkung: Die Schlupfvariable u_3 gibt die bis zur Kapazitätsgrenze noch vorhandenen Mangos an, also die Menge, die noch übrig bleibt. Ist $u_3 = 0$ heißt das, dass keine Mangos übrigbleiben. Alles wurde verarbeitet. Wird jetzt u_3 auf 1 erhöht, bleibt 1 ME Mangos übrig, es wurde 1 ME weniger verarbeitet als vorher.

Aufgabe 22

3.1 Es gilt der Zusammenhang (RE) = (RZ) · (ZE)
Man berechnet den Teil der Rohstoff-Endprodukt-Matrix, der R_3 betrifft:

$$(6 \ \ 2) \cdot \begin{pmatrix} 5 & 2 & 8 \\ 5 & 8 & 2 \end{pmatrix} \cdot \begin{pmatrix} 1 \\ 1 \\ 1 \end{pmatrix} = (40 \ \ 28 \ \ 52) \cdot \begin{pmatrix} 1 \\ 1 \\ 1 \end{pmatrix} = 120$$

Man benötigt 120 ME von R_3, um jeweils eine ME von E_1, E_2 und E_3 herzustellen.

3.2 Ist x die Anzahl der ME von Z_1, so werden $6 \cdot x + 2 \cdot 1{,}5 \cdot x$ ME von R_3
benötigt: $6 \cdot x + 2 \cdot 1{,}5 \cdot x = 54$ für x = 6

Anzahl der ME von Z_2: $1{,}5 \cdot 6 = 9$

Aufgaben zur Prüfungsvorbereitung – Stochastik
Hilfsmittelfreier Teil der Zentralen Abiturprüfung

Stochastik　　　　　　　　　　　　　　　　　　　　Lösungen Seite 53
　　　　　　　　　　　　　　　　　　　　　　　　　　Punkte

Aufgabe 1

Bei der Produktion eines Elektrobauteils kommt es bei durchschnittlich 20 % der Bauteile zu statischen Aufladungen, die Probleme beim weiteren Verarbeitungsprozess bewirken können.

X ist die binomialverteilte Zufallsgröße, die die Anzahl problematischer Elektrobauteile bei einer Tagesproduktion von 50 Bauteilen angibt.

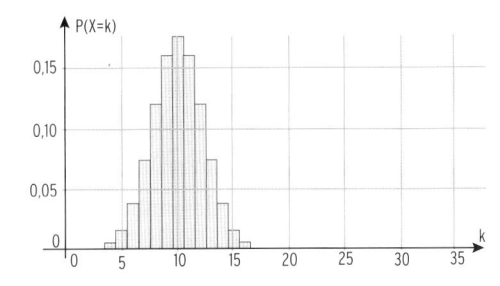

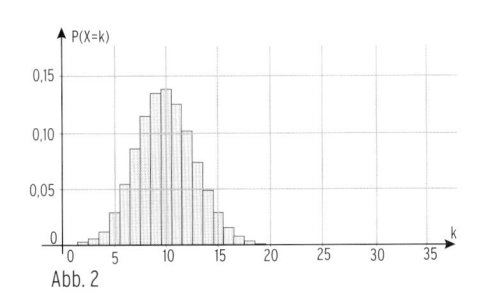

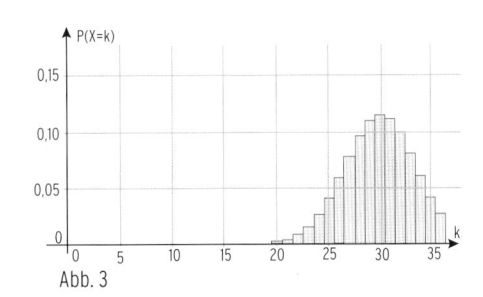

Abb. 2

Abb. 3

1.1 Prüfen Sie, welche der obigen Abbildungen die zu X gehörige Verteilung ist. 　2

1.2 Bestimmen Sie mit der von Ihnen ausgewählten Graphik näherungsweise die Wahrscheinlichkeit, dass die Anzahl statisch aufgeladener Elektroteile um weniger als zwei vom Erwartungswert $E(X)$ abweicht. 　4

Aufgabe 2

2.1 Ein Unternehmen, das Leuchtmittel an zwei Standorten A und B herstellt, prüft deren Lebensdauer. Die Zufallsgröße X gibt für ein Leuchtmittel von Standort A die Lebensdauer in Stunden an, Y die für ein Leuchtmittel aus B. Es gilt $E(X) = E(Y)$ und $\sigma(X) < \sigma(Y)$ Erklären Sie, was diese Beziehungen für die Verteilung der Lebensdauer eines Leuchtmittels bedeuten. 　3

2.2 Die Zufallsgröße Z nimmt genau die Zahlenwerte 0, 1, 2, 3, 4 mit positiven Wahrscheinlichkeiten an. Entwickeln Sie für Z eine Wahrscheinlichkeitsverteilung, so dass der Erwartungswert von Z zwischen 0 und 1 liegt. 　3

Stochastik

Lösungen Seite 53/54
Punkte

Aufgabe 3

Ein Unternehmen macht mit seinem Produkt einen Gewinn zwischen 0 und 4 Geldeinheiten. Es liegen unterschiedliche Angaben zu den Gewinnwahrscheinlichkeiten vor.

3.1 Erklären Sie, warum der obige Graph nicht die Wahrscheinlichkeitsverteilung einer ganzzahligen Zufallsgröße beschreiben kann. 2

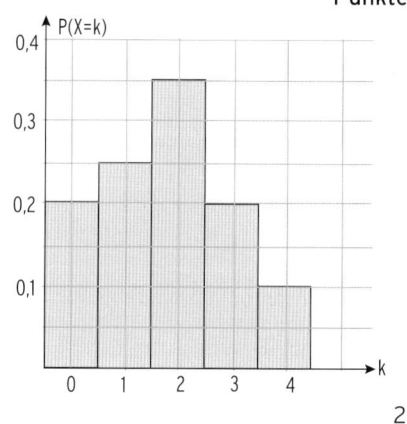

3.2 Die Zufallsgröße X gibt den Gewinn, den das Unternehmen mit seinem Produkt macht, an. Die obige Graphik stellt für einen Gewinn von 0 GE, 3 GE und 4 GE die Wahrscheinlichkeiten richtig dar. Es ist bekannt, dass der erwartete Gewinn bei 1,7 GE liegt. Ermitteln Sie die korrekten Wahrscheinlichkeiten für X = 1 und X = 2. 4

Aufgabe 4

25 % der Mitarbeiter/-innen eines Großunternehmens klagen über eine zu hohe Arbeitsbelastung. Das Balkendiagramm gibt die kumulierte Binomialverteilung für eine Stichprobe von n = 20 an.

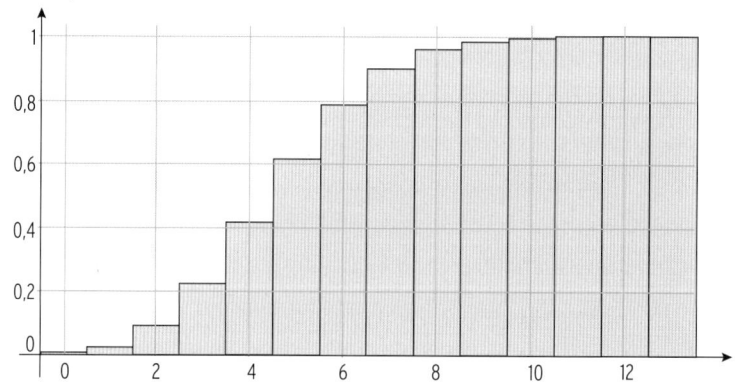

4.1 Geben Sie allein unter Zuhilfenahme des Diagramms die ungefähren Wahrscheinlichkeiten für folgende Ereignisse an:

A: Genau 6 Mitarbeiter/-innen sind unzufrieden.

B: Weniger als 8 Mitarbeiter/-innen fühlen sich überlastet.

C: Mindestens 15 Mitarbeiter/-innen sind zufrieden. 3

Stochastik Lösungen Seite 54

Aufgabe 4 Fortsetzung

4.2 Nach Einführung eines neuen Arbeitszeitmodells beklagen nur noch 2 von 20 Personen die Arbeitsbelastung. Beurteilen Sie mit Hilfe des Diagramms, ob mit 90 % Sicherheitswahrscheinlichkeit von einer geringeren Unzufriedenheit als 25 % ausgegangen werden kann. **3**

Aufgabe 5

Eine Textilfabrik stellt unter anderem weiße T-Shirts her. Von diesen werden 50 % gefärbt und 50 % bestickt. Beim Färben sind 10 % der T-Shirts nicht farbecht, 20 % der anderen Hälfte sind fehlerhaft bestickt.

5.1 Stellen Sie den Sachverhalt in einem Baumdiagramm dar. **3**

5.2 Die Herstellungskosten für alle T-Shirts betragen im Mittel 0,2 GE pro Stück. Die korrekt gefärbten T-Shirts werden zu einem Preis von 2 GE pro Stück, die fehlerhaft gefärbten T-Shirts werden als 2. Wahl zu einem Preis von 1 GE pro Stück verkauft. Die korrekt bestickten T-Shirts erzielen einen Erlös von 2,5 GE pro Stück, wohingegen die fehlerhaft bestickten T-Shirts zusätzliche Kosten in Höhe von 1 GE pro Stück verursachen. Berechnen Sie den durchschnittlich zu erwartenden Stückdeckungsbeitrag. **3**

Aufgabe 6

Eine verbeulte Münze wird mehrfach geworfen. Die Wahrscheinlichkeit dafür, dass bei einem Wurf „Wappen" fällt, beträgt p.

6.1 Geben Sie jeweils einen Term zur Berechnung der Wahrscheinlichkeit der folgenden Ereignisse A und B an: **3**

A: Bei fünf Würfen fällt genau dreimal „Wappen".

B: Bei 5 Würfen fällt genau dreimal „Wappen", darunter bei den ersten beiden Würfen zweimal.

6.2 Die Wahrscheinlichkeit dafür, dass bei 3 Würfen dreimal „Wappen" fällt, ist 0,216. Untersuchen Sie, ob das Ergebnis „Wappen" wahrscheinlicher ist als das Ergebnis „Zahl". **2**

Stochastik

Lösungen Seite 55

Aufgabe 7

Bei der Herstellung eines Produktes sind durchschnittlich 20 % der Teile fehlerhaft.
Zu Testzwecken werden der laufenden Produktion einige Teile entnommen.

7.1 Es sei X die Zufallsvariable, die die Anzahl der entnommenen Teile angibt, die fehlerhaft sind. Begründen Sie, warum man die Zufallsvariable X als binomialverteilt annehmen kann.   3

7.2 Berechnen Sie, mit welcher Wahrscheinlichkeit die ersten beiden entnommenen Teile nicht fehlerhaft sind.   1

7.3 Geben Sie im Sachzusammenhang ein Ereignis A und ein Ereignis B an, so dass gilt:

$P(A) = 0{,}2^{10}$ $P(B) = \binom{50}{40} \cdot 0{,}2^{10} \cdot 0{,}8^{40}$ 2

Aufgabe 8

Von den 100 Schülerinnen und Schülern einer Jahrgangsstufe wählt die eine Hälfte als Naturwissenschaft Physik, die andere Hälfte Biologie.

Die Jahrgangsstufe umfasst insgesamt 60 Mädchen. 30 % sind Jungen und haben Physik gewählt.

8.1 Stellen Sie den gegebenen Sachverhalt in einer Vierfeldertafel dar.   3

8.2 Ermitteln Sie die Wahrscheinlichkeiten,

- dass eine zufällig ausgewählte Schülerin Physik gewählt hat,
- dass ein zufällig ausgewählter Teilnehmer des Biologie-Kurses männlich ist.

    3

Aufgabe 9

Die Zürla-Kohlin GmbH bezieht von einem Zulieferer seit Jahren selbstsichernde Muttern in großen Mengen, bei denen zwei Fehlerarten auftreten: Falsche Form und fehlerhaftes Gewinde.

Insgesamt sind nur 90 % aller Muttern fehlerfrei, d. h. sie haben weder eine falsche Form noch ein fehlerhaftes Gewinde. 5 % der Muttern haben eine falsche Form. 40 % der Muttern mit falscher Form haben auch ein fehlerhaftes Gewinde. Mit welcher Wahrscheinlichkeit hat eine Mutter mit fehlerhaftem Gewinde auch ein falsche Form?   5

Stochastik

Lösungen Seite 56

Aufgabe 10

Punkte

Ein Supermarkt verwendet für die Bearbeitung zurückgegebener Pfandflaschen eine Maschine. Diese soll einwandfreie Flaschen von deformierten Flaschen unterscheiden. Zurückgegebene Flaschen werden entweder von der Maschine abgewiesen oder angenommen. Dabei unterlaufen dem Gerät auch Fehler: Es werden manchmal auch einwandfreie Flasche abgewiesen oder deformierte Flasche angenommen. Eine Übersicht über Wahrscheinlichkeiten in diesem Zusammenhang liefert die noch unvollständige Vierfeldertafel (Tabelle).

	Flasche angenommen	Flasche abgewiesen	
Flasche einwandfrei	0,9405	0,0095	0,95
Flasche deformiert	0,0015	0,0485	0,05

a) In den beiden doppelt umrandeten Kästchen der letzten Zeile fehlen zwei Wahrscheinlichkeiten in dem vorliegenden Sachzusammenhang. Berechnen Sie beide Wahrscheinlichkeiten und geben Sie diese in den Kästchen an.

b) Geben Sie die Bedeutung der beiden Wahrscheinlichkeiten aus 10.1 in dem vorliegenden Sachzusammenhang an.

c) Eine Flasche wird abgewiesen. Ermitteln Sie einen Term, um die Wahrscheinlichkeit zu berechnen, dass die Flasche in Ordnung ist.

6

Hinweis: Die konkrete Berechnung wird nicht verlangt.

Aufgabe 11

Erfahrungsgemäß sind 4 % der produzierten Smartphones eines Herstellers defekt. Ein Lieferant erhält ein Paket mit 50 Smartphones des Herstellers. Wie groß ist die Wahrscheinlichkeit für höchstens ein defektes Smartphone? Geben Sie einen Term an.

3

Stochastik

Aufgabe 12

a) Ein Fußballspieler verwandelt erfahrungsgemäß 80 % aller Strafstöße.

Mit welcher Wahrscheinlichkeit verwandelt er von vier Strafstößen

- nur den letzten?
- mindestens einen?

b) Für ein Ereignis C gilt: $P(C) = \binom{10}{k} \cdot 0{,}8^b \cdot a^2$

Geben Sie geeignete Werte für a, b und k an.

Beschreiben Sie das Ereignis C in Worten.

Aufgabe 13

Bei einem Glücksspiel wird das abgebildete Glücksrad benutzt. Als Einsatz bezahlt man 3 €. Das Glücksrad wird einmal gedreht. Man erhält den Betrag ausbezahlt, dessen Sektor über dem Pfeil zu stehen kommt.
Bestimmen Sie den Erwartungswert für den Gewinn.

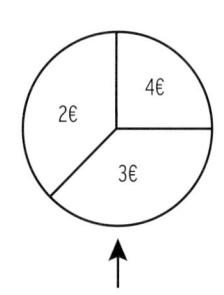

Aufgabe 14

Eine Urne enthält 5 rote, 3 weiße und 2 gelbe Kugeln.

a) Es werden 3 Kugeln mit Zurücklegen gezogen.

Mit welcher Wahrscheinlichkeit erhält man keine gelbe Kugel?

b) Nun werden 2 Kugeln ohne Zurücklegen gezogen.

Mit welcher Wahrscheinlichkeit haben die beiden Kugeln die gleiche Farbe?

Aufgabe 15

Bei einer Lotterie führen 5 % der Lose zu einem Gewinn. Nils kauft 14 Lose. Geben Sie jeweils eine Aufgabenstellung an, deren Lösung auf die folgende Weise berechnet wird.

a) $P(A) = \binom{14}{3} \cdot 0{,}05^3 \cdot 0{,}95^{11}$

b) $P(B) = \binom{14}{2} \cdot 0{,}05^2 \cdot 0{,}95^{12} + \binom{14}{3} \cdot 0{,}05^3 \cdot 0{,}95^{11}$

c) $P(C) = 1 - \binom{14}{0} \cdot 0{,}05^0 \cdot 0{,}95^{14}$

d) $14 \cdot 0{,}05$

Stochastik

Aufgabe 16

Ein Basketballspieler wirft 10 Freiwürfe. Die Anzahl seiner Treffer wird mit k bezeichnet und durch die Zufallsgröße X beschrieben. Die Zufallsgröße X wird als binomialverteilt mit der Trefferwahrscheinlichkeit p = 0,8 angenommen. In der Abbildung ist die Wahrscheinlichkeitsverteilung von X dargestellt.

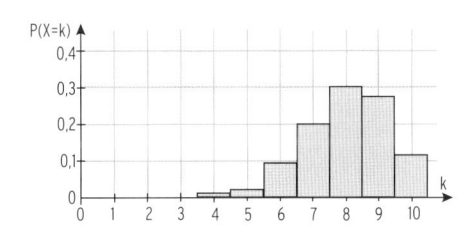

a) Ermitteln Sie mithilfe der Abbildung einen Näherungswert für die Wahrscheinlichkeit dafür, dass der Basketballspieler mindestens 8-mal trifft.

b) Zeigen Sie, dass die Wahrscheinlichkeit dafür, keinen Treffer zu erzielen, kleiner als $\frac{1}{1\,000\,000}$ ist.

Aufgabe 17

Für ein Zufallsexperiment wird eine Zufallsgröße X festgelegt, welche die drei Werte 2, 4 und 6 annehmen kann. In der Abb. ist die Wahrscheinlichkeitsverteilung von X unvollständig dargestellt.

a) Geben Sie die Wahrscheinlichkeit P(X = 4) an. Berechnen Sie den Erwartungswert von X.

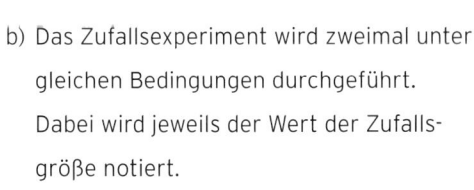

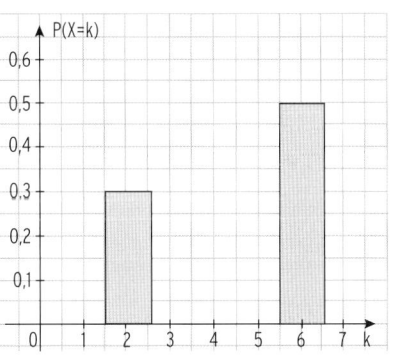

b) Das Zufallsexperiment wird zweimal unter gleichen Bedingungen durchgeführt. Dabei wird jeweils der Wert der Zufallsgröße notiert.
Bestimmen Sie die Wahrscheinlichkeit dafür, dass das Produkt dieser beiden Werte den Wert 12 ergibt.

Stochastik

Lösungen Seite 58
Punkte

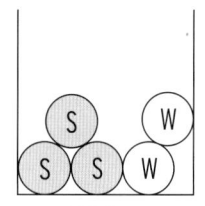

Aufgabe 18

In einer Urne befinden sich zu Beginn eines Zufallsexperiments drei schwarze Kugeln (S) und zwei weiße Kugeln (W), siehe Abbildung 1.

Aus der Urne werden nacheinander zwei Kugeln ohne Zurücklegen gezogen. Zu dem Zufallsexperiment wurde das Baumdiagramm aus Abbildung 2 erstellt.

(1) Berechnen Sie die Wahrscheinlichkeit dafür, dass bei dem Zufallsexperiment mindestens eine schwarze Kugel gezogen wird.

(2) Die Zufallsgröße X beschreibt die Anzahl der gezogenen schwarzen Kugeln. Berechnen Sie den Erwartungswert der Zufallsgröße X.

Abbildung 1

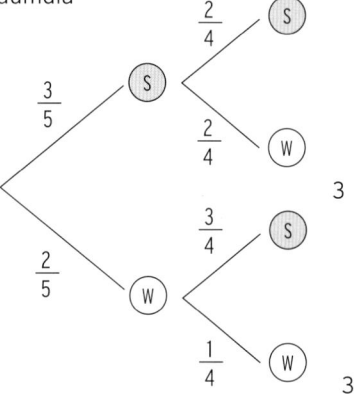

Abbildung 2

3

3

Aufgabe 19

In den Urnen U1 und U2 befinden sich Kugeln, die sich nur in ihrer Farbe unterscheiden:

U1 : 6 rote und 4 blaue Kugeln

U2 : 1 rote und 4 blaue Kugeln

1.1 Aus der Urne U1 werden zwei Kugeln nacheinander ohne Zurücklegen zufällig gezogen. Bestimmen Sie die Wahrscheinlichkeit dafür, dass die beiden gezogenen Kugeln die gleiche Farbe haben.

2

1.2 Es wird eine der beiden Urnen zufällig ausgewählt. Aus dieser wird eine Kugel zufällig gezogen. Die gezogene Kugel ist rot. Bestimmen Sie die Wahrscheinlichkeit dafür, dass diese Kugel aus der Urne U1 stammt.

3

Aufgabe 20

Für ein zweistufiges Zufallsexperiment hat ein Schüler das abgebildete Baumdiagramm korrekt gezeichnet und beschriftet.

a) Ermitteln Sie die Wahrscheinlichkeit $P(\overline{A})$.

b) Erstellen Sie zum selben Sachverhalt eine entsprechende Vierfeldertafel.

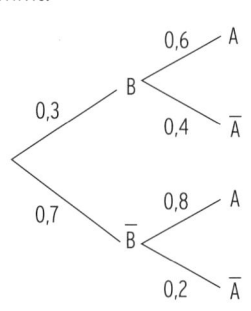

Lösungen - Aufgaben zur Prüfungsvorbereitung – Stochastik

Hilfsmittelfreier Teil der Zentralen Abiturprüfung

Lösungen Stochastik

Aufgabe 1 (Aufgaben Seite 45)

1.1 Da $E(X) = n \cdot p = 50 \cdot 0{,}2 = 10$ ganzzahlig ist, muss der maximale Wert $P(X = 10)$ sein. Abbildung 3 erfüllt dies nicht. Nur für $p = 0{,}5$ ist die Binomialverteilung symmetrisch, so dass für $p = 0{,}2$ nur Abbildung 2 möglich ist.

1.2 Da $E(X) = n \cdot p = 10$, sind die Wahrscheinlichkeiten für das Auftreten von 9, 10 oder 11 statisch aufgeladenen Elektrobauteilen aufzusummieren.

Aus der Abb. 2 liest man

$0{,}14 + 0{,}14 + 0{,}13 = 0{,}41$ ab, also ca. 40 % Wahrscheinlichkeit.

Aufgabe 2

2.1 Der Erwartungswert entspricht der durchschnittlich zu erwartenden Lebensdauer eines Leuchtmittels. Diese ist für die in A und B produzierten jeweils gleich. Die geringere Standardabweichung bei X bedeutet, dass die Lebensdauer eines Leuchtmittels aus A im Vergleich zu einem aus B durchschnittlich weniger weit von der erwarteten Lebensdauer abweicht.

2.2 Mögliche Wahrscheinlichkeitsverteilung:

z_i	0	1	2	3	4	Summe
$P(Z = z_i)$	0,80	0,05	0,05	0,05	0,05	1

$E(Z) = 0{,}05 + 0{,}1 + 0{,}15 + 0{,}2 = 0{,}5$

Aufgabe 3 (Aufgaben Seite 46)

3.1 Die Summe der Wahrscheinlichkeiten beträgt

$0{,}2 + 0{,}25 + 0{,}35 + 0{,}2 + 0{,}1 = 1{,}1 > 1$.

3.2 Mit $a = P(X = 1)$ und $b = P(X = 2)$ ergibt sich

Summe Einzelwahrscheinlichkeiten: I. $0{,}2 + a + b + 0{,}2 + 0{,}1 = 1$

Erwartungswert: II. $a + 2b + 0{,}6 + 0{,}4 = 1{,}7$

Vereinfachung: I. $a + b = 0{,}5$

II. $a + 2b = 0{,}7$

II. − I. ergibt $b = 0{,}2$

einsetzen ergibt $a = 0{,}3$

Lösungen Stochastik

Aufgabe 4 (Aufgabe Seite 46/47)

4.1 X gibt die Anzahl unzufriedener Mitarbeiter/-innen an.

A: $P(X = 6) = P(X \leq 6) - P(X \leq 5) = 0{,}78 - 0{,}62 = 0{,}16$

B: $P(X < 8) \approx 0{,}9$

C: $P(X \leq 5) \approx 0{,}62$

4.2 Da die Wahrscheinlichkeit maximal 2 unzufriedene Mitarbeiter/-innen bei $p = 0{,}25$ zu haben mit $P(X \leq 2) \approx 0{,}1$ ungefähr 10 % beträgt, kann mit 90 % Sicherheitswahrscheinlichkeit davon ausgegangen werden, dass die Zufriedenheit gesteigert wurde.

Aufgabe 5 (Aufgaben Seite 47)

5.1 Baumdiagramm

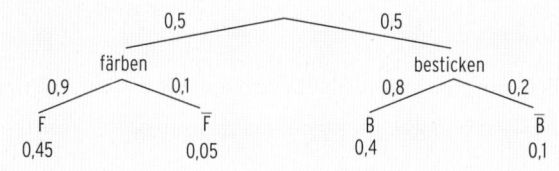

```
           0,5                    0,5
         färben                besticken
      0,9      0,1          0,8       0,2
       F        F̄            B         B̄
     0,45     0,05          0,4       0,1
```

F = Färbung ok, F̄ = Färbung fehlerhaft, B = Korrekt bestickt, B̄ = fehlerhaft bestickt

5.2 Durchschnittlich zu erwartender Stückdeckungsbeitrag

Sei X die Zufallsgröße, die den Stückdeckungsbeitrag beschreibt.

$E(X) = 2 \cdot 0{,}45 + 1 \cdot 0{,}05 + 2{,}5 \cdot 0{,}4 - 1 \cdot 0{,}1 - 0{,}2 = 1{,}65$

Der zu erwartende Stückdeckungsbeitrag beträgt 1,65 GE.

Aufgabe 6

6.1 Wahrscheinlichkeit für das Ereignis A: $\binom{5}{3} p^3 \cdot (1-p)^2$

Wahrscheinlichkeit für das Ereignis B: $p^2 \cdot \binom{3}{1} p \cdot (1-p)^2$

6.2 Das Ergebnis "Wappen" ist wahrscheinlicher, da gilt: $0{,}216 > 0{,}5^3 = 0{,}125$.

oder: $\sqrt[3]{0{,}216} = 0{,}6 > 0{,}5$

Aufgabe 7 (Aufgaben Seite 48)

7.1 Die Zufallsvariable ist binomialverteilt:

Für jedes Teil gibt es nur zwei Möglichkeiten, nämlich entweder defekt oder nicht defekt. Es wird zwar ohne Zurücklegen gezogen, aber da die Grundgesamtheit sehr groß und die Stichprobe verhältnismäßig klein ist, bleibt die Wahrscheinlichkeit bei jedem Zug gleich.

Lösungen Stochastik

Aufgabe 7 Fortsetzung (Aufgaben Seite 48)

7.2 $P(E) = 0{,}8^2 = 0{,}64$ Hinweis: $\binom{50}{40} = \binom{50}{10}$

7.3 A: die ersten zehn Teile sind fehlerhaft.

B: es werden 50 Teile gezogen, davon sind genau 10 fehlerhaft.

Aufgabe 8

8.1 Es ergibt sich die Vierfeldertafel:

	weiblich	männlich	
Physik	0,2	0,3	0,5
Biologie	0,4	0,1	0,5
	0,6	0,4	1

8.2 Mit dem Satz von Bayes ergibt sich:

$$P_w(Ph) = \frac{P(Ph \cap w)}{P(w)} = \frac{0{,}2}{0{,}6} = \frac{1}{3}$$

$$P_{Bio}(m) = \frac{P(Bio \cap m)}{P(Bio)} = \frac{0{,}1}{0{,}5} = \frac{1}{5}$$

Alternativ können die gesuchten Wahrscheinlichkeiten aus einem Baumdiagramm entnommen werden.

Aufgabe 9

FF: falsche Form;   RF: richtige Form

FG: fehlerhaftes Gewinde; RG: fehlerfreies Gewinde

Gegeben: $P(FF) = 0{,}05$; $P_{FF}(FG) = 0{,}4$; $P(RF \cap RG) = 0{,}90$

Gesucht: $P_{FG}(FF)$

$P_{FF}(FG) = 0{,}4$ $P_{FF}(FG) = \dfrac{P(FF \cap FG)}{P(FF)} = 0{,}4$

$P(FF \cap FG) = 0{,}05 \cdot 0{,}4 = 0{,}02$

Aufstellen einer Vierfeldertafel:

Geg. im Text: 0,90; 0,05

40 % von 0,05 = 0,02

	FF	RF	gesamt
FG	0,02	0,05	0,07
RG	0,03	0,90	0,93
gesamt	0,05	0,95	1

$$P_{FG}(FF) = \frac{P(FF \cap FG)}{P(FG)} = \frac{0{,}02}{0{,}07} = \frac{2}{7}$$

Lösungen Stochastik

Aufgabe 10 (Aufgaben Seite 49)

a) 0,9405 + 0,0015 = 0,942 und 0,0095 + 0,0485 = 0,058.

	Flasche angenommen	Flasche abgewiesen	
Flasche einwandfrei	0,9405	0,0095	0,95
Flasche deformiert	0,0015	0,0485	0,05
	0,942	0,058	1

b) Mit einer Wahrscheinlichkeit von 94,2 % wird eine Flasche von der Maschine angenommen und mit einer Wahrscheinlichkeit von 5,8 % wird eine Flasche von der Maschine abgewiesen.

c) Man teilt den Anteil der abgewiesenen einwandfreien Flaschen durch den Anteil aller abgewiesenen Flaschen. Das ergibt: $\frac{0{,}0095}{0{,}0095 + 0{,}0485}$.

Aufgabe 11

X: Anzahl der defekten Smartphones unter 50 Smartphones;

X ist $B_{50;0,04}$- verteilt

$P(X \leq 1) = P(X = 0) + P(X = 1)$

$= \binom{50}{0} \cdot 0{,}04^0 \cdot 0{,}96^{50} + \binom{50}{1} \cdot 0{,}04^1 \cdot 0{,}96^{49}$

Aufgabe 12 (Aufgaben Seite 50)

a) P(nur den letzten) = $0{,}2^3 \cdot 0{,}8 = \frac{4}{625} = 0{,}0064$

P(mindestens einen) = 1 - P(keinen) = $1 - 0{,}2^4 = 0{,}9984$

b) $P(C) = \binom{10}{k} \cdot 0{,}8^b \cdot a^2$ für k = 8; a = 0,2; b = 8

Ereignis C: Der Spieler hat eine Trefferwahrscheinlichkeit von 80 % und verwandelt 8 von 10 Strafstößen.

Aufgabe 13

x_i	2 €	3 €	4 €
Gewinn	−1 €	0 €	1 €
$P(X = x_i)$	0,375	0,375	0,25

Erwartungswert für den Gewinn: $E(X) = -1 \cdot 0{,}375 + 1 \cdot 0{,}25 = -0{,}125$

Lösungen Stochastik

Aufgabe 14 (Aufgaben Seite 50)

a) 3 Kugeln mit Zurücklegen gezogen.

P(keine gelbe Kugel) = $0{,}8^3 = \frac{64}{125} = 0{,}512$

b) 2 Kugeln ohne Zurücklegen gezogen

P(gleiche Farbe) = P(rr) + P(ww) + P(gg) = $\frac{5}{10} \cdot \frac{4}{9} + \frac{3}{10} \cdot \frac{2}{9} + \frac{2}{10} \cdot \frac{1}{9} = \frac{14}{45} \approx 0{,}31$

Aufgabe 15

a) P(A) = $\binom{14}{3} \cdot 0{,}05^3 \cdot 0{,}95^{11}$ A: Nils zieht ganau 3 Gewinnlose.

b) P(B) = $\binom{14}{2} \cdot 0{,}05^2 \cdot 0{,}95^{12} + \binom{14}{3} \cdot 0{,}05^3 \cdot 0{,}95^{11}$

B: Nils zieht 2 oder 3 Gewinnlose.

c) P(C) = $1 - \binom{14}{0} \cdot 0{,}05^0 \cdot 0{,}95^{14}$ C: Nils zieht mindestens ein Gewinnlos.

d) $14 \cdot 0{,}05$ Durchschnittlich zu erwartende Anzahl von Gewinnlosen unter 14 Losen

Aufgabe 16 (Aufgaben Seite 51)

X ist binomialverteilt mit n = 10; p = 0,8

a) P(X $\geq$ 8) = P(X = 8) + P(X = 9) + P(X = 10)

Ablesen ergibt den Näherungswert: 0,30 + 0,27 + 0,11 = 0,68

b) P(X = 0) = $0{,}2^{10}$

Abschätzung: $0{,}2^{10} = \left(\frac{2}{10}\right)^{10} = \frac{2^{10}}{10^{10}} = \frac{1024}{10\,000\,000\,000} = \frac{1{,}024}{10\,000\,000}$

$0{,}2^{10} = \frac{0{,}1024}{1\,000\,000} < \frac{1}{1\,000\,000}$

Aufgabe 17

a) P(X = 4) = 1 − 0,3 − 0,5 = 0,2

Erwartungswert von X: E(X) = $2 \cdot 0{,}3 + 4 \cdot 0{,}2 + 6 \cdot 0{,}5 = 4{,}4$

b) Das Produkt 12 kann hier auf zwei Möglichkeiten erreicht werden: 2;6 und 6;2.

Damit ergibt sich die Wahrscheinlichkeit:

P(12) = $2 \cdot 0{,}3 \cdot 0{,}5 = 0{,}30$

Lösungen Stochastik

Aufgabe 18 (Aufgaben Seite 52)

(1) P(„mindestens eine schwarze Kugel") = 1 − P(„keine schwarze Kugel")

P(„mindestens eine schwarze Kugel") = $1 - \frac{2}{5} \cdot \frac{1}{4} = 1 - \frac{1}{10} = \frac{9}{10}$

Die Wahrscheinlichkeit, mit der mindestens eine schwarze Kugel gezogen wird, beträgt 90%.

(2) Anhand der Wahrscheinlichkeitsverteilung der Zufallsgröße X kann der Erwartungswert $\mu = E(X)$ berechnet werden:

k	0	1	2
P(X = k)	$\frac{2}{5} \cdot \frac{1}{4} = 0{,}1$	$\frac{3}{5} \cdot \frac{2}{4} + \frac{2}{5} \cdot \frac{3}{4} = 0{,}6$	$\frac{3}{5} \cdot \frac{2}{4} = 0{,}3$

$\mu = E(X) = 0 \cdot 0{,}1 + 1 \cdot 0{,}6 + 2 \cdot 0{,}3 = 1{,}2$

Der Erwartungswert μ der Zufallsgröße X beträgt 1,2.

Aufgabe 19

1.1 P („beide Kugeln haben die gleiche Farbe") = P(rr) + P(bb)

$= \frac{6}{10} \cdot \frac{5}{9} + \frac{4}{10} \cdot \frac{3}{9} = \frac{7}{15}$

1.2 Mithilfe eines Baumdiagramms erhält man:

$P(E_2) = \frac{P(U1 \wedge r)}{P(r)}$

$P(E_2) = \dfrac{\frac{1}{2} \cdot \frac{6}{10}}{\frac{1}{2} \cdot \frac{6}{10} + \frac{1}{2} \cdot \frac{1}{5}} = \frac{3}{4}$

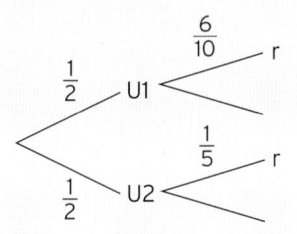

Aufgabe 20

a) $P(\overline{A}) = 0{,}3 \cdot 0{,}4 + 0{,}7 \cdot 0{,}2 = 0{,}26$

b) Vierfeldertafel

	A	$\overline{A}$	
B	0,18	0,12	0,3
$\overline{B}$	0,56	0,14	0,7
	0,74	0,26	1

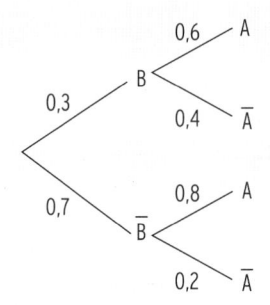

II Teil II der zentralen Abiturprüfung mit Hilfsmittel (GTR)

1 Analysis

Mathematische Formeln Wirtschaft und Verwaltung

Kostenfunktionen x: Ausbringungsmenge in ME y: Gesamtkosten in GE		
	Gesamtkostenfunktion K mit	$K(x) = K_v(x) + K_f$
	Ertragsgesetzliche Kostenfunktion K mit	$K(x) = ax^3 + bx^2 + cx + d$
	K wächst degressiv	$K'(x) > 0 \land K''(x) < 0$
	K wächst progressiv	$K'(x) > 0 \land K''(x) > 0$
	Funktion der variablen Gesamtkosten	$K_v(x)$
	Funktion der gesamten Stückkosten k (Funktion der Durchschnittskosten)	$k(x) = \frac{K(x)}{x}$
	Funktion der variablen Stückkosten k_v	$k_v(x) = \frac{K_v(x)}{x}$
	Grenzkostenfunktion	$K'(x)$ Kostenzuwachs
	Grenzstückkostenfunktion	$k'(x)$
	Betriebsoptimum (Minimalstelle von k(x))	x_{BO}
	Langfristige Preisuntergrenze	$k(x_{BO})$
	Betriebsminimum (Minimalstelle von $k_v(x)$)	x_{BM}
	kurzfristige Preisuntergrenze	$k(x_{BM})$
	Nachfragefunktion (Preis-Absatz-Funktion)	$p_N(x)$
	Angebotsfunktion	$p_A(x)$
	Gleichgewichtsmenge	x_G; Schnittstelle von $p_N(x)$ und $p_A(x)$
	Gleichgewichtspreis	$p_G = p_N(x_G) = p_A(x_G)$
	Marktgleichgewicht MG	MG $(x_G \mid p_G)$
	Konsumentenrente Differenz zwischen den theoretisch möglichen und den tatsächlichen Ausgaben für ein Produkt.	$\int_0^{x_G} (p_N(x) - p_G)\,dx$
	Produzentenrente Differenz aus erzieltem Umsatz und mindestens erwartetem Umsatz.	$\int_0^{x_G} (p_G - p_A(x))\,dx$
	Erlösfunktion	$E(x) = p \cdot x$; p Preis pro ME $E(x) = p_N(x) \cdot x$; $p_N(x)$ Preis abhängig von x
	Gewinnfunktion	$G(x) = E(x) - K(x)$
	Grenzgewinnfunktion	$G'(x)$
	Gewinnschwelle	x_{GS} 1. positive Nullstelle von G
	Gewinngrenze	x_{GG} 2. positive Nullstelle von G
	gewinnmaximale Ausbringungsmenge Maximalstelle von G(x): G'(x) = 0	x_{max}
	Cournot'scher Punkt	$C(x_{max} \mid p_N(x_{max}))$
	Stückdeckungsbeitrag d = dB	$dB(x) = p(x) - k_v(x)$
	Deckungsbeitrag D = DB	$DB(x) = G(x) + K_{fix} = E(x) - K_v(x)$

Formelsammlung Analysis

Bezeichnungen:

$\mathbb{N} = \{0; 1; 2; ...\}$ Menge der natürlichen Zahlen

$\mathbb{R}$ Menge der reellen Zahlen

$\mathbb{R}^* = \mathbb{R} \setminus \{0\}$ Menge der reellen Zahlen ohne Null

$\mathbb{R}_+^* = \{x \mid x \in \mathbb{R} \land x > 0\}$ Menge der positiven reellen Zahlen

$\mathbb{R}_+ = \{x \mid x \in \mathbb{R} \land x \geq 0\}$ Menge der positiven reellen Zahlen mit Null

Ableitungsregeln

Produktregel: $f(x) = u(x) \cdot v(x) \Rightarrow f'(x) = u'(x) \cdot v(x) + u(x) \cdot v(x)$

Kurzform: $(u \cdot v)' = u' \cdot v + u \cdot v'$

Quotientenregel: $f(x) = \dfrac{u(x)}{v(x)} \Rightarrow f'(x) = \dfrac{u'(x) \cdot v(x) - u(x) \cdot v'(x)}{v^2(x)}$

Kurzform: $\left(\dfrac{u}{v}\right)' = \dfrac{u' \cdot v - u \cdot v'}{v^2}$

Kettenregel: $f(x) = g(u(x)) \Rightarrow f'(x) = g'(u(x)) \cdot u'(x)$

für Exponentialfunktion $f(x) = e^{u(x)} \Rightarrow f'(x) = (e^{u(x)})' = u'(x) \cdot e^{u(x)}$

Integrationsregeln:

Integration durch Substitution

$$\int e^{ax+b} \, dx = \frac{1}{a} e^{ax+b} + c; \quad a \neq 0$$

Produktintegration (partielle Integration)

$$\int u'(x) \cdot v(x) \, dx = u(x) \cdot v(x) - \int u(x) \cdot v'(x) \, dx$$

Aufgaben zur Prüfungsvorbereitung Analysis

Aufgabe 1   Lösung Seite 76   Punkte

Der Pharmakonzern Harma AG stellt schmerzlindernde Präparate als klassische Tablette, Brausetablette, Granulat oder Kautablette her. Diese werden in drei Produktionsabteilungen gefertigt. Regelmäßig führt die Marketingabteilung der Harma AG verschiedenartige Marktanalysen durch.

1.1   Die Analyse für das Produkt Niap free ergibt, dass sich die Angebotspreise auf dem Markt durch die Funktion p_A darstellen lassen und die Nachfragesituation durch p_N beschrieben werden kann.

$p_A(x) = 0{,}1(x + 2)^2 + 5;$ $p_N(x) = 12 - a \cdot x^2;$ $x \in \mathbb{R}$ mit $x \geq 0$, $a > 0$.

Dabei gibt x die angebotenen bzw. die nachgefragten Mengen in ME an und $p_A(x)$ bzw. $p_N(x)$ geben die Preise in GE pro ME an. Bei dem Parameter a handelt es sich um einen konjunkturabhängigen Parameter.

1.1.1   Geben Sie die Sättigungsmenge in Abhängigkeit vom Parameter a an.   4

1.1.2   Berechnen Sie den Wert des Parameters a, für den die Gleichgewichtsmenge bei 4,4 ME liegt.   5

1.1.3   Die Marketingabteilung behauptet: „Wenn a = 0,15 ist und die Gleichgewichtsmenge bei 4,4 ME liegt, dann ist das Verhältnis zwischen der Konsumentenrente und der Produzentenrente ausgeglichen, also 1 : 1." Beurteilen Sie diese Aussage unter Verwendung entsprechender Stammfunktionen.   8

1.1.4   Die Preise für das Standardschmerzmittel Niap free sind innerhalb der europäischen Gemeinschaft sehr unterschiedlich. Aus diesem Grund will die EU für dieses Präparat einen einheitlichen Preis festlegen. Zurzeit liegt der Gleichgewichtspreis über dem zukünftig festgesetzten Preis. Interpretieren Sie, wie sich dies auf die Produzentenrente auswirkt.   4

1.2   Neben diesem Standardschmerzmittel Niap free werden ständig neue rezeptfreie schmerzlindernde Präparate in verschiedenen Varianten entwickelt. Für den Produktlebenszyklus des neu entwickelten Schmerzmittels Niap vita geht die Marketingabteilung von der Funktion f_b aus. Diese beschreibt den Umsatz in GE pro Jahr in Abhängigkeit von der Zeit t in Jahren.

$f_b(t) = 0{,}5 \cdot b \cdot t^2 \cdot e^{-0{,}25 \cdot b \cdot t - 0{,}2};$ b, $t \in \mathbb{R}$ mit $t \geq 0$, $b > 0$.

Der Parameter b spiegelt die Stärke des Konkurrenzdrucks wider.

Berechnen Sie für b = 0,5 zu welchem Zeitpunkt der Umsatzanstieg für das Produkt *Niap Vita* am größten ist. Auf die hinreichende Bedingung kann durch schlüssige Argumentation verzichtet werden.   7

(Teile aus Abitur 2014, Berufskolleg NRW)

Aufgabe 2   Lösung Seite 77/78

Mobiltec führt eine umfangreiche Marktanalyse für den Absatz von Handys mit Navigationssystem durch. Die Ergebnisse stehen der Marketingabteilung zur Verfügung.

3.1 Angebot und Nachfrage nach den Handys mit Navigationssystem werden demnach durch die Angebotsfunktion p_A und die Nachfragefunktion p_N mit
$p_A(x) = e^{0,5x-3}$ und $p_N(x) = e^{-0,2x+4}$ mit $x \in \mathbb{R}$ und $0 \leq x \leq 15$
beschrieben. Dabei gibt x die angebotene bzw. nachgefragte Menge in ME und p_A bzw. p_N den jeweiligen Preis in GE/ME an.

3.1.1 Berechnen Sie die Menge und den Preis im Marktgleichgewicht.

3.1.2 Ermitteln Sie die Produzentenrente und die Konsumentenrente unter der Voraussetzung, dass die Gleichgewichtsmenge bei 10 ME liegt.

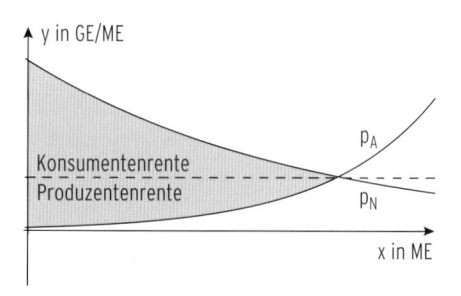

3.2 Mobiltec plant im Frühjahr die Einführung eines neuen Handys, welches mit einer weltweiten Navigationsfunktion ausgestattet werden soll. Die Unternehmensleitung rechnet bei der Einführung des Handys mit einer Absatzentwicklung, die sich durch die folgende Funktion A näherungsweise beschreiben lässt:

$A(t) = 20e^{-0,01t^2 + 0,12t}$, $t \in \mathbb{R}$; $t > 0$

Dabei gibt t die Zeit in Monaten nach der Einführung an, A(t) die Absatzzahlen in Tausend Stück pro Monat.

3.2.1 Berechnen Sie den Zeitpunkt t, in dem der maximale monatliche Absatz erreicht wird.

3.2.2 Berechnen Sie den maximalen monatlichen Absatz.

3.3 Für Handytyp 2 legt das Controlling folgende Absatzfunktion zugrunde:
$B(t) = \frac{1}{10}(t+5)e^{-0,1t+5}$. Dabei gibt t die Zeit in Monaten nach der Einführung und B(t) die Absatzzahlen in Tausend Stück pro Monat an.

3.3.1 Zeigen Sie, dass der Gesamtabsatz der ersten z Monate nach der Markteinführung durch folgende Gleichung dargestellt werden kann:
$\int_0^z B(t)dt = e^{-0,1z+5}(-z-15) + 15e^5$ mit $z \in \mathbb{R}$ und $z \geq 0$

3.3.2 Berechnen Sie den Gesamtabsatz der ersten 20 Monate nach der Markteinführung.

3.3.3 Beurteilen Sie die durch B(t) prognostizierte Entwicklung des Gesamtabsatzes über eine sehr lange Zeit.

(Teile aus Berufskolleg 2011, NRW.)

Aufgabe 3

Einige Wochen vor Beginn der WM kommt das Unternehmen Agrema auf die Idee ein WM Gesellschaftsspiel auf den Markt zu bringen. Daher wird der zu erwartende Absatz, also der Lebenszyklus des Produktes, untersucht.

Das Unternehmen vermutet einen exponentiellen Verlauf, der folgender Funktionsgleichung genügt: $f_{a,b}(t) = a \cdot t \cdot e^{-bt}$; $a, b \in \mathbb{R}$ mit $a > 0$ und $b > 0$.

Dabei sei durch die Variable t ($t \geq 0$) die Zeit in Tagen ab der Produkteinführung und durch $f_{a,b}(t)$ der Tagesabsatz in Stück pro Tag beschrieben.

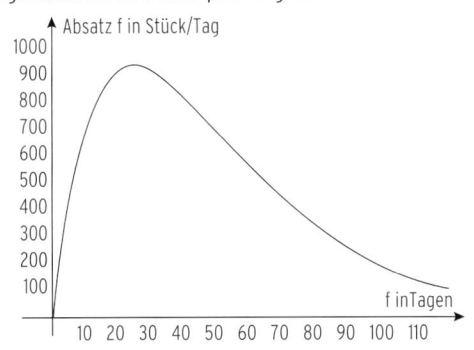

Da sich das Spiel direkt auf WM-Spiele bezieht, soll durch einen erhöhten Werbeeinsatz das Spiel schnell auf dem Markt bekannt werden.

1. Das Unternehmen strebt an, bereits am 7. Tag einen Tagesabsatz von 500 Stück zu erreichen. Außerdem soll die Steigerung des Tagesabsatzes an diesem Tag noch 50 Stück/Tag betragen.

1.1 Zeigen Sie, dass sich für die erste Ableitung der Funktion f folgende Funktionsgleichung ergibt: $f'_{a,b}(t) = (a - a \cdot b \cdot t)e^{-bt}$.

1.2 Bestimmen Sie die Parameterwerte a und b auf drei Dezimalstellen genau.

2. Es hat sich gezeigt, dass die Funktion mit dem Parameterwert a = 100 den zu erwartenden Absatz gut darstellt. Rechnen Sie in den folgenden Aufgabenteilen mit a = 100. Also gilt $f_b(t) = 100 \cdot t \cdot e^{-bt}$

2.1 Zeigen Sie, dass zum Zeitpunkt $t = \frac{1}{b}$ der Tagesabsatz maximal ist.

2.2 Bestimmen Sie b und den zugehörigen Zeitpunkt t für den Fall, dass der maximale Tagesabsatz bei 1 000 Stück/Tag liegt.

Aufgabe 3

3 Auf der Grundlage der bisherigen Überlegungen hat sich das Unternehmen Agrema dazu entschlossen, von den Parameterwerten a = 100 und b = 0,04 auszugehen. Damit ergibt sich $\quad f(t) = 100 \cdot t \cdot e^{-0,04t}$

3.1 Pro Tag können nur 800 Spiele produziert werden. Daher gibt es einen Zeitraum, in dem die täglichen Absatzzahlen größer sind als die Produktionsmengen.

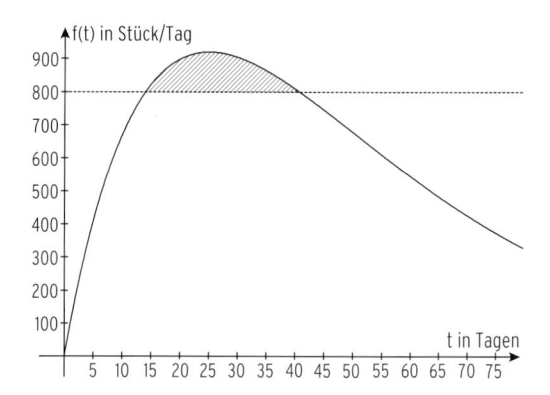

Ermitteln Sie den beschriebenen Zeitraum zunächst näherungsweise aus der Abbildung. Ermitteln Sie den Beginn des Zeitraums bis auf zwei Dezimalstellen genau.

3.2 Bestimmen Sie her, wie viele Spiele auf Vorrat produziert werden müssen, damit in dem Hochabsatzzeitraum von $t \approx 14{,}01$ bis $t \approx 40{,}62$ die Nachfrage vollständig erfüllt werden kann, aber auch keine Überkapazitäten entstehen.

(Teile aus Abitur NRW 2011.)

Aufgaben zur Prüfungsvorbereitung

Aufgabe 4   Lösung Seite 80/81

Ein kleiner Betrieb fertigt High-End-Lautsprecher in geringer Stückzahl für höchste Ansprüche. Damit hat das Unternehmen eine Angebotsnische für den gehobenen Kundenkreis entdeckt und in diesem Marktsegment nahezu eine Monopolstellung erreicht. Für die Markteinführung gilt die Preisabsatzfunktion p_N mit $p_N(x) = -0{,}16x + 3{,}4$. Der Preis $p_N(x)$ wird angegeben in Geldeinheiten pro Mengeneinheit (GE/ME). Die Lautsprecher werden aus Tropenholz gefertigt, dessen Preis saisonabhängig schwankt.

Diese Abhängigkeit wird durch einen Parameter t repräsentiert:

$K_t(x) = 0{,}002x^3 - 0{,}09x^2 + tx + 8{,}25; \; t \in [1{,}35; 1{,}5]; \; x \in [0; 25]$

1.1 Bestimmen Sie die Koordinaten der Wendepunkte der Kurvenschar K_t. Interpretieren Sie die Kostenentwicklung aus ökonomischer Sicht.

1.2 Es sei t = 1,35.

1.2.1 Ermitteln Sie die maximale Ausbringungsmenge, die bei Kosten von 15,25 GE realisiert werden kann.

1.2.2 Bestimmen Sie die Gewinnzone und geben Sie die Koordinaten des Cournot'schen Punktes an.

1.3 Die folgende Abbildung zeigt die Graphen der Stückkostenfunktion und der Preisabsatzfunktion.
Interpretieren Sie die Bedeutung der Schnittpunkte der Funktionsgraphen und zeigen Sie allgemein den Zusammenhang mit den Nullstellen der Gewinnfunktion.

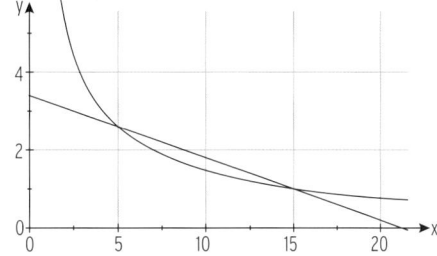

1.4 Die Kostenentwicklung nach einer Preisanpassung kann ebenfalls durch eine ertragsgesetzliche Kostenfunktion 3. Grades beschrieben werden.
Bei 5 Mengeneinheiten entstehen Kosten in Höhe 13,75 GE und die Grenzkosten betragen 0,75 Geldeinheiten.
Bei 10 ME entstehen Stückkosten in Höhe von 1,625 Geldeinheiten.
Die fixen Kosten betragen 8,25 GE.
Leiten Sie die Funktionsgleichung der Kostenfunktion her.

Aufgabe 5   Lösung Seite 82/83   Punkte

Die Cylenda AG produziert Teilkomponenten für Mobiltelefone, die sie an andere Hersteller verkauft. Außerdem fertigt Cylenda eigene Mobiltelefone an. Im Bereich Smartphones bietet sie bereits verschiedene Geräte an. Zukünftig soll das Modell Gipsy hinzukommen.

1.1 Die Controllingabteilung möchte die Absatzzahlen mittels einer ganzrationalen Funktion f vom Grad 3 modellieren. Dabei gibt x die Zeit ab Markteinführung in Wochen an, f (x) den Absatz in ME pro Woche. Die Controllingabteilung geht von folgenden Bedingungen aus: Sofort bei Markteinführung wird durch innovative Werbemaßnahmen ein Absatz von 275 ME/Woche erreicht. Bereits zu Beginn ist mit einem wöchentlichen Absatzrückgang von 15 ME/Woche zu rechnen, also gilt: f '(0) = – 15. In der 50. Woche sollen 25 ME abgesetzt werden.

Der geringste wöchentliche Absatzrückgang wird für die 50. Woche vorhergesagt. Stellen Sie die entsprechende Funktionsgleichung auf.   8

Die Controlling-Abteilung schlägt weitere Werbeaktionen vor, deren Auswirkungen durch den Parameter r wie folgt berücksichtigt werden.

$$f_r(x) = -0{,}002 \cdot r \cdot x^3 + 0{,}3 \cdot r \cdot x^2 - 15x + 275, \quad x \geq 0,\ r > 0$$

2.1 Abb. 1:
Graph der Absatzfunktion f_r
für r = 1,0324.

Beschreiben Sie den Verlauf
des Graphen aus Abb. 1 hinsichtlich
der Entwicklung der wöchentlichen
Absatzzahlen.   4

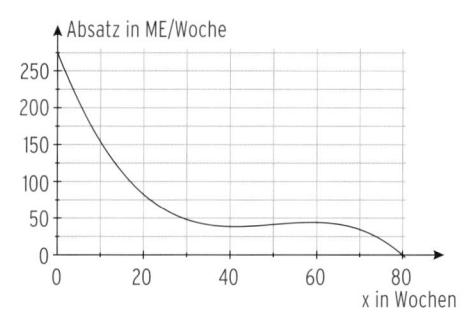

2.2 Berechnen Sie den Wert für r, so dass der Absatz nach 60 Wochen 23 ME pro Woche beträgt.   3

2.3 Die Controlling-Abteilung gibt das Ziel aus, innerhalb der ersten 50 Wochen insgesamt 10 000 ME abzusetzen. Bestimmen Sie den zugehörigen Wert von r.   7

3 Die Unternehmensleitung entscheidet sich statt der bisher geplanten innovativen Werbung für ein verkaufsbegleitendes, klassisches Werbekonzept.

Sie geht bei der Entwicklung der wöchentlichen Absatzzahlen deshalb von folgender Funktion g aus: $g(x) = 1{,}8x^2 \cdot e^{-0{,}09x}$; $x \in \mathbb{R}$, $x > 0$.

3.1 Untersuchen Sie die langfristige Entwicklung nach diesem Modell.   3

3.2 Berechnen Sie auf Basis dieses Modells den maximalen wöchentlichen Absatz.   7

(Abitur 2013, NRW, Berufskolleg)

Aufgabe 6   Seite 1/2   Lösung Seite 83/84

Das Traditionsunternehmen K-Küchen produziert Küchen in verschiedenen Ausführungen. Zu seinen Kunden zählen neben Küchenstudios neuerdings auch Möbeldiscounter. Auf Grund des hohen Preisdrucks seitens der Möbeldiscounter, soll die Gewinnsituation für das neu einzuführende Standardmodell EasyCook 995 genauer untersucht werden.

Die Marketingabteilung geht nach ersten Untersuchungen von folgender Gewinnfunktion für die nächsten Produktionsperioden aus:

$G_p(x) = -0{,}1x^3 + 27x^2 + (p - 2430)x - 107100$ mit $x, p \in \mathbb{R}$ und $x \geq 0$, $p > 0$.

Dabei geben x die Stückzahl und $G_p(x)$ den Gewinn in Euro für eine Produktionsperiode von einer Woche und p den Verkaufspreis der Küche in Euro an.

1.1 Auf Grund des Produktionsprozesses und der zur Verfügung stehenden Kapazitäten soll die wöchentliche Produktionsmenge zwischen 90 und 250 Küchen liegen.

1.1.1 Ermitteln Sie den Verkaufspreis p, so dass die Gewinnschwelle bei einer Produktion von 90 Küchen pro Woche liegt.   2

1.1.2 Berechnen Sie die sich ergebende Gewinnzone.   6

1.1.3 Berechnen Sie den maximalen Gewinn bei einem Verkaufspreis von 2000 €/Stück.   3

1.2 Um auch bei harten Verkaufsverhandlungen nicht die Übersicht zu verlieren, ist die Unternehmensleitung an der unteren Grenze für die Preisverhandlungen interessiert.

1.2.1 Zeigen Sie für eine allgemeine Kostenfunktion des Typs   5
$K(x) = a \cdot x^3 + b \cdot x^2 + c \cdot x + d$ mit $a > 0$, $d > 0$ folgenden Sachverhalt:
Der Graph der zugehörigen Stückkostenfunktion ist für $x > 0$ immer linksgekrümmt.

1.2.2 Das nebenstehende Schaubild zeigt Ausschnitte der Graphen von k' (Ableitung der Stückkostenfunktion) und k_v' (Ableitung der variablen Stückkostenfunktion).   7

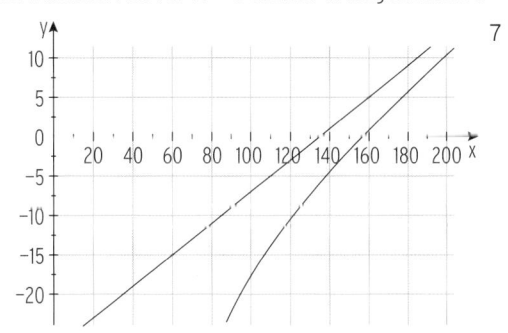

Leiten Sie aus abgelesenen Werten (ohne rechnerische Überprüfung der Bedingungen) Näherungswerte für die kurzfristige und langfristige Preisuntergrenze her, wenn von folgender Kostenfunktion K ausgegangen wird: $K(x) = 0{,}1x^3 - 27x^2 + 2\,430x + 107100$

Aufgabe 6 Seite 2/2

1.3 Sollten die Verhandlungen mit den Discountern scheitern, ist eine Direktvermarktung angestrebt. Für die weiteren Betrachtungen geht die Marketingabteilung davon aus, dass sich die Preisentwicklung durch folgende Funktion p_k beschreiben lässt:

$p_k(t) = 800e^{-kt} + 1200$ mit $t, k \in \mathbb{R}$ und $t \geq 0$, $k > 0$.

Dabei gibt t die Zeit in Monaten seit Markteinführung der Küche und $p_k(t)$ den zum Zeitpunkt t erzielbaren Verkaufspreis pro Küche an. Für den Parameter k sind je nach Werbeaufwand verschiedene Werte denkbar.

1.3.1 Zeigen Sie, dass der Verkaufspreis einer Küche ausgehend von 2000 €/Stück bei Markteinführung fortlaufend fällt, aber ein Verkaufspreis von 1 200 €/Stück nicht unterschritten wird. — 6

1.3.2 Das Standardmodell EasyCook 995 soll vom Markt genommen werden, wenn der Verkaufspreis auf 1338 €/Stück gesunken ist. Bestimmen Sie diesen Zeitpunkt zunächst in Abhängigkeit von k und dann für $k = \frac{1}{10}$. — 4

1.3.3 Leiten Sie mit Hilfe der Integralrechnung einen Wert für den durchschnittlichen Preis im ersten Verkaufsjahr her, wenn der Werbeparameter auf $k = \frac{1}{10}$ gesetzt wird. — 5

(Abitur 2012, NRW, Berufskolleg)

$\overline{45}$

Aufgabe 7 Seite 1/2 Lösung Seite 85/86

Die Dortmunder Bürosysteme AG (kurz DoBü AG) ist als Produzent hochwertiger Büromöbel bekannt. Fertigung und Vertrieb beschränken sich auf das Ruhrgebiet. Die globale Konjunkturschwäche, die auch den deutschen Markt nicht verschont hat, veranlasst die Geschäftsführung der DoBü AG, die Kosten-, Erlös-, Gewinn- und Absatzsituation zu analysieren. Insgesamt gilt:

ME = Mengeneinheiten, GE = Geldeinheiten

Aufgabe 7 — Seite 2/2

1. Die Marketingabteilung der DoBü AG geht aufgrund ihrer Erfahrungen davon aus, dass sich der monatliche Absatz des Regals „Vario III" durch die Funktion mit der Gleichung $f_a(t) = (5 + t)e^{-at} + 5$ mit $a, t \in \mathbb{R}_+^*$ darstellen lässt, wobei t die Zeit in Monaten angibt.

   Im Folgenden entspricht 1 ME 100 Stück. Die tatsächliche Absatzentwicklung wird durch die folgende Tabelle und das Diagramm dargestellt.

   Tabelle:

Absatzzahlen 1 ME = 100 Stück	
Zeit in Monaten	Absatz in ME
1	10,43
4	11,03
16	9,24
24	7,63

   Diagramm: Absatzentwicklung (Stückzahlen in Hundert, Zeit in Monaten)

   1.1 Weisen Sie nach, dass sich die tatsächlichen Absatzzahlen durch eine Funktion der Form $f_a(t) = (5 + t)e^{-at} + 5$ modellieren lassen, indem Sie ein geeignetes a ermitteln. **8**

   1.2 Bestätigen oder widerlegen Sie begründet die Erwartung der Unternehmensleitung, dass langfristig 5 ME pro Monat abgesetzt werden können (für $a > 0$). **4**

   1.3 Die Verkaufsabteilung interessiert sich für den maximalen Absatz bei unterschiedlichen Qualitätsparametern $a > 0$.
   Bestimmen Sie in Abhängigkeit von a, in welchem Monat der maximale Absatz erzielt wird und ermitteln Sie seine Höhe.
   Zeigen Sie dabei: $f_a''(t) = ae^{-at}(at + 5a - 2)$.
   Berechnen Sie anschließend die konkreten Werte für $a = 0{,}1$. **10**

   1.4 Bestimmen Sie den Zeitpunkt des größten Absatzrückgangs in Abhängigkeit vom Parameter a.
   In der Marketingabteilung wird mit dem Parameter $a = 0{,}1$ gerechnet.
   Bewerten Sie die Aussage: „Den größten Absatzrückgang haben wir nach 15 Monaten verzeichnet." **9**

   (Teile aus Berufskolleg NRW 2009)

Aufgabe 8   Seite 1/2   Lösung Seite 87/88

Die Kosten der Druckfix GmbH für den neuartigen Drucker lassen sich durch eine ertragsgesetzliche Kostenfunktion 3. Grades beschreiben, zu der die folgende Wertetabelle für einen bestimmten Produktionszeitraum gehört. Die Werte für x sind in Stückzahlen, die Funktionswerte von K(x) in Euro angegeben.
Die Kapazitätsgrenze liegt bei 90 Druckern im Produktionszeitraum.

x	0	10	20	30	40	50	60	70	80	90
K(x)	50000	55000	58200	60200	61600	63000	65000	68200	73200	80600
K'(x)	610	400	250	160	130	160	250	400	610	880
K''(x)	−24	−18	−12	−6	0	6	12	18	24	30

Tabelle 1

1 Nach dem Ertragsgesetz muss eine Kostenfunktion einen positiven y-Achsenabschnitt und einen Wendepunkt besitzen sowie zunächst degressiv, dann progressiv steigen.

1.1 Begründen Sie mit den Werten der Tabelle 1, dass diese Bedingungen erfüllt sind.

1.2 Zeigen Sie, dass ertragsgesetzliche Kostenfunktionen der Form
$K(x) = ax^3 + bx^2 + cx + d$ in $x = -\frac{b}{3a}$ eine Wendestelle besitzen.

2 Externe Faktoren, die durch einen Parameter a beschrieben werden, beeinflussen die Kostenentwicklung.
Es gilt: $K_a(x) = ax^3 - 12x^2 + 610x + 50000; a \in \mathbb{R}; a > 0$.
Ermitteln Sie für a = 0,1 das Minimum der variablen Stückkosten und interpretieren Sie dessen wirtschaftliche Bedeutung.

3 Die Marketingabteilung der Firma Druckfix untersucht das Nachfrageverhalten der Käufer ihres neuen Druckers.
Die Befragung der möglichen Kunden liefert folgende Ergebnisse:
Zu einem Preis von 920 € könnten 90 Drucker verkauft werden, ab einem Preis von 2334 € könnten keine Drucker mehr verkauft werden.

3.1 Bestimmen Sie die Paramter a und b der Nachfragefunktion
$p_N(x) = (0{,}04x + a) \cdot e^{b - 0{,}02x}$; $a, b \in \mathbb{R}; a, b > 0$.

3.2 Erläutern Sie, warum eine Nachfragefunktion in ihrem ökonomisch sinnvollen Bereich streng monoton fallend ist.

3.3 Überprüfen Sie, ob $p_N(x) = (0{,}04x + 2{,}6) \cdot e^{6{,}8 - 0{,}02x}$ in ihrem ökonomisch sinnvollen Bereich eine streng monoton fallende Nachfragefunktion ist.

Aufgabe 8

4 Unter der Kennzahl „Wirtschaftlichkeit" versteht man das Verhältnis von Erlös und Kosten. Sie ist wie folgt definiert: Wirtschaftlichkeit = $\frac{\text{Erlös}}{\text{Kosten}}$, $W(x) = \frac{E(x)}{K(x)}$

Die Firma Druckfix GmbH produziert an einem weiteren Standort - Werk 2 - den gleichen Drucker. Graph 1 stellt die Wirtschaftlichkeit in Werk 1 und Graph 2 die in Werk 2 dar.

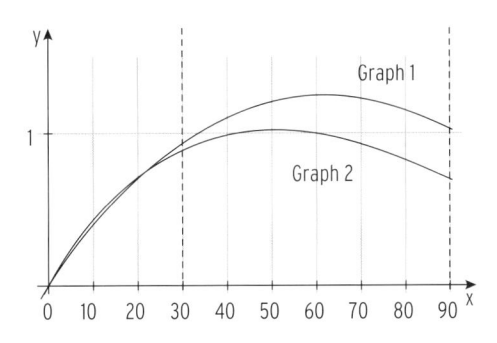

Beurteilen Sie begründet, ob die folgenden Aussagen richtig oder falsch sind:

A: Ist die Wirtschaftlichkeit größer als eins, so macht Druckfix Gewinn.

B: Die Gewinnzone von Werk 2 ist größer als die von Werk 1.

C: Die Wirtschaftlichkeit kann nie negativ sein.

D: Unter der Bedingung, dass die Erlöse für beide Standorte gleich sind, hat das Werk 2 niedrigere Kosten in dem Bereich von 30 ME bis 90 ME.

(Abitur Berufskolleg NRW 2010.)

Aufgabe 9

Die Dortmunder Bürosysteme AG (kurz DoBü AG) ermittelt für die Produktion des Regals „Vario I" die Kosten in Abhängigkeit von der Absatzmenge x und einem Qualitätsstandard b. Die Unternehmensleitung geht bei ihren Produktionsentscheidungen von folgender ertragsgesetzlicher Kostenfunktion 3. Grades aus: $K_b(x) = 5x^3 - bx^2 + 215x + 360$ mit $b \in [45; 56]$, $x \in [0; 10]$.

Die Unternehmung verkauft das Regal „Vario I" konstant für 185 GE je Stück.

2.1 Bestimmen Sie, für welche Werte von b die Kostenfunktion K_b an der Stelle x = 6 das Betriebsoptimum hat.

Aufgabe 9 — Seite 2/2

2.2 Die Unternehmung beabsichtigt eine Werbeaktion für das Regal „Vario I" und möchte das Produkt in Höhe der kurzfristigen Preisuntergrenze von 70 GE je Stück anbieten. Ermitteln Sie, welchen Qualitätsstandard b die Unternehmung unter diesen Bedingungen wählen sollte.

2.3 Berechnen Sie b so, dass die gewinnmaximale Ausbringungsmenge bei 6 Stück liegt und bestimmen Sie den maximalen Gewinn.

2.4 Es wird davon ausgegangen, dass für den Qualitätsstandard b = 50 gilt.

2.4.1 Bestimmen Sie die Gewinnzone für das Regal „Vario I".

2.4.2 Die folgende Abbildung zeigt die Graphen der Stückkostenfunktion und der konstanten Preisabsatzfunktion.
Interpretieren Sie die Bedeutung der Schnittpunkte der Funktionsgraphen und zeigen Sie allgemein den Zusammenhang mit den Nullstellen der Gewinnfunktion.

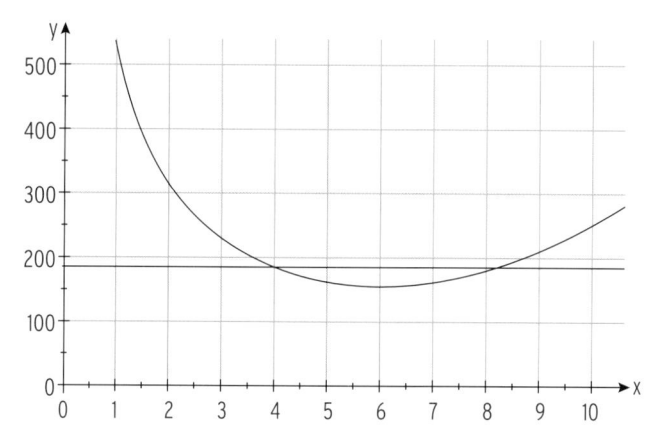

2.5 Die Kostenentwicklung für ein weiteres Regal „Vario II" kann ebenfalls durch eine ertragsgesetzliche Kostenfunktion 3. Grades beschrieben werden.
- Bei 2 Mengeneinheiten betragen die Grenzkosten 111 Geldeinheiten.
- Bei einer Mengeneinheit entstehen Kosten in Höhe von 1277 Geldeinheiten.
- Die Kosten steigen zunächst degressiv und ab 3 Mengeneinheiten progressiv an.
- Die fixen Kosten betragen 1150 Geldeinheiten.

Leiten Sie die Funktionsgleichung der Kostenfunktion her.

(Berufskolleg NRW 2009)

Aufgaben zur Prüfungsvorbereitung

Aufgabe 10 Lösung Seite 91/92

Die Zürla-Kohlin GmbH produziert verschiedene Typen von Fahrrädern. Die globale Konjunkturschwäche, die auch den deutschen Markt nicht verschont hat, veranlasst die Geschäftsführung, sich mit ihrer Kosten-, Absatz- und Qualitätsstruktur zu beschäftigen.

Grundsätzlich gilt: ME = Mengeneinheiten, GE = Geldeinheiten

Die Unternehmensleitung der Zürla-Kohlin GmbH geht davon aus, dass sich die Gesamtkostenentwicklung bei der Produktion von City-Fahrrädern in Abhängigkeit von der Absatzmenge x mit Hilfe der ertragsgesetzlichen Kostenfunktion 3. Grades der Art

$$K(x) = ax^3 + bx^2 + cx + d \text{ mit } a, b, c, d \in \mathbb{R}, a \neq 0,$$

beschreiben lässt. Die erzielten Erlöse können mit Hilfe der linearen Funktion $E(x) = p \cdot x$ mit $p \in \mathbb{R}; p > 0$, beschrieben werden.

1.1 In einer Abrechnungsperiode betragen die Fixkosten 70 GE und es können maximal 13 ME produziert werden. Die Gesamtkosten betragen an der Kapazitätsgrenze 401,5 GE. Die Gewinnschwelle wird bei einer Produktionsmenge von 4 ME erreicht, die zugehörigen Kosten betragen 154 GE. Das Betriebsminimum liegt bei 8 ME.

Bestimmen Sie zu den gegebenen Daten die Gesamtkostenfunktion sowie die Erlösfunktion. Geben Sie jeweils den ökonomischen Definitionsbereich an.

1.2 Es kann davon ausgegangen werden, das die Entwicklung der Gesamtkosten der Produktion von City-Fahrrädern durch die Funktion K mit

$K(x) = 0,5x^3 - 8x^2 + 45x + 70$ mit $D_K = [0; 13]$

beschrieben werden kann. Der Preis pro ME beträgt 38,5 GE.

Berechnen Sie die Gewinnzone und den maximalen Gewinn.

1.3 Zeigen Sie, dass die Wendestelle der Kostenfunktion die einzige Stelle ist, an der die Grenzkosten $\frac{7}{3}$ GE/ME betragen.

1.4 Zeigen Sie, dass für jede ertragsgesetzliche Kostenfunktion der Form

$K(x) = ax^3 + bx^2 + cx + d$ gilt:

Ist x_{BO} die Ausbringungsmenge, bei der die Stückkostenfunktion ein lokales Minimum annimmt, dann ist die Tangente an den Graphen der Kostenfunktion im Punkt $B(x_{BO}|K(x_{BO}))$ eine Ursprungsgerade (BO steht für Betriebsoptimum).

(NRW, Berufskolleg 2009)

Aufgabe 11   Lösung Seite 93

Der Hersteller eines neuen Stoffes hat sich seine Erfindung patentieren lassen. Damit ist er nahezu alleiniger Anbieter auf dem deutschen Markt. Aufgrund einer von ihm in Auftrag gegebenen Marktuntersuchung wurde festgestellt, dass die Nutzer dieses Stoffes Preisvorstellungen entsprechend der Nachfragefunktion p_N mit

$$p_N(x) = (5 - x)e^{0,2x}$$ haben.

Er bietet sein Produkt entsprechend der Angebotsfunktion p_A mit

$$p_A(x) = 0,5xe^{0,2x+1}$$ an.

Bestimmen Sie den maximalen, ökonomisch sinnvollen Definitionsbereich dieser Marktsituation und begründen Sie Ihre Antwort.

Berechnen Sie das Marktgleichgewicht.

Weisen Sie nach, dass die Angebotsfunktion streng monoton steigend und linksgekrümmt verläuft.

Zeigen Sie: F mit $F(x) = e^{0,2x+1}(2,5x - 12,5)$ ist eine Stammfunktion von p_A.

Bestimmen Sie die Produzentenrente. Interpretieren Sie Ihr Ergebnis.

(Fachgymnasium Niedersachsen Abitur 2010.)

Aufgabe 12   Seite 1/2   Lösung Seite 94/95

Das Unternehmen Mobiltec GmbH hat seine Produktpalette 2008 um tragbare Navigationsgeräte erweitert.

Folgendes Datenmaterial liegt der Marketingabteilung vor:

Jährlicher Absatz und Umsatz mobiler Navigationsgeräte - Mobiltec GmbH

Absatz Mobiltec — Verkaufte mobile Navigationsgeräte in 10.000 Stück:
- 2008: 0,5
- 2009: 1,68
- 2010: 2,46
- 2011*: 2,9

Umsatz Mobiltec — Umsatz mit mobilen Navigationsgeräten in 10.000 Euro:
- 2008: 110
- 2009: 361
- 2010: 519
- 2011*: 551

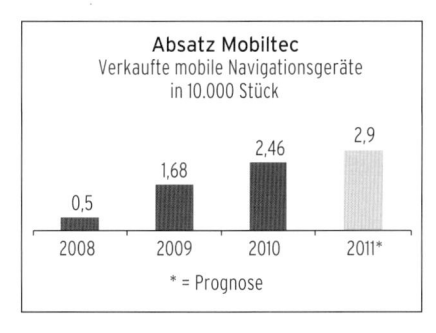

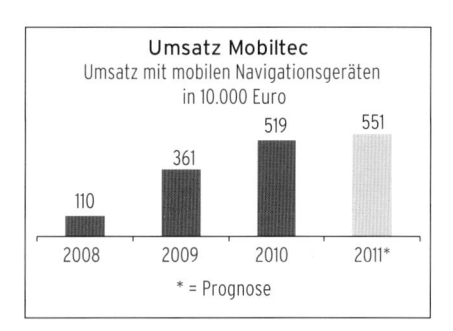

* = Prognose

Abb. 1

1   Bei der Betrachtung des Schaubildes behauptet ein Mitarbeiter:

„Der Durchschnittspreis pro Jahr für mobile Navigationssysteme sinkt seit 2008 ständig." Prüfen Sie diese Behauptung.   4

Aufgabe 12

2 Mobiltec erwägt die Produktion der mobilen Navigationsgeräte einzustellen. Die Marketingabteilung untersucht die jährliche Absatzentwicklung genauer.

2.1 Ermitteln Sie die Gleichung einer ganzrationalen Funktion dritten Grades, die die Absatzentwicklung einschließlich der Prognose für 2011 beschreibt. Setzen Sie dabei 2008 gleich 0, d.h. der Ordinatenschnittpunkt liegt bei $S_y(0 \mid 0{,}5)$. 4

2.2 Untersuchen Sie – mit Mitteln der Kurvendiskussion (Schnittpunkte mit den Achsen, Extrempunkte, Wendepunkte, Verhalten im Unendlichen) – die vergangene und zukünftige Absatzentwicklung, wenn folgende Funktionsgleichung den jährlichen Absatz beschreibt:
$f(t) = 0{,}01t^3 - 0{,}23t^2 + 1{,}4t + 0{,}5$ mit $t \in \mathbb{R}$ und $t \geq 0$ 6

2.3 Skizzieren Sie den Graphen der Absatzfunktion. 4

2.4 Interpretieren Sie Ihre Ergebnisse ökonomisch. 4

3 Die im Schaubild (Abb. 1) dargestellte Absatzentwicklung lässt sich auch mit Hilfe der Funktion B mit $B(t) = s - (s-b)e^{-0{,}414t}$ mit $s, b, t \in \mathbb{R}$ und $s, b \geq 0$, $t \geq 0$ beschreiben.
Dabei gibt $B(t)$ den jährlichen Absatz in 10 000 Navigationsgeräten und t die Zeit in Jahren an. b ist der Absatz zum Zeitpunkt Null.

3.1 Beurteilen Sie das Absatzverhalten auf lange Sicht. 3

3.2 Ermitteln Sie aus den Absatzzahlen von 2008 bis 2010 die Parameter b und s der Funktion B. 5

3.3 Untersuchen Sie das Krümmungsverhalten der Funktion B* mit $B^*(t) = 3{,}981 - 3{,}481e^{-0{,}414t}$. 3

3.4 Skizzieren Sie den Graphen von B*. 4

4 Basierend auf den Funktionen B* und f möchte die Marketingabteilung die zukünftige Absatzentwicklung beurteilen. Davon ist abhängig, ob die mobilen Navigationsgeräte weiterhin im Produktsortiment bleiben.

4.1 Berechnen Sie die Prognosewerte für das Jahr 2013 mit Hilfe der Funktionen B* und f. 2

4.2 Vergleichen Sie unter ökonomischen Gesichtspunkten die Graphen der Funktionen B* und f. 6

(Abitur Berufskolleg NRW 2011.) 45

Lösungen - Aufgaben zur Prüfungsvorbereitung Analysis

Analysis

Lösung Aufgabe 1 (Aufgabe Seite 61)

p_A: $p_A(x) = 0{,}1(x + 2)^2 + 5$; p_N: $p_N(x) = 12 - a \cdot x^2$; $x \in \mathbb{R}$ mit $x \geq 0$, $a > 0$.

1.1.1 Sättigungsmenge in Abhängigkeit von a

Für $a > 0$ gilt: $p_N(x) = 0$ $12 - a \cdot x^2 = 0 \Leftrightarrow x = \pm\sqrt{\frac{12}{a}}$

Somit ergibt sich als Sättigungsmenge $x = \sqrt{\frac{12}{a}}$ $(-\sqrt{\frac{12}{a}} \notin D(p_N))$

1.1.2 a, so dass die **Gleichgewichtsmenge bei 4,4 ME**

Es gilt: $p_A(4{,}4) = p_N(4{,}4)$

Eingesetzt: $0{,}1(4{,}4 + 2)^2 + 5 = 12 - a \cdot 4{,}4^2 \Leftrightarrow \frac{1137}{125} = 12 - \frac{484}{25}a \Leftrightarrow a = \frac{3}{20} = 0{,}15$

1.1.3 Beurteilung der Behauptung:

Gleichgewichtspreis: $p_N(4{,}4) \approx 9{,}10$

Konsumentenrente: $\int_0^{4{,}4} ((12 - 0{,}15x^2) - 9{,}1)\, dx = \int_0^{4{,}4} (2{,}9 - 0{,}15x^2)\, dx$

$= [2{,}9x - 0{,}05x^3]_0^{4{,}4} = \frac{5313}{625} \approx 8{,}50$

Produzentenrente: $\int_0^{4{,}4} (9{,}1 - [0{,}1(x + 2)^2 + 5])dx = \int_0^{4{,}4} (-0{,}1x^2 - 0{,}4x + 3{,}7)dx$

$= \left[-\frac{1}{30}x^3 - 0{,}2x^2 + 3{,}7x\right]_0^{4{,}4} \approx 9{,}57$

Das Verhältnis ist nicht 1:1. Die Behauptung ist widerlegt.

1.1.4 Der Markteingriff setzt das Marktgleichgewicht außer Kraft. Da der vorgegebene Preis unter dem Gleichgewichtspreis liegt, werden weniger Produkte zu einem geringeren Preis abgesetzt. Somit wird die Produzentenrente kleiner.

1.2 Umsatz in GE pro Jahr für $b = 0{,}5$: $f_{0{,}5}(t) = 0{,}25 \cdot t^2 \cdot e^{-0{,}125 \cdot t - 0{,}2}$; $t \in \mathbb{R}$, $t \geq 0$

Umsatzanstieg am größten

$f_{0{,}5}'(t) = e^{-0{,}125\,t - 0{,}2}(0{,}25t^2 \cdot (-0{,}125) + 0{,}5t) = e^{-0{,}125 \cdot t - 0{,}2}(-\frac{1}{32}t^2 + 0{,}5\,t)$

Hinweis: $f_{0{,}5}''(t)\,(t) = e^{-0{,}125\,t - 0{,}2}(\frac{1}{256} \cdot t^2 - \frac{1}{8}t + \frac{1}{2})$ ist nicht verlangt

Notwendige Bedingung für Wendestellen: $f_{0{,}5}''(t) = 0$

Lösungen von $f_{0{,}5}''(t) = 0$: $t_1 \approx 27{,}31$; $t_2 \approx 4{,}69$

Hinweis: Mit GTR nach Eingabe von $f_{0{,}5}'(t)$ graphisch lösen; GTR bildet die Ableitung auch durch Lösung von $f_{0{,}5}''(t) = 0 \Rightarrow \frac{1}{256} \cdot t^2 - \frac{1}{8} \cdot t + \frac{1}{2} = 0$

Da die Funktion erst steigt und dann wieder fällt, muss bei t_2 der Zeitpunkt des maximalen Umsatzanstiegs vorliegen.

Analysis

Lösung Aufgabe 2 Seite 1/2 (Aufgabe Seite 62)

$p_A(x) = e^{0,5x-3}$; $p_N(x) = e^{-0,2x+4}$ mit $x \in \mathbb{R}$ und $0 \leq x \leq 15$

3.1.1 Gleichgewichtsmenge

Gleichsetzen: $p_A(x) = p_N(x)$ $\qquad e^{0,5x-3} = e^{-0,2x+4}$

Vergleich der Hochzahlen: $\qquad 0,5x - 3 = -0,2x + 4 \Leftrightarrow x = 10$

Gleichgewichtspreis: $\qquad p_N(10) = e^2$

Marktgleichgewicht $M_G\,(10 \mid e^2)$ (nicht verlangt)

3.1.2 Gleichgewichtsmenge bei 10 ME:

Gleichgewichtspreis: $\qquad p_N(10) = e^2$

Produzentenrente: $\qquad P_R = 10 \cdot e^2 - \int_0^{10} p_A(x)\,dx \approx 59{,}21$

(Stammfunktion $F_A(x) = 2e^{0,5x-3}$)

oder: $\qquad P_R = \int_0^{10}(e^2 - p_A(x))\,dx \approx 59{,}21$

Konsumentenrente: $\qquad K_R = \int_0^{10} p_N(x)\,dx - 10 \cdot e^2 \approx 162{,}15$

(Stammfunktion $F_N(x) = -5e^{-0,2x+4}$)

oder: $\qquad K_R = \int_0^{10}(p_N(x) - e^2)\,dx \approx 162{,}15$

Die Produzentenrente beträgt 59,21 GE und die Konsumentenrente beträgt 162,15 GE.

3.2 $A(t) = 20e^{-0,01t^2 + 0,12t}$

3.2.1 **Ableitungen** mit der Kettenregel

$A'(t) = 20e^{-0,01t^2 + 0,12t}(-0,02t + 0,12)$

Hinreichende Bedingung für den Zeitpunkt t mit maximalem Absatz:

$A'(t) = 0 \wedge$ VZW von $A'(t)$ von + nach –

Aus $A'(t) = 0$ folgt mit $e^{-0,01t^2 + 0,12t}$ stets größer Null: $-0,02t + 0,12 = 0 \Leftrightarrow t = 6$

$A'(t)$ wechselt das VZ wie $y = -0,02t + 0,12$; also von + nach –

An der Stelle $t = 6$ liegt damit eine lokale Maximumstelle vor.

Die Markteinführung muss 6 Monate vorher vorgenommen werden.

Hinweis: Nachweis auch mit $A'(t) = 0 \wedge A''(t) < 0$

$A''(t)$ mit Kettenregel und Produktregel:

$A''(t) = 20e^{-0,01t^2 + 0,12t}\left[(-0,02t + 0,12)^2 - 0,02\right]$

3.2.2 Maximaler Absatz: $\qquad A(6) = 20e^{0,36} \approx 28{,}666$

Der **Hochpunkt** hat die Koordinaten $H(6 \mid 28{,}666)$.

Der maximale Absatz würde damit 28666 Stück betragen.

Lösung Aufgabe 2 Seite 2/2 (Aufgabe Seite 63/64)

3.3 $B(t) = \frac{1}{10}(t + 5) e^{-0{,}1t + 5}$

3.3.1 Stammfunktion: $U(t) = e^{-0{,}1t + 5}(-t - 15)$ mit $U'(t) = B(t)$

Mit Produkt und Kettenregel:

$U'(t) = e^{-0{,}1t + 5}(-t - 15) \cdot (-0{,}1) + e^{-0{,}1t + 5}(-1) = 0{,}1 \, e^{-0{,}1t + 5}(-t + 5) = B(t)$

$\int_0^z B(t)dt = \left[(-t - 15) \cdot e^{-0{,}1t + 5}\right]_0^z = (-z - 15) \cdot e^{-0{,}1z + 5} - (-15) \cdot e^5$

damit ist gezeigt: $\int_0^z B(t)dt = e^{-0{,}1z + 5}(-z - 15) + 15e^5$

3.3.2 Gesamtabsatz der ersten 20 Monate: $\int_0^{20} B(t)dt = e^3(-35) + 15e^5 \approx 1523{,}204$

Der Gesamtabsatz nach 20 Monaten beträgt 1 523 204 Stück.

3.3.3 $\lim_{z \to \infty} (e^{-0{,}1z + 5}(-z - 15) + 15e^5) = 15e^5 \approx 2226{,}2$

Der Gesamtabsatz für eine sehr lange Zeit ist begrenzt auf 2 226 200 Stück.

Lösung Aufgabe 3 Seite 1/2 (Aufgabe Seite 63/64)

1.1 $f_{a,b}(t) = a \cdot t \cdot e^{-bt}$ Ableitung: $f'_{a,b}(t) = a \cdot e^{-bt} \cdot (-bt + 1) = (a - abt)e^{-bt}$

1.2 Bedingungen für die Parameterwerte a und b:

$f_{a,b}(7) = 500$ $\quad\quad\quad 7ae^{-7b} = 500 \Rightarrow a = \dfrac{500}{7e^{-7b}}$

$f'_{a,b}(7) = 50$ $\quad\quad\quad ae^{-7b}(-7b + 1) = 50$

Einsetzen in die 2. Gleichung: $\quad \dfrac{500}{7e^{-7b}} e^{-7b}(-7b + 1) = 50$

Kürzen und sortieren: $\quad \dfrac{500}{7}(-7b + 1) = 50$

$\quad\quad\quad\quad\quad\quad\quad\quad\quad -7b + 1 = \dfrac{7}{10} \Leftrightarrow b = \dfrac{3}{70}$

Einsetzen in $a = \dfrac{500}{7e^{-7b}}$: $\quad a = \dfrac{500}{7e^{-0{,}3}} \approx 96{,}418$

Damit ergibt sich für die beiden Parameter: $a \approx 96{,}418$ und $b \approx 0{,}043$.

2.1 $f_b(t) = 100 \cdot t \cdot e^{-bt}$; $\quad f'_b(t) = 100 \cdot e^{-bt} \cdot (-bt + 1)$

Notwendige Bedingung für lokale Maxima: $f'_b(\frac{1}{b}) = 100 \cdot e^{-b\frac{1}{b}} \cdot (-b\frac{1}{b} + 1) = 0$

Hinreichende Bedingung für lokale Maxima: $f'_b(t) = 0 \wedge f''_b(t) < 0$

2. Ableitung: $f''_b(t) = 100 \cdot e^{-bt} \cdot [-b(-bt + 1) - b]$

$\quad\quad\quad\quad\quad f''_b(t) = 100 \cdot e^{-bt} \cdot (b^2 t - 2b)$

Für $t = \frac{1}{b}$: $\quad f''_b(\frac{1}{b}) = 100 \cdot e^{-b\frac{1}{b}} \cdot (b^2 \cdot \frac{1}{b} - 2b) = -100b \cdot e^{-1} < 0$

Zum Zeitpunkt $t = \frac{1}{b}$ ist der Tagesabsatz maximal.

Lösung Aufgabe 3   Seite 2/2

2.2 Bedingung für b: $f_b(\frac{1}{b}) = 1000$ $100 \cdot \frac{1}{b} \cdot e^{-b\frac{1}{b}} = \frac{100}{b} \cdot e^{-1} = 1000$

Auflösen nach b: $b = \frac{1}{10} \cdot e^{-1} = \frac{1}{10e} \approx 0{,}03678$

Zugehöriger Zeitpunkt $t = \frac{1}{b}$: $t = 10e \approx 27{,}18$

Damit ein maximaler Tagesabsatz von 1 000 Stück/Tag erreicht wird, muss $b \approx 0{,}0368$ gelten. Er wird nach ca. 27 Tagen erreicht.

3.1 Laut Zeichnung liegen die Grenzen bei ca. 14 und 40 Tagen, also beträgt der Zeitraum ca. 26 Tage.

Beginn des Zeitraums: $f(t) = 800$ $100t e^{-0{,}04t} = 800$

kleinste positive Lösung mit GTR: $t \approx 14{,}01$

Beginn des Zeitraums im Zeitpunkt $t \approx 14{,}01$.

3.2 Zur Beantwortung der Frage muss die Fläche zwischen dem Graphen von f und der Geraden mit y = 800 bestimmt werden:

$A = \int_{14,01}^{40,62} f(t)\,dt - (40{,}62 - 14{,}01) \cdot 800$

$A \approx 23\,375{,}06 - 21\,288 = 2087{,}06$

Es müssten ca. 2088 Spiele im Voraus produziert werden.

Lösung Aufgabe 4 Seite 1/2 (Aufgabe Seite 65)

1.1 $K_t(x) = 0{,}002x^3 - 0{,}09x^2 + tx + 8{,}25;\ t \in [1{,}35;\ 1{,}5];\ x \in [0;\ 25]$

Ableitungen:

$K_t'(x) = 0{,}006x^2 - 0{,}18x + t;\ K_t''(x) = 0{,}012x - 0{,}18\ ;\ K_t'''(x) = 0{,}012 \neq 0$

Wendepunkt

Notwendige und hinreichende Bedingung: $K_t''(x) = 0 \land K_t'''(x) \neq 0$

$K_t''(x) = 0 \qquad 0{,}012x - 0{,}18 = 0\ \Leftrightarrow\ x = 15$

Wegen $K_t'''(15) \neq 0$ ist $x = 15$ die Wendestelle unabhängig von t.

Mit $K_t(15) = 15t - 5{,}25$ erhält man den **Wendepunkt** $W_t(15\ |\ 15t - 5{,}25)$

Interpretation:

Bis zu einer Ausbringungsmenge von 15 ME entwickeln sich die Kosten degressiv ($K_t''(x) < 0$ für $0 < x < 15$), danach progressiv ($K_t''(x) > 0$ für $15 < x < 25$)

1.2 Für $t = 1{,}35$: $K_{1{,}35}(x) = 0{,}002x^3 - 0{,}09x^2 + 1{,}35\,x + 8{,}25;$

1.2.1 Bedingung für die Ausbringungsmenge: $K_{1{,}35}(x) = 15{,}25$

Die Gleichung löst der GTR: $\qquad x_1 = 20$

Die Gleichung hat keine weitere reelle Lösung.

Bei gegebenen Kosten von 15,25 GE lassen sich höchstens 20 ME realisieren.

1.2.2 Erlösfunktion E mit $E(x) = p_N(x) \cdot x = -0{,}16x^2 + 3{,}4x$

Gewinnfunktion $G_{1{,}35}$ mit $G_{1{,}35}(x) = E(x) - K_{1{,}35}(x)$

$G_{1{,}35}(x) = -0{,}16x^2 + 3{,}4x - (0{,}002x^3 - 0{,}09x^2 + 1{,}35x + 8{,}25)$

$G_{1{,}35}(x) = -0{,}002x^3 - 0{,}07x^2 + 2{,}05x - 8{,}25$

Ableitungen: $G_{1{,}35}'(x) = -0{,}006x^2 - 0{,}14x + 2{,}05$

$\qquad\qquad G_{1{,}35}''(x) = -0{,}012x - 0{,}14$

Gewinnzone

Bedingung für Gewinnschwelle und Gewinngrenze: $G_{1{,}35}(x) = 0$

Die Gleichung löst der GTR: $\qquad x_1 = 5;\ x_2 = 15;\ x_3 = -55$

($x_3 = -55 < 0$, also nicht relevant)

Für $t = 1{,}35$ liegt die Gewinnzone zwischen 5 ME und 15 ME.

Lösung Aufgabe 4　　　　　　　　Seite 2/2

1.2.2 Gewinnmaximale Ausbringungsmenge:

Bedingung: $G_{1,35}'(x) = 0 \wedge G_{1,35}''(x) < 0$

Notwendige Bedingung: $G_{1,35}'(x) = 0 \quad -0{,}006x^2 - 0{,}14x + 2{,}05 = 0$

Einzige positive Lösung: $\quad x = 10{,}2$

Mit $G_{1,35}''(10{,}2) < 0$ erhält man:

Die gewinnmaximale Ausbringungsmenge ist 10,2 ME.

Mit $p_N(10{,}2) = 1{,}768$ erhält man den **Cournot'schen Punkt** C(10,2 | 1,768)

Bemerkung: Der **gewinnmaximale Preis** beträgt 1,768 GE/ME.

1.3　Die Abszissenwerte der Schnittpunkte entsprechen den Nullstellen der Gewinnfunktion, also der Gewinnschwelle und der Gewinngrenze.

Allgemein gilt:

$k(x) = p(x) \Leftrightarrow \dfrac{K(x)}{x} = p(x) \quad | \cdot x$

$K(x) = p(x) \cdot x \Leftrightarrow K(x) = E(x)$

$E(x) - K(x) = 0 \Leftrightarrow G(x) = 0$

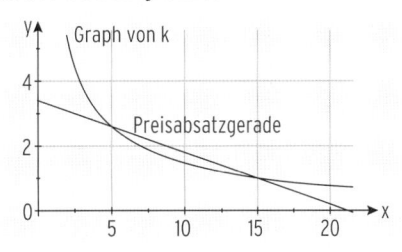

1.4　Ertragsgesetzliche Kostenfunktion

3. Grades: $K(x) = ax^3 + bx^2 + cx + d$

Grenzkostenfunktion: $K'(x) = 3ax^2 + 2bx + c$

Bedingungen und LGS für a, b, c und d:

Grenzkosten:　　　$K'(5) = 0{,}75$　　　　　　　$75a + 10b + c = 0{,}75$

Kosten:　　　　　　$K(5) = 13{,}75$　　　　　　　$125a + 25b + 5c + d = 13{,}75$

Stückkosten: $k(10) = 1{,}625 \Rightarrow K(10) = 16{,}25$　$1000a + 100b + 10c + d = 16{,}25$

Fixe Kosten: $K(0) = 8{,}25$　　　　　　　　　　$d = 8{,}25$

Einsetzen von $d = 8{,}25$ ergibt ein LGS für a, b und c:　$75a + 10b + c = 0{,}75$

　　　　　　　　　　　　　　　　　　　　　　　　　$125a + 25b + 5c = 5{,}5$

　　　　　　　　　　　　　　　　　　　　　　　　　$1000a + 100b + 10c = 8$

Lösung mit dem GTR: $a = 0{,}002;\ b = -0{,}09;\ c = 1{,}5$

Funktionsgleichung der Kostenfunktion: $K(x) = 0{,}002x^3 - 0{,}09x^2 + 1{,}5x + 8{,}25$

Lösung Aufgabe 5 Seite 1/2 (Aufgabe Seite 66)

1.1 Funktionsterm $f(x) = ax^3 + bx^2 + cx + d$

Ableitungen: $f'(x) = 3ax^2 + 2bx + c$; $f''(x) = 6ax + 2b$

Mit Hilfe der Daten ergibt sich ein LGS:

$f(0) = 275$	$d = 275$
$f(50) = 25$	$125\,000a + 2500b + 50c + d = 25$
$f'(0) = -15$	$c = -15$
$f''(50) = 0$	$300a + 2b = 0$

Es ergeben sich die Lösungen: $a = -0{,}002$; $b = 0{,}3$; $c = -15$; $d = 275$
und daraus folgt der Funktionsterm: $f(x) = -0{,}002x^3 + 0{,}3x^2 - 15x + 275$

2.1 Beschreibung

Die wöchentlichen Absatzzahlen sind mit 275 ME pro Woche zur Markteinführung sehr groß, werden im Laufe der Zeit aber schnell geringer.

Ungefähr in der 40. Woche erreichen sie ein vorläufiges Minimum mit deutlich unter 50 ME/Woche. Dann steigen sie noch einmal auf knapp 50 ME/Woche an, um schließlich nach ca. 80 Wochen auf Null abzufallen.

2.2 Bedingung $f_r(60) = 23$

$-0{,}002 \cdot r \cdot 60^3 + 0{,}3 \cdot r \cdot 60^2 - 15 \cdot 60 + 275 = 23 \Leftrightarrow 648r = 648 \Leftrightarrow r = 1$

2.3 Integration über die Absatzzahlen in ME/Woche ergibt den Gesamtabsatz.

Bedingung: $\int_0^{50} f_r(x)\, dx = 10000$

$\int_0^{50} f_r(x)\, dx = \left[-0{,}0005 \cdot r \cdot x^4 + 0{,}1 \cdot r \cdot x^3 - 7{,}5x^2 + 275x \right]_0^{50} = 10000$

Einsetzen ergibt: $9375r - 5000 = 10000$

$r = 1{,}6$

Für $r = 1{,}6$ werden in den ersten 50 Wochen 10000 ME abgesetzt.

3.1 Langfristige Entwicklung

Es ist ein Produkt aus einem ganzrationalen Faktor und einem exponentiellen Faktor zu untersuchen. Dabei gibt (abgesehen von der Frage des Vorzeichens) stets der exponentielle Faktor den Ausschlag.

Wegen des negativen Vorzeichens im Exponenten gilt: $\lim_{x \to \infty} e^{-0{,}09x} = 0$

Somit folgt: $\lim_{x \to \infty} 1{,}8\, x^2\, e^{-0{,}09x} = 0$

Der wöchentliche Absatz geht langfristig gegen Null.

Lösung Aufgabe 5 — Seite 2/2

3.2 Maximale wöchentliche Absatzmenge

$g'(x) = -0{,}09 \cdot 1{,}8x^2 \cdot e^{-0{,}09x} + 3{,}6x \cdot e^{-0{,}09x} = (3{,}6x - 0{,}162x^2) \cdot e^{-0{,}09x}$

Notw. Bed. für lokale Extremstellen: $g'(x) = 0 \Leftrightarrow 3{,}6x - 0{,}162x^2 = 0$

Lösung durch Ausklammern: $\qquad x = 0 \lor x = 22{,}22\ldots = 22\tfrac{2}{9}$

Hinr. Bed. für lokale Extremstellen: VZW der 1. Ableitung:

$g'(20) \approx 1{,}19 > 0;\ g'(24) \approx -0{,}80 < 0$ also VZW von + nach −

Somit liegt bei $x = 22\tfrac{2}{9}$ eine lokale Maximalstelle vor.

$g(22\tfrac{2}{9}) \approx 120{,}3$

[Alternativ über $g''(x) = (0{,}01458x^2 - 0{,}648x + 3{,}6) \cdot e^{-0{,}09x}$]

Der maximale wöchentliche Absatz liegt bei ca. 120 ME.

Lösung Aufgabe 6 — Seite 1/2 (Aufgabe Seite 67/68)

1.1.1 Es gilt: $G_p(90) = 0 \Leftrightarrow 0{,}1 \cdot 90^3 + 27 \cdot 90^2 + (p - 2430) \cdot 90 - 107100 = 0$

$\Leftrightarrow p = 2000$

Der gesuchte Verkaufspreis liegt bei 2 000 €/Stück.

1.1.2 Gewinnzone

Die Gewinnfunktion mit einem Preis von 2 000 €/Stück lautet:

$G_{2000}(x) = -0{,}1x^3 + 27x^2 - 430x - 107100$

Für die Grenzen der Gewinnzone gilt: $G_{2000}(x) = 0$

$\qquad\qquad\qquad\qquad -0{,}1x^3 + 27x^2 - 430x - 107100 = 0$

(Umformung ist nicht notwendig) $\quad x^3 - 270x^2 + 4300x + 1071000 = 0$

Mit GTR: $\qquad\qquad\qquad x_1 = -51{,}42\ldots \lor x_2 = 90 \lor x_3 = 231{,}42\ldots$

Die Gewinnzone ergibt sich bei Produktionsmengen zwischen 90 und 231 Küchen pro Woche.

1.1.2 Maximal möglicher Gewinn für $p = 2000$

notw. Bed. für lokale Maxima: $G'_{2000}(x) = 0 \Leftrightarrow -0{,}3x^2 + 54x + 430 = 0$

Sinnvolle Lösung: $\qquad\qquad x = x_{max} \approx 171{,}7$

Hinreichende Bdingung: $G'_{2000}(x) = 0 \land G''_{2000}(x) < 0$

Mit $G''_{2000}(x) = -0{,}6x + 54$ und $G''_{2000}(x_{max}) < 0$

Gewinnmaximale Ausbringungsmenge: 171 oder 172

$G_{2000}(171) = 108\,855{,}9;\ G_{2000}(172) = 108\,863{,}2$

Mit einer Stückzahl von 172 $(\in \mathbb{N})$ wird der maximale Gewinn von 108 863,2 € erzielt.

Lösung Aufgabe 6

1.2.1 Stückkostenfunktion: $k(x) = \frac{K(x)}{x} = ax^2 + bx + c + \frac{d}{x}$

Ableitungen: $k'(x) = 2ax + b - \frac{d}{x^2}$; $k''(x) = 2a + \frac{2d}{x^3}$

Bedingung für Linkskrümmung: $k''(x) > 0$

Da $a > 0$ und $d > 0$ gilt, muss für alle $x > 0$ gelten: $k''(x) > 0$. Damit ist der Graph von k für alle $x > 0$ linksgekrümmt.

1.2.2 $K(x) = 0{,}1x^3 - 27x^2 + 2\,430x + 107\,100$

Dem Schaubild sind die Nullstellen der Ableitungsfunktionen k' und k'_v zu entnehmen.

Die Ableitung der variablen Stückkostenfunktion ist linear, ihre Nullstelle liegt abgelesen bei ca. $135 = x_{BM}$. Damit ergibt sich die kurzfristige Preisuntergrenze bei ca. 607 €/Stück durch Einsetzen in $k_v(x) = \frac{K_v(x)}{x} = 0{,}1x^2 - 27x + 2\,430$: $k_v(135) = 607{,}5$

Die langfristige Preisuntergrenze lässt sich mittels der abgelesenen Nullstelle von k' (ca. $156 = x_{BO}$.) durch Einsetzen in die Stückkostenfunktion näherungsweise bestimmen: $k(x) = \frac{K(x)}{x} = 0{,}1x^2 - 27x + 2\,430 + \frac{107100}{x}$: $k(156) = 1338{,}4$

Die langfristige Preisuntergrenze liegt demnach bei ca. 1338 €/Stück.

Bemerkung: Da in beiden Fällen ein Vorzeichenwechsel von − nach + vorliegt, handelt es sich um Minimalstellen.

1.3.1 **Markteinführung** $t = 0$: $p_k(0) = 800e^{-k \cdot 0} + 1200 = 2000$

Langfristige Preisentwicklung: $\lim\limits_{t \to \infty} p_k(t) = 1200$, da der e-Term gegen Null strebt.

Monotonie: $p_k(t) = 800e^{-kt} + 1200$; $p'_k(t) = -800ke^{-kt}$

$p'_k(t) < 0$ wegen $k > 0$ und $e^{-kt} > 0$

Also fällt der Preis von 2 000 €/Stück bei der Markteinführung streng monoton auf 1200 €/Stück auf lange Sicht hin ab.

1.3.2 Zeitpunkt, zu dem das Modell vom Markt genommen werden sollte

Bedingung: $p_k(t) = 1338 \quad \Leftrightarrow \quad 800e^{-kt} + 1200 = 1338$

$$e^{-kt} = \frac{138}{800} \Leftrightarrow t = -\frac{1}{k} \cdot \ln\frac{138}{800}$$

Zeitpunkt in Abhängigkeit von k: $t = -\frac{1}{k} \cdot \ln\frac{138}{800}$

Für $k = 0{,}1$ ergibt sich $t = -10 \cdot \ln\frac{138}{800} = 10\ln\frac{800}{138} \approx 17{,}57$

Nach ca. 18 Monaten sollte das Modell vom Markt genommen werden.

1.3.3 Durchschnittlicher Preis (mithilfe der Integralrechnung - Mittelwert) für $k = 0{,}1$:

$\frac{1}{12}\int_0^{12} p_{0{,}1}(t)\,dt \approx 1665{,}87$ (keine Stammfunktion verlangt oder nötig)

Der durchschnittliche Preis in den ersten zwölf Monaten liegt bei ca. 1 665,87 €.

Lösung Aufgabe 7   Seite 1/2   (Aufgabe Seite 68/69)

1.1 Behauptung: Es gibt ein $a \in \mathbb{R}$, so dass alle Absatzzahlen die Funktionsgleichung
$f_a(t) = (5 + t)e^{-at} + 5$ erfüllen.

$f_a(1) = 10{,}43$ $\qquad\qquad (5 + 1)e^{-a} + 5 = 10{,}43$

$\qquad\qquad\qquad\qquad\qquad\qquad 6e^{-a} = 5{,}43$

Logarithmieren: $\qquad\qquad a = -\ln(\frac{5{,}43}{6}) \approx 0{,}09982 \approx 0{,}1$

Probe durch Einsetzen in $f_{0,1}(t) = (5 + t)e^{-0{,}1t} + 5$:

$f_{0,1}(4) = 9e^{-0{,}4} + 5 = 11{,}03$; $f_{0,1}(16) = 21e^{-1{,}6} + 5 = 9{,}24$; $f_{0,1}(24) = 29e^{-2{,}4} + 5 = 7{,}63$

Die tatsächliche Absatzentwicklung lässt sich durch $f_{0,1}(t) = (5 + t)e^{-0{,}1t} + 5$ approximieren.

1.2 Zu zeigen: $f_a(t) = (5 + t)e^{-at} + 5$ hat den Grenzwert $g = 5$.

Es gilt: $\lim_{t\to\infty}((5 + t)e^{-at} + 5) = \lim_{t\to\infty}(5 + t)e^{-at} + \lim_{t\to\infty}(5) = 0 + 5 = 5$

Der exponentielle Term wächst schneller gegen Null als der ganzrationale Term gegen unendlich. Die Geschäftsführung hat also Recht, da sich die Absatzzahlen nach einem längeren Zeitraum bei 500 Stück einpendeln werden.

1.3 Maximaler Absatz

Ableitungen von $f_a(t) = (5 + t)e^{-at} + 5$ mit der Produkt- und Kettenregel:

$f_a'(t) = 1 \cdot e^{-at} + (5 + t)(-a)e^{-at} = e^{-at}(1 - 5a - at)$

$f_a''(t) = -a \cdot e^{-at} + (1 - 5a - at)(-a)e^{-at} = a \cdot e^{-at}(at + 5a - 2)$

Notwendige Bedingung: $f_a'(t) = 0 \qquad\qquad e^{-at}(1 - 5a - at) = 0$

Satz vom Nullprodukt ($e^{-at} > 0$) $1 - 5a - at = 0 \Leftrightarrow at = 1 - 5a$ für $t = \frac{1 - 5a}{a}$

Die Lösung ist größer Null, wenn $a > 0$ und $a < \frac{1}{5}$.

Hinreichende Bedingung: $f_a'(t) = 0 \wedge f_a''(t) < 0$

Einsetzen ergibt: $f_a''(\frac{1 - 5a}{a}) = a \cdot e^{-(1 - 5a)} (a \cdot \frac{1 - 5a}{a} + 5a - 2)$

$\qquad\qquad\qquad\qquad = a \cdot e^{-1 + 5a}(-1) < 0$; da $a > 0$ und $e^{-1 + 5a} > 0$

An der Stelle $t = \frac{1 - 5a}{a}$ liegt für $a < \frac{1}{5}$ ein Maximum vor.

Maximalwert (y-Koordinate des Hochpunktes).

$f_a(\frac{1 - 5a}{a}) = (5 + \frac{1 - 5a}{a})e^{-a \cdot \frac{1 - 5a}{a}} + 5 = \frac{1}{a}e^{5a - 1} + 5$

Maximalwert in Abhängigkeit von a: $y_H = \frac{1}{a}e^{5a - 1} + 5$

Konkreter Wert für $a = 0{,}1$: $H(5 \mid 11{,}065)$

Die DoBü AG macht im fünften Monat einen maximalen Absatz in Höhe von 1106 Stück.

Lösung Aufgabe 7 Seite 2/2

1.4 Zeitpunkt des größten Absatzrückgangs

Der größte Absatzrückgang liegt im Wendepunkt der Absatzkurve.

2. Ableitung gegeben: $f_a''(t) = a \cdot e^{-at}(at + 5a - 2)$

3. Ableitung mit Produkt- und Kettenregel:

$f_a'''(t) = -a^2 \cdot e^{-at}(at + 5a - 2) + a \cdot e^{-at} \cdot a = a^2 \cdot e^{-at}(-at - 5a + 3)$

Notwendige Bedingung: $f_a''(t) = 0 \quad a \cdot e^{-at}(at + 5a - 2) = 0$

Satz vom Nullprodukt: $\quad at + 5a - 2 = 0 \quad (e^{-at} > 0)$

Mögliche Wendestelle: $\quad t = \dfrac{2 - 5a}{a}$

Die Lösung ist größer Null, wenn $a > 0$ und $a < \dfrac{2}{5}$.

Mit $f_a'''(\dfrac{2-5a}{a}) = a^2 \cdot e^{-a\frac{(2-5a)}{a}}(-a \cdot \dfrac{2-5a}{a} - 5a + 3) = a^2 \cdot e^{5a-2} > 0$

erhält man die Wendestelle $t = \dfrac{2-5a}{a}$ mit VZW von $f_a''(t)$ von $-/+$.

An der Stelle $t = \dfrac{2-5a}{a}$ liegt ein Minimum der Absatzsteigerung vor.

Interpretation:

Da $f_a'(\dfrac{2-5a}{a}) = e^{-a\frac{(2-5a)}{a}}(1 - 5a - a\dfrac{2-5a}{a}) = e^{5a-2} \cdot (-1) < 0$ ist,

ist die Behauptung für $a = 0{,}1$, dass der Rückgang nach 15 Monaten maximal ist, richtig ($t = \dfrac{2 - 5 \cdot 0{,}1}{0{,}1} = 15$).

Lösung Aufgabe 8   Seite 1/2   (Aufgabe Seite 70/71)

1.1 Positiver y-Achsenabschnitt: Fixe Kosten: 50 000 €. Funktionswert von K bei der Produktionsmenge 0.

Monoton steigend: Die Werte der Grenzkostenfunktion sind alle positiv. Sie hat ihr Minimum zwischen x = 40 und x = 50 (Scheitelpunkt der Grenzkostenfunktion).

Es liegt ein Wendepunkt des Graphen der Kostenfunktion vor zwischen x = 40 und x = 50 vor. Krümmungswechsel sichtbar durch Vorzeichenwechsel der Funktionswerte von K″.

Degressive Kostenentwicklung: von x = 0 bis mindestens x = 40. Rechtskrümmung, Grenzkosten (Funktionswerte von K′) nehmen ab.

Progressive Kostenentwicklung: mindestens von x = 50 bis x = 90. Linkskrümmung, Grenzkosten nehmen zu.

1.2 Kostenfunktion $K(x) = ax^3 + bx^2 + cx + d$

Ableitungen: $K'(x) = 3ax^2 + 2bx + c$; $K''(x) = 6ax + 2b$; $K'''(x) = 6a \neq 0$ $(a \neq 0)$

Notwendige Bedingung für Wendepunkte: $K''(x) = 0 \Leftrightarrow 6ax + 2b = 0$

$$x = -\frac{b}{3a}$$

Dazu hinreichend: $K'''(x) = 6a \neq 0$ $(a \neq 0)$. Also liegt ein Wendepunkt vor.

2 **Minimum der variablen Stückkosten** für a = 0,1

$k(x) = 0{,}1x^3 - 12x^2 + 610x + 50000$; $k_v(x) = 0{,}1x^2 - 12x + 610$

Notwendige Bed.: $k'_v(x) = 0$ $0{,}2x - 12 = 0 \Leftrightarrow x = 60$

Hinreichende Bed.: $k''_v(x) > 0$ ist erfüllt da $k''_v(x) = 0{,}2$

$k_v(60) = 250$; Der Tiefpunkt der variablen Stückkostenfunktion liegt bei (60 | 250).

Interpretation: Bei Absatzschwierigkeiten kann Druckfix kurzfristig mit dem Verkaufspreis bis auf die variablen Stückkosten von 250 € heruntergehen, wenn 60 ME produziert werden und auf die Deckung der fixen Kosten verzichtet wird.

Lösung Aufgabe 8

3.1 Nachfragefunktion p_N mit $p_N(x) = (0{,}04x + a)e^{b - 0{,}02x}$

Bedingungen für a und b:

$p_N(0) = 2234 \qquad ae^b = 2234 \qquad \Leftrightarrow a = 2234\, e^{-b} \qquad (1)$

$p_N(90) = 920 \qquad (0{,}04 \cdot 90 + a)\, e^{b - 0{,}02 \cdot 90} = 920 \quad \Leftrightarrow (3{,}6 + a)\, e^{b - 1{,}8} = 920 \quad (2)$

Einsetzen von (1) in (2) ergibt: $\qquad (3{,}6 + 2234\, e^{-b})\, e^{b - 1{,}8} = 920$

Mit $e^{b - 1{,}8} = \dfrac{e^b}{e^{1{,}8}}$ erhält man durch $\quad (3{,}6 + 2234\, e^{-b})\, e^b = 920\, e^{1{,}8}$

Ausmultiplizieren: $\qquad 3{,}6 e^b + 2234 = 920 e^{1{,}8}$

Logarithmieren: $\qquad b = \ln\left(\dfrac{920 e^{1{,}8} - 2234}{3{,}6}\right) \approx 6{,}8$

Einsetzen ergibt a: $\qquad ae^{6{,}8} = 2234 \Rightarrow a \approx 2{,}6$

Das Gleichungssystem aus (1) in (2) hat die Lösung $a \approx 2{,}6;\ b \approx 6{,}8$

Nachfragefunktion p_N mit $p_N(x) = (0{,}04x + 2{,}6)e^{6{,}8 - 0{,}02x}$

3.2 Eine Nachfragefunktion muss im ökonomisch sinnvollen Bereich fallen, da der Anbieter nur durch Preissenkung mehr absetzen kann. Größere Mengen bedeuten somit fallende Funktionswerte.

3.3 p_N mit $p_N(x) = (0{,}04x + 2{,}6)e^{6{,}8 - 0{,}02x}$ ist streng monoton fallend, wenn $p_N'(x) < 0$

$p_N'(x) = ((0{,}04x + 2{,}6)(-0{,}02) + 0{,}04)e^{6{,}8 - 0{,}02x}$

$\qquad = (-0{,}0008x - 0{,}012)\, e^{6{,}8 - 0{,}02x}$

Da $e^{6{,}8 - 0{,}02x} > 0$ für alle $x \in \mathbb{R}$, gilt:

$p_N'(x) < 0 \qquad\qquad -0{,}0008x - 0{,}012 < 0$ für $x > 0$

Auf dem ökonomisch relevanten Bereich von $x = 0$ bis $x = 90$ (Kapazitätsgrenze).
ist $p_N(x)$ somit streng monoton fallend.

4 A: richtig; $W(x) > 1 \Leftrightarrow E(x) > K(x)$; die Erlöse sind größer als die Kosten, also wird Gewinn erzielt.

B: falsch; $W(x) > 1$ bedeutet Gewinn; Graph 1 liegt in einem größeren Bereich als Graph 2 oberhalb der Geraden mit $y = 1$. Die Gewinnzone von Werk 1 ist größer als die von Werk 2.

C: richtig; Erlöse und Kosten sind immer positiv. $E(x) \geq 0$: $K(x) > 0$

D: falsch; Bei gleichen Erlösen führen geringere Kosten zu einem kleineren Nenner und damit zu einer höheren Wirtschaftlichkeit. Die Wirtschaftlichkeit von Werk 2 müsste größer sein als die von Werk 1. Dies ist falsch, da im Bereich [30; 90] gilt $W_1 > W_2$.

Lösung Aufgabe 9   Seite 1/2   (Aufgabe Seite 71/72)

$K_b(x) = 5x^3 - bx^2 + 215x + 360$ mit $b \in [45; 56]$, $x \in [0; 10]$

2.1   **Betriebsoptimum** an der Stelle $x = 6$

Stückkostenfunktion k_b mit $k_b(x) = 5x^2 - bx + 215 + \frac{360}{x}$; $k'_b(x) = 10x - b - \frac{360}{x^2}$

Notwendige Bedingung: $k'_b(6) = 60 - b - 10 = 0 \Leftrightarrow b = 50$

Hinreichende Bedingung: $k'_b(6) = 0$ und $k''_b(6) > 0$

Für $b = 50$ ist die notwendige und die hinreichende Bedingung erfüllt, da gilt:

$k''_{50}(6) = 10 + \frac{720}{6^3} > 0$. Für $b = 50$ liegt das **Betriebsoptimum** an der Stelle $x = 6$.

2.2   Die **kurzfristige Preisuntergrenze** von 70 GE je Stück wird beim Betriebsminimum

(Minimalstelle von k_{vb}) erzielt.

Variable Stückkostenfunktion k_{vb} mit $k_{vb}(x) = 5x^2 - bx + 215$

Ableitungen: $k'_{vb}(x) = 10x - b$; $k''_{vb}(x) = 10 > 0$

Folgende Bedingungen müssen erfüllt sein: $k'_{vb}(x) = 0 \wedge k''_{vb}(x) > 0 \wedge k_{vb}(x) = 70$

$k_{vb}(x) = 70 \Leftrightarrow 5x^2 - bx + 215 = 70$

$k'_{vb}(x) = 0 \Leftrightarrow 10x - b = 0 \Leftrightarrow x = \frac{b}{10}$

Die hinreichende Bedingung ist wegen $k''_{vb}(x) = 10 > 0$ erfüllt.

Einsetzen von $x = \frac{b}{10}$ ergibt

eine quadratische Gleichung: $5\left(\frac{b}{10}\right)^2 - b \cdot \frac{b}{10} + 215 = 70 \Leftrightarrow -0{,}05b^2 = -145$

Auflösen nach b: $b^2 = 2900 \Leftrightarrow b \approx 53{,}85 \vee b \approx -53{,}85 \notin [45; 56]$

Die Unternehmung sollte $b = 53{,}85$ als Qualitätsindex wählen, um das Produkt

für 70 GE je Stück anbieten zu können.

2.3   **Gewinnmaximale Ausbringungsmenge** in $x = 6$

Gewinnfunktion G mit $G(x) = E(x) - K(x) = 185x - (5x^3 - bx^2 + 215x + 360)$

$G(x) = -5x^3 + bx^2 - 30x - 360$

Ableitungen: $G'(x) = -15x^2 + 2bx - 30$; $G''(x) = -30x + 2b$

Notwendige Bedingung: $G'(6) = 0$ $-15 \cdot 6^2 + 2b \cdot 6 - 30 = 0$

$$b = 47{,}5$$

Hinreichende Bedingung für Maximum: $G'(x) = 0 \wedge G''(x) < 0$

Für $b = 47{,}5$: $G''(6) = -30 \cdot 6 + 2 \cdot 47{,}5 < 0$

Für $b = 47{,}5$ liegt die gewinnmaximale Ausbringungsmenge bei 6 Stück.

Mit $G(x) = -5x^3 + 47{,}5x^2 - 30x - 360$ ergibt sich der maximale Gewinn

von 90 GE ($G(6) = 90$).

Lösung Aufgabe 9

2.4.1 Gewinnzone für b = 50

Bedingung: $G(x) = 0$ $\qquad -5x^3 + 50x^2 - 30x - 360 = 0$

Die Gleichung löst der GTR: $\qquad x_1 = 4;\ x_2 = -2{,}20;\ x_3 = 8{,}20$

Wegen $x > 0$ ist $x = 8{,}2$ die einzige Lösung.

Für $b = 50$ liegt die Gewinnzone zwischen 4 ME und 8,2 ME.

Hinweis: Der Operator: "Bestimmen Sie" lässt den Einsatz des GTR zu.

2.4.2 Die Abszissenwerte der Schnittpunkte entsprechen den Nullstellen der Gewinnfunktion, also der Gewinnschwelle und der Gewinngrenze.

Allgemein gilt: $\qquad k(x) = p \Leftrightarrow \qquad \dfrac{K(x)}{x} = p \qquad\qquad |\cdot x$

$\qquad\qquad\qquad\qquad\qquad\qquad\qquad K(x) = p \cdot x$

$\qquad\qquad\qquad\qquad\qquad\qquad\qquad K(x) = E(x)$

$\qquad\qquad\qquad\qquad\qquad\qquad\qquad E(x) - K(x) = 0$

$\qquad\qquad\qquad\qquad\qquad\qquad\qquad G(x) = 0$

2.5 Ertragsgesetzliche Kostenfunktion 3. Grades: $K(x) = ax^3 + bx^2 + cx + d$

Grenzkostenfunktion: $K'(x) = 3ax^2 + 2bx + c;$

2. Ableitung: $K''(x) = 6ax + 2b$

Bedingungen und LGS für a, b, c und d:

Grenzkosten:	$K'(2) = 111$	$12a + 4b + c = 111$
Kosten:	$K(1) = 1277$	$a + b + c + d = 1277$
$x = 3$ ist Wendestelle:	$K''(3) = 0$	$18a + 2b = 0$
Fixe Kosten:	$K(0) = 1150$	$d = 1150$

Einsetzen von $d = 1150$ ergibt ein LGS für a, b und c: $\qquad 12a + 4b + c = 111$

$\qquad\qquad\qquad\qquad\qquad\qquad\qquad\qquad\qquad\qquad\qquad\quad a + b + c = 127$

$\qquad\qquad\qquad\qquad\qquad\qquad\qquad\qquad\qquad\qquad\qquad\quad 9a + b = 0$

Lösung mit dem GTR: $a = 1;\ b = -9;\ c = 135$

Funktionsgleichung der Kostenfunktion: $K(x) = x^3 - 9x^2 + 135x + 1150$

Lösung Aufgabe 10   Seite 1/2   (Aufgabe Seite 74/75)

1.1 $K(x) = ax^3 + bx^2 + cx + d$; $k_v(x) = \frac{K_v(x)}{x} = ax^2 + bx + c$; $k_v'(x) = 2ax + b$

Bedingungen und LGS für a, b, c und d:

Fixkosten 70 GE: $K(0) = 70$	$d = 70$
Kapazitätsgrenze $x = 13$	
Gesamtkosten $K(13) = 401{,}5$	$2197a + 169b + 13c + d = 401{,}5$
Gewinnschwelle $K(4) = 154$	$64a + 16b + 4c + d = 154$
Stückpreis $E(4) = 154$	$4p = 154 \Rightarrow p = 38{,}5$
Betriebsminimum $k_v'(8) = 0$	$16a + b = 0$
Einsetzen von $d = 70$ ergibt das LGS:	$2197a + 169b + 13c = 331{,}5$
	$64a + 16b + 4c = 84$
	$16a + b = 0$

Lösung des LGS: $a = 0{,}5$; $b = -8$; $c = 45$

Gesamtkostenfunktion K mit $K(x) = 0{,}5x^3 - 8x^2 + 45x + 70$

Erlösfunktion E mit $E(x) = 38{,}5x$

Ökonomischer Definitionsbereich für E und K: $D_K = D_E = [0;\,13]$

1.2 $K(x) = 0{,}5x^3 - 8x^2 + 45x + 70$ mit $D_K = [0;\,13]$; $E(x) = 38{,}5x$

Gewinnfunktion G

$G(x) = E(x) - K(x) = 38{,}5x - (0{,}5x^3 - 8x^2 + 45x + 70) = -0{,}5x^3 + 8x^2 - 6{,}5x - 70$

Gewinnzone

Bedingung für die Gewinnschwelle: $G(x) = 0 \quad -0{,}5x^3 + 8x^2 - 6{,}5x - 70 = 0$

Es gilt $G(4) = 0$ (vgl. 1.1), damit ergibt sich $\quad x_1 = 4$

Weitere Lösungen: $\quad x_2 = -2{,}43$; $x_3 = 14{,}43$

Beide Werte liegen **nicht** im Definitionsbereich von G.

Folgerung: Die Zürla-Kohlin GmbH erwirtschaftet bei einer Produktion von mehr als 4 ME und bis 13 ME (Kapazitätsgrenze) Gewinn.

Maximaler Gewinn

Ableitungen: $G'(x) = -1{,}5x^2 + 16x - 6{,}5$; $G''(x) = -3x + 16$

Notw. Bedingung: $G'(x) = 0 \quad -1{,}5x^2 + 16x - 6{,}5 = 0$

$x_1 = 0{,}423$; $x_2 = 10{,}244$

$x_1 = 0{,}423$ liegt nicht in der Gewinnzone.

Mit $G''(10{,}244) = -14{,}731 < 0$ und $G(10{,}244) = 165{,}430$ erhält man:

Bei 10,244 ME wird das Gewinnmaximum erzielt, es beträgt 165,430 GE.

Lösung Aufgabe 10

1.3 Stellen mit $K'(x) = \frac{7}{3}$

$$K'(x) = 1{,}5x^2 - 16x + 45 = \frac{7}{3}$$

Nullform:

$$1{,}5x^2 - 16x + \frac{128}{3} = 0 \quad \Big| : \frac{3}{2} \text{ bzw. } \cdot \frac{2}{3}$$

bzw.

$$x^2 - \frac{32}{3}x + \frac{256}{9} = 0$$

Lösung mit z. B. pq-Formel:

$$x_{1|2} = \frac{16}{3}$$

Einzige Lösung wegen D = 0

$5\frac{1}{3}$ ME ist also die einzige Stelle, an der die Grenzkosten $2\frac{1}{3}$ GE pro ME betragen.

$x = 5\frac{1}{3}$ ist auch die Wendestelle der Kostenfunktion, denn mit $K''(x) = 3x - 16$

ist $K''(\frac{16}{3}) = 0$ und $K'''(\frac{16}{3}) = 3 > 0$.

Alternativ:

Die Wendestelle der Kostenfunktion ist die Minimalstelle der Grenzkostenfunktion. Da der Graph der Grenzkostenfunktion eine nach oben geöffnete Parabel ist, handelt es sich um ein absolutes Minimum.

1.4 Tangente im Punkt $B(x_{BO} \mid K(x_{BO}))$ mit Steigung $K'(x_{BO})$:

Mit Hilfe der Punktsteigungsform: $t(x) = \quad K'(x_{BO})(x - x_{BO}) + K(x_{BO})$

Schnittstelle mit der x-Achse: $t(x) = 0 \quad K'(x_{BO})(x - x_{BO}) + K(x_{BO}) = 0$

Auflösen nach x:

$$x = x_{BO} - \frac{K(x_{BO})}{K'(x_{BO})}$$

t(x) ist die Gleichung einer Ursprungsgeraden, wenn x = 0

Einsetzen ergibt: $0 = x_{BO} - \frac{K(x_{BO})}{K'(x_{BO})}$

$$K'(x_{BO}) = \frac{K(x_{BO})}{x_{BO}}$$

$$K'(x_{BO}) = k(x_{BO})$$

Die Bedingung für das Betriebsoptimum ist also erfüllt; in x_{BO} stimmen Grenzkosten und Stückkosten überein.

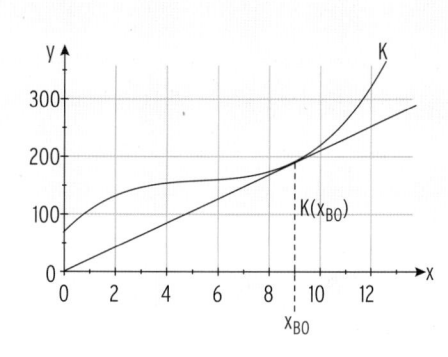

Lösung Aufgabe 11 (Aufgabe Seite 74)

$p_N(x) = (5 - x)e^{0,2x}$; $p_A(x) = 0,5xe^{0,2x+1}$

Maximaler ökonomischer **Definitionsbereich** $D_{ök}$ = [0; 5]

Begründung: $p_N(x) = 0 \Leftrightarrow x = 5$ (Sättigungsmenge); p_N ist fallend

$p_A(x) > 0$ für alle x; p_A ist steigend

Marktgleichgewicht

Bedingung: $p_A(x) = p_N(x) \Leftrightarrow \qquad 0,5xe^{0,2x+1} = (5 - x)e^{0,2x}$

Ausklammern und $e^{0,2x+1} = e \cdot e^{0,2x}$: $\qquad e^{0,2x}(0,5ex + x - 5) = 0$

Satz vom Nullprodukt: $\qquad 0,5ex + x - 5 = 0 \Leftrightarrow x(0,5e + 1) - 5 = 0$

Gleichgewichtsmenge: $\qquad x = x_G = \dfrac{5}{0,5e + 1} \approx 2,12$

Gleichgewichtspreis: $p_G = p_N(x_G) = (5 - \dfrac{5}{0,5e + 1})e^{0,2 \frac{5}{0,5e+1}} = \dfrac{2,5e}{0,5e + 1} e^{\frac{1}{0,5e+1}} \approx 4,40$

Bemerkung: $\dfrac{2,5e}{0,5e+1} e^{\frac{1}{0,5e+1}} = \dfrac{2,5}{0,5e+1} e^{\frac{1}{0,5e+1}+1}$

Marktgleichgewicht MG (2,12 | 4,40)

Ableitungsfunktionen: $p_A'(x) = (0,5 + 0,1x)e^{0,2x+1}$; $p_A''(x) = (0,2 + 0,02x)e^{0,2x+1}$

Monotonie der Angebotsfunktion: $p_A'(x) > 0$

$(0,5 + 0,1x)e^{0,2x+1} > 0 \Leftrightarrow 0,5 + 0,1x > 0 \Leftrightarrow x > -5 \qquad (e^{0,2x+1} > 0$ für alle x)

p_A ist streng monoton wachsend in $D_{ök}$.

Linkskrümmung der Angebotsfunktion: $p_A''(x) > 0$

$p_A''(x) = (0,2 + 0,02x)e^{0,2x+1} > 0 \Leftrightarrow 0,2 + 0,02x > 0 \Leftrightarrow x > -10 \quad (e^{0,2x+1} > 0$ für alle x)

p_A ist linksgekrümmt in $D_{ök}$.

$F(x) = e^{0,2x+1}(2,5x - 12,5)$ ist eine **Stammfunktion** von $p_A(x) = 0,5xe^{0,2x+1}$ wenn $F'(x) = p_A(x)$

Mit Produkt - und Kettenregel: $F'(x) = e^{0,2x+1} \cdot (2,5) + 0,2 \cdot e^{0,2x+1}(2,5x - 12,5)$

$\qquad = e^{0,2x+1}(0,2 \cdot 2,5x - 0,2 \cdot 12,5 + 2,5)$

$\qquad = 0,5xe^{0,2x+1} = p_A(x)$

F ist eine Stammfunktion von p_A.

Produzentenrente: Mit $y_G = p_G \approx 4,40$; $x_G \approx 2,12$ erhält man

$P_R = \int_0^{x_G}(y_G - p_A(x))dx \approx 5,256$ oder $P_R = x_G \cdot p_G - \int_0^{x_G} p_A(x)\,dx \approx 9,328 - 4,072 \approx 5,256$

Interpretation: Die Produzentenrente beträgt etwa 5,256 GE, dies ist der Erlösvorteil des Herstellers, der auch zu einem niedrigeren Preis angeboten hätte.

Lösung Aufgabe 12 — Seite 1/2 (Aufgabe Seite 74/75)

1. Im Jahr 2008 wurden 5000 mobile Navigationssysteme verkauft, dabei wurde ein Umsatz von 1100000 Euro erreicht. Das bedeutet, dass der Preis für ein Navigationsgerät durchschnittlich 220 Euro betrug. Für das Jahr 2009 ergibt sich ein Durchschnittspreis von 215 Euro pro Gerät, 2010 ist der durchschnittliche Preis auf 211 Euro gesunken. (2011 wird mit einem Preis von 190 Euro gerechnet.) Die Behauptung ist also korrekt.

2.1 Ansatz: $f(t) = at^3 + bt^2 + ct + d$

   $f(0) = 0{,}5 \wedge f(1) = 1{,}68 \wedge f(2) = 2{,}46 \wedge f(3) = 2{,}9$

   GTR löst dieses LGS. **Alternative** Wege z. B. mit Regression auch möglich: $f(t) = 0{,}01t^3 - 0{,}23t^2 + 1{,}4t + 0{,}5$

2.2 **Untersuchung die Absatzentwicklung**

   Nullstelle: $f(t) = 0 \Leftrightarrow t = -0{,}3381$ (nicht in D)

   Ableitungen: $f'(t) = 0{,}03t^2 - 0{,}46t + 1{,}4$; $f''(t) = 0{,}06t - 0{,}46$; $f'''(t) = 0{,}06 \neq 0$

   Extrempunkte: Notwendige Bedingung: $f'(t) = 0 \Rightarrow t = 4{,}1866 \vee t = 11{,}1468$

   Hinreichende Bedingung: $f'(t) = 0 \wedge f''(t) \neq 0$

   $f''(4{,}1866) < 0 \Rightarrow H(4{,}1866 \mid 3{,}0637)$

   $f''(11{,}1468) > 0 \Rightarrow T(11{,}1468 \mid 1{,}3778)$

   Wendepunkte: Notwendige Bedingung: $f''(t) = 0 \Rightarrow t = 7{,}6667$

   Hinreichende Bedingung: $f''(t) = 0 \wedge f'''(t) \neq 0$

   $f'''(7{,}6667) \neq 0 \Rightarrow W(7{,}6667 \mid 2{,}2207)$

   Verhalten im Unendlichen: Wegen $t > 0$ nur $\lim\limits_{t \to \infty} f(t) = +\infty$ (Grenzwert existiert nicht)

2.3 Graph von f

2.4 Die Absatzzahlen steigen bis Anfang 2013 auf ihr Maximum von ca. 30 600 Stück. Danach nehmen die Absatzzahlen ab und erreichen Anfang 2020 ihren Tiefststand von ca. 13 778 Stück. Ab diesem Zeitpunkt steigt der Absatz ständig. Mitte 2016 ist der Absatzrückgang maximal.

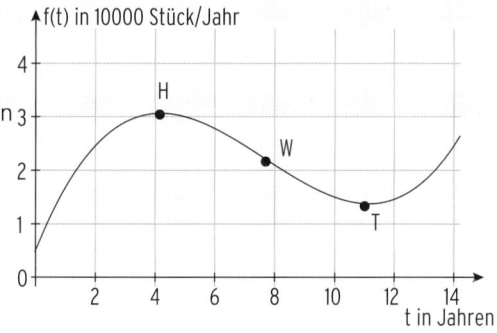

Hinweis:

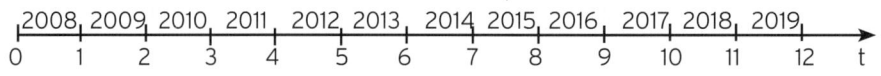

2008	2009	2010	2011	2012	2013	2014	2015	2016	2017	2018	2019
0	1	2	3	4	5	6	7	8	9	10	11	12	t

Lösung Aufgabe 12   Seite 2/2   (Aufgabe Seite 77/78)

3.1 Absatzverhalten auf lange Sicht:
$\lim(s - (s-b)e^{-ct}) = \lim s - \lim((s-b)e^{-ct}) = s - 0 = s$
da $c > 0, t \geq 0$
Damit ist die Gerade mit der Gleichung $y = s$ horizontale Asymptote.

3.2 $b = 0,5$, da im Jahr 2008 ($t = 0$) 5000 Geräte abgesetzt werden. Damit ist
$B(t) = s - (s - 0,5)e^{-0,414t}$.

Mit $B(1) = 1,68$ ergibt sich $\quad s - (s - 0,5)e^{-0,414} = 1,68$
$s - 0,661s + 0,5 \cdot 0,661 = 1,68 \Rightarrow s = 3,981$

Probe mit $B(2) = 2,46$: $\quad 3,981 - (3,981 - 0,5)e^{-0,414 \cdot 2} = 2,46$
ergibt eine wahre Aussage

$B(t) = 3,981 - (3,981 - 0,5) e^{-0,414t} = 3,981 - 3,481e^{-0,414t}$

3.3 **Krümmungsverhalten der Funktion B*** mit $B^*(t) = 3,981 - 3,481e^{-0,414t}$

Ableitungen: $B^{*\prime}(t) = -3,481 \cdot (-0,414) \cdot e^{-0,414t} = 1,441 \cdot e^{-0,414t}$
Notwendige Bedingung für Wendestellen: $B^{*\prime\prime}(t) = 0$

$B^{*\prime\prime}(t) = -0,5966\, e^{-0,414t} < 0$

Es gibt keine Wendestellen und der Graph von B ist rechtsgekrümmt.

3.4 Graph von B*
4.1 Prognosewerte:

$B^*(6) = 3,6907$
$f(6) = 2,78$

Hinweis: Ende 2013
= Anfang 2014: $t = 6$

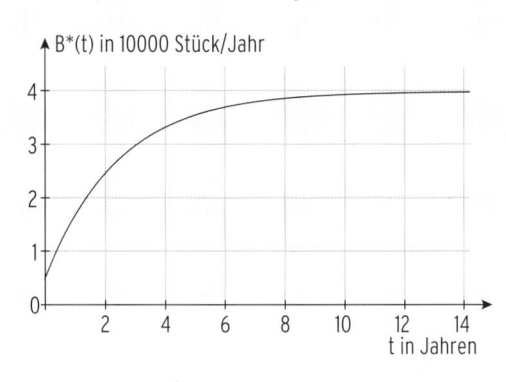

4.2 **Vergleich der Graphen**

Die Funktionen B* und f liefern für die Jahre 2008, 2009, 2010 eine nahezu
korrekte Annäherung.
Im Jahr 2011 liegt der prognostizierte Wert bei 2,9. Die Funktion f stellt hier
im Vergleich zur Funktion B* eine exakte Annäherung dar.
Die Funktion f lässt nach 2012 rückläufige Absätze erwarten. Ab Anfang 2019
steigen die Absätze kontinuierlich ins Unendliche. Dies ist aus ökonomischen
Gesichtspunkten bei einem kurzlebigen Elektronikprodukt nicht zu erwarten.
Hier liefert die Funktion B* zwar eine bessere Annäherung, jedoch wird bei der
Modellierung nicht berücksichtigt, dass bei jedem Produkt längerfristig ein
Absatzrückgang eintritt.

2 Lineare Algebra

Formelsammlung zur Linearen Algebra

Lineare Verflechtung

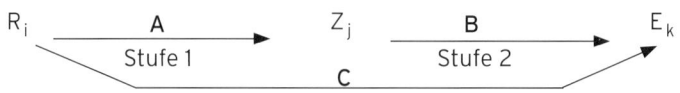

$R_i \xrightarrow{\quad A \quad} Z_j \xrightarrow{\quad B \quad} E_k$
        Stufe 1   Stufe 2
$\xrightarrow{\hspace{5cm} C \hspace{5cm}}$

R_i: Rohstoffe; $\quad Z_j$: Zwischenprodukte; $\quad E_k$: Endprodukte

Verflechtungsmatrizen

Rohstoff-Zwischenprodukt ; Zwischenprodukt-Endprodukt; Rohstoff-Endprodukt-Matrix
$\qquad\quad$ A $\qquad\qquad\qquad\qquad\quad$ B $\qquad\qquad\qquad\qquad\quad$ C

Es gilt der Zusammenhang: $\boxed{C = A \cdot B}$

Verbrauchs-, Produktionsvektoren

$\vec{r}$: Rohstoffvektor $\qquad \vec{z}$: Zwischenproduktvektor $\qquad \vec{x}$: Endproduktvektor

Es gilt: $\boxed{A \cdot \vec{z} = \vec{r} \qquad B \cdot \vec{x} = \vec{z} \qquad C \cdot \vec{x} = \vec{r}}$

Kostenvektoren (variable Kosten pro Einheit)

Rohstoffkosten: $\vec{k}_R$ $\quad$ Fertigungskosten in Stufe 1: $\vec{k}_Z$ $\quad$ Fertigungskosten in Stufe 2: $\vec{k}_E$

Kostenvektoren sind Zeilenvektoren.

Die **Gesamtkosten für die Produktion** $\vec{x}$ setzen sich zusammen aus

Rohstoffkosten + Fertigungskosten in Stufe 1 + Fertigungskosten in Stufe 2 + fixe Kosten
$\quad K_R \qquad\qquad\qquad K_Z \qquad\qquad\qquad\qquad\quad K_E \qquad\qquad\qquad\quad K_f$

Es gilt: $\boxed{K_R = \vec{k}_R \cdot \vec{r} \qquad K_Z = \vec{k}_Z \cdot \vec{z} \qquad K_E = \vec{k}_E \cdot \vec{x}}$

Variable Herstellungskosten $\vec{k}_v$ pro Einheit eines Endproduktes:

$\boxed{\vec{k}_v = \vec{k}_R \cdot C + \vec{k}_Z \cdot B + \vec{k}_E}$

Gesamtkosten K für die Produktion $\vec{x}$ gilt bei Fixkosten K_f:

$\boxed{\begin{array}{l} K = K_v + K_f = \vec{k}_v \cdot \vec{x} + K_f \\ K = \vec{k}_R \cdot C \cdot \vec{x} + \vec{k}_Z \cdot B \cdot \vec{x} + \vec{k}_E \cdot \vec{x} + K_f \\ K = \vec{k}_R \cdot \vec{r} + \vec{k}_Z \cdot \vec{z} + \vec{k}_E \cdot \vec{x} + K_f \end{array}}$

Inverse Matrix

Existenz: Die quadratische Matrix A ist **invertierbar** (die Inverse A^{-1} existiert), wenn
$\qquad$ Rg(A) = n $\quad$ **oder** $\quad$ das LGS $A \cdot \vec{x} = \vec{b}$ ist **eindeutig lösbar.**

Berechnung: $\qquad$ Umformung von $(A \mid E)$ in $(E \mid A^{-1})$

Eigenschaften: $\quad A^{-1} \cdot A = A \cdot A^{-1} = E \qquad (A^{-1})^{-1} = A$

$\qquad\qquad\qquad\quad (A \cdot B)^{-1} = B^{-1} \cdot A^{-1} \qquad (r \cdot A)^{-1} = \frac{1}{r} \cdot A^{-1}$

Aufgaben zur Prüfungsvorbereitung

Stochastische Matrizen

Die **Übergangsmatrix M** ist ein **stochastische Matrix**, bei der die
Summe in jeder Zeile gleich 1 ist und jede Zahl größer oder gleich null ist.
Die aktuelle Verteilung wird durch Zustandsvektoren $\vec{v}$ (Zeilenvektor) beschrieben.
Ein Zustandsdiagramm (Übergangsdiagramm) lässt sich durch eine
Übergangsmatrix M beschreiben.

Markow-Kette mit der Anfangsverteilung $\vec{v}_0$ (Zustand zur Zeit n = 0; Startverteilung)
und der Übergangsmatrix M:

$$\vec{v}_0 \to \vec{v}_1 (= \vec{v}_0 \cdot M) \to \vec{v}_2 (= \vec{v}_1 \cdot M) \to \vec{v}_3 (= \vec{v}_2 \cdot M = \vec{v}_0 \cdot M^2) \to \ldots$$

Dabei ist z. B. $\vec{v}_1$ der Zustand nach einem Übergang.

Übergangsmatrix für zwei Zeitabschnitte: $M \cdot M = M^2$

Gilt $\lim\limits_{n \to \infty} M^n = M_\infty$, besteht die Matrix M_∞ aus lauter gleichen Zeilen: $M_\infty = \begin{pmatrix} p_1 & p_2 & p_3 \\ p_1 & p_2 & p_3 \\ p_1 & p_2 & p_3 \end{pmatrix}$

M_∞ heißt Grenzmatrix.
Der Zeilenvektor $\vec{p} = (p_1 \quad p_2 \quad p_3)$ ist ein Fixvektor.

Berechnung stationärer Zustände: $\qquad \vec{p} \cdot M = \vec{p}$

Dabei ist $\vec{p}$ der Gleichgewichtszustand (stationäre, langfristige, stabile Verteilung).
Die stationäre Verteilung hängt nicht von der Anfangsverteilung ab.
Zur Berechnung von $\vec{p} = (p_1 \quad p_2 \quad p_3)$ (Fixvektor) ist das

LGS $\vec{p} \cdot M = \vec{p}$ unter der Nebenbedingung $p_1 + p_2 + p_3 = 1$ (= 100 %) zu lösen.

Aufgaben zur Prüfungsvorbereitung Lineare Algebra

Aufgabe 1 Seite 1/2 Lösung Seite 113/114

Punkte

Die Druckfix GmbH stellt Drucker mit neuartiger Drucktechnik her. Verschiedene Abteilungen des Unternehmens beschäftigen sich mit der Analyse der Produktionssituation. Im Hauptwerk der Druckfix GmbH werden in der ersten Produktionsstufe aus den vier Basisteilen B_1 bis B_4 die drei Komponenten K_1 bis K_3 gefertigt. Diese werden dann in einer zweiten Produktionsstufe gemäß dem Verflechtungsdiagramm zu den drei verschiedenen Druckern D_1 bis D_3 zusammengesetzt.

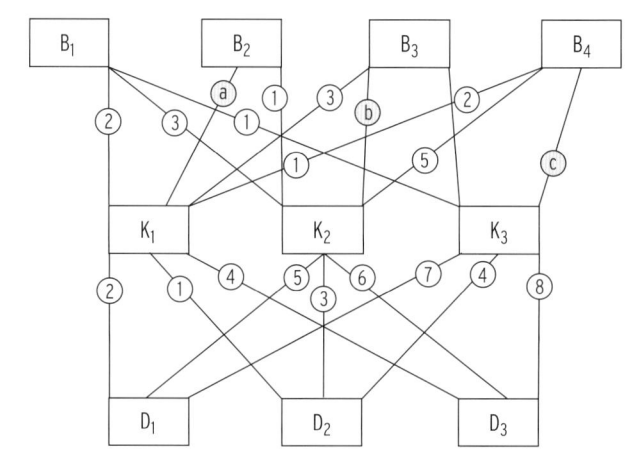

Weiterhin ist die Matrix C_{BD}, die die Anzahl der Basisteile je Drucker angibt, bekannt:
$$C_{BD} = \begin{pmatrix} 26 & 15 & 34 \\ 13 & 7 & 22 \\ 50 & 29 & 64 \\ 41 & 24 & 50 \end{pmatrix}$$

1 Geben Sie die benötigte Anzahl der Basisteile je Komponente und die benötigte Anzahl der Komponenten je Drucker in Form von Matrizen A_{BK} und B_{KD} an. Berechnen Sie die fehlenden Parameter a, b und c. 9

2.1 Berechnen Sie die Inverse zur Komponenten-Drucker Matrix B_{KD} und zeigen Sie, dass sich die fehlenden Werte der Basisteile-Komponenten Matrix A_{BK} mit Hilfe dieser Inversen bestimmen lassen. 7

2.2 Beurteilen Sie, ob sich das Vorgehen aus 2.1 auf beliebige zweistufige Produktionsprozesse übertragen lässt. 2

3 Bei der Druckerproduktion entstehen folgende variable Kosten:
Kosten der Basisteile:

	B_1	B_2	B_3	B_4
Kosten in Euro pro Basisteil	3	2	5	1

Aufgabe 1 Seite 2/2 Punkte

3 Fertigungskosten der Komponenten:

	K_1	K_2	K_3
Kosten in Euro pro Komponente	3	2	4

Kosten des Zusammenbaus der Drucker:

	D_1	D_2	D_3
Kosten in Euro je Drucker	22	27	18

Berechnen Sie die Stückdeckungsbeiträge der drei Drucker, wenn die Verkaufspreise 490 € für den Drucker D_1, 320 € für den Drucker D_2 und 635 € für den Drucker D_3 betragen. 8

4 Es hat sich gezeigt, dass die Drucker D_1, D_2 und D_3 im Verhältnis 2 : 4 : 1 nachgefragt werden. In einem Produktionszeitraum stehen von den Basisteilen B_3 1960 Stück und von B_4 1824 Stück zur Verfügung, B_1 und B_2 sind ausreichend vorhanden. Ermitteln Sie die maximal möglichen Produktionszahlen der Drucker und den genauen Bedarf an Basisteilen B_1 bis B_4. 4

5 In einem Nebenwerk von Druckfix werden aus denselben Komponenten ähnliche Drucker (D_4 bis D_6) für ein anderes Marktsegment zusammengebaut. Die folgende Tabelle gibt die Komponenten je Drucker an.

	D_4	D_5	D_6
K_1	2	2	4
K_2	5	3	6
K_3	8	4	8

Es stehen 220 Komponenten K_1, 370 Komponenten K_2 und 520 Komponenten K_3 zur Verfügung. Beurteilen Sie, welche Produktionszahlen der Drucker D_4 bis D_6 möglich sind, so dass alle vorhandenen Komponenten aufgebraucht werden. 6

6 Marktvariationen führen zu Kostenschwankungen der Basisteile B_1 und B_2. Die Kosten der Basisteile B_3 und B_4 bleiben unverändert. Diese Schwankungen werden durch den Kostenvektor ($3 - t^2$ $2 + t$ 5 1) mit dem positiven Parameter $t \in \mathbb{R}$ mit $t \geq 0$ beschrieben. Es gibt zurzeit Beschränkungen in den Einkaufspreisen: Basisteil B_1 sollte nicht mehr als 2,96 €/Stück und B_2 nicht mehr als 2,80 €/Stück kosten.

6.1 Ermitteln Sie den zulässigen Bereich für den Parameter $t \in \mathbb{R}$ mit $t \geq 0$, der obige Bedingung erfüllt. 4

6.2 Zeigen Sie, für welches t die gesamten Basisteilkosten des Druckers D_1 maximal und für welches t sie minimal werden. 5
(Berufskolleg NRW, 2010.)

45

Aufgabe 2   Lösung Seite 115/116

Der Markt für Anti-Schuppen-Shampoo wird von wenigen Herstellern beherrscht. Zwei konkurrierende Unternehmen Denkel und Brogta starten gleichzeitig aufwändige Werbeaktionen für ihr Produkt. Eine parallel dazu verlaufende Marktanalyse ergibt folgendes Kundenverhalten: 45 % der Denkel-Kunden halten dem Unternehmen die Treue, 25 % wechseln zu Brogta und 30 % kaufen ein Shampoo von anderen Herstellern; 20 % der Brogta-Kunden wechseln zu Denkel, genauso viele zu einem anderen Hersteller und der Rest sind Stammkunden von Brogta; 40 % der Kunden anderer Hersteller verbleiben bei diesen, 30 % wechseln zu Brogta und der Rest zu Denkel.
Die Marktuntersuchung liefert für den Monat März folgende Marktanteile:
   Denkel: 25 %, Brogta: 30 %,   andere Hersteller: 45 %

a) Stellen Sie das Käuferverhalten grafisch in einem Übergangsdiagramm und als Übergangsmatrix dar.
Die Werbeaktionen sollen über drei Monate durchgeführt werden. Berechnen Sie unter Berücksichtigung der Anfangsverteilung die Marktanteile nach den Werbeaktionen unter der Voraussetzung, dass die Kundenwanderung monatlich erfasst wird.
Beurteilen Sie den Erfolg der Werbemaßnahmen.
Sollte sich am Verbraucherverhalten nichts ändern, wird sich langfristig ein Gleichgewichtszustand ergeben. Ermitteln Sie den Fixvektor.

b) Durch weitere Marketingstrategien erzielen die Unternehmen Denkel und Brogta eine deutlich höhere Kundenbindung, so dass sich das Übergangsverhalten jetzt folgendermaßen darstellt:

von \ nach	Denkel	Brogta	Andere
Denkel	0,9	0	0,1
Brogta	0	0,8	0,2
Andere	0	0,5	0,5

Mehrere Monate nach Beginn der Marketingstrategien haben sich im Januar die Marktanteile $\vec{v}_{neu}$ = (0,3051   0,4068   0,2881) ergeben.
Ermitteln Sie die Marktanteile im Vormonat Dezember.
Untersuchen Sie die zukünftige langfristige Verteilung der Marktanteile.
Beurteilen Sie diese langfristige Entwicklung der Marktanteile unter Berücksichtigung der neuen Käuferwanderungen.

(Fachgymnasium Niedersachsen 2011.)

Aufgabe 3

Die Handys von Mobiltec werden in einem zweistufigen Produktionsprozess hergestellt. Mit Hilfe der Rohstoffe R_1 (Kunststoff), R_2 (Metall), R_3 (Glas) und R_4 (Sonstiges) werden in der ersten Stufe die Zwischenprodukte Z_1 (mechanische Komponenten), Z_2 (Gehäuseteile) und Z_3 (elektronische Komponenten) gefertigt. In der zweiten Produktionsstufe entstehen dann aus den Zwischenprodukten die Handytypen H_1, H_2 und H_3.
Der Werksleitung sind folgende Matrizen aus der Produktion bekannt:

$$B_{ZH} = \begin{pmatrix} 2 & 4 & 1 \\ 3 & 0 & 3 \\ 4 & 1 & 2 \end{pmatrix} \text{ und } C_{RH} = \begin{pmatrix} 17 & 14 & 10 \\ 16 & 8 & 14 \\ 28 & 9 & 17 \\ 9 & 12 & 6 \end{pmatrix}$$

Dabei gibt die Matrix B_{ZH} die Anzahl der Zwischenprodukte an, die zur Herstellung von je einem Handy benötigt werden. Die Matrix C_{RH} gibt die ME der Rohstoffe an, die zur Herstellung je eines Handys benötigt werden.

1. Berechnen Sie die Matrix A_{RZ}, die angibt, wie viele ME der einzelnen Rohstoffe für je ein Zwischenprodukt benötigt werden.

2. Für Handytyp H_1 soll der Stückdeckungsbeitrag 50 GE/ME, für H_2 25 GE/ME und für H_3 45 GE/ME betragen.
   Berechnen Sie die dafür nötigen Verkaufspreise je Handytyp, wenn folgende Kosten bekannt sind: Kosten für

Material und Fertigung der Zwischenprodukte:

	Z_1	Z_2	Z_3
GE/ME	2	3	4,5

die Fertigung der Handys:

	H_1	H_2	H_3
GE/ME	9	7,5	10

3. Die Handytypen durchlaufen in der Produktion zwei verschiedene Maschinen A und B. Der Zeitbedarf auf Maschine A beträgt für Produkt H_1 3 min/ME, für H_2 5 min/ME und für H_3 ebenfalls 5 min/ME. Insgesamt kann auf Maschine A höchstens 600 min/Tag produziert werden. Der Zeitbedarf auf Maschine B beträgt für Produkt H_1 5 min/ME und für H_3 10 min/ME. Für die Produktion von H_2 wird diese Maschine nicht benötigt. Insgesamt kann auf Maschine B höchstens 900 min/Tag produziert werden.
   Wegen der begrenzten Nachfrage sollen von H_1 höchstens 50 ME/Tag produziert werden. Die Stückdeckungsbeiträge liegen weiterhin bei 50 GE/ME für H_1, 25 GE/ME für H_2 und 45 GE/ME für H_3.
   Der Gesamtdeckungsbeitrag soll maximiert werden.

Aufgabe 3 Seite 2/2

3.1 Stellen Sie die nötigen Bedingungen (Restriktionen) und die Zielfunktion auf.

3.2 Leiten Sie mit Hilfe des Simplex-Algorithmus den maximalen Gesamtdeckungsbeitrag her.

3.3 Interpretieren Sie Ihr Ergebnis aus 3.2 im Hinblick auf die optimalen Produktionsmengen und auf freibleibende Kapazitäten.

4 Für die kommende Produktionsperiode ist geplant, die Handys im Stückzahlverhältnis $H_1 : H_2 : H_3$ von $2 : 5 : 4$ herzustellen.
Im Lager befinden sich noch 980 000 ME von Z_1, 580 000 ME von Z_2 und 800 000 ME von Z_3. Der Bestand von Z_1 soll vollständig aufgebraucht werden. Berechnen Sie, wie viele ME von H_1 produziert werden können und wie hoch der Restbestand bzw. der Bedarf an Z_2 und Z_3 ist.

5 Das Lagerkontrollsystem gibt einen Bestand von 180 000 ME Z_1, 210 000 ME von Z_2 und 220 000 ME von Z_3 an. Die Daten in der Matrix B_{ZH} können sich geringfügig um den Wert k ändern: $B_{ZH} = \begin{pmatrix} 2 & 4+k & 1 \\ 3 & 0 & 3-k \\ 4 & 1+k & 2 \end{pmatrix}$

Prüfen Sie, für welche Werte von k die Lagerbestände restlos aufgebraucht werden können.

(Berufskolleg NRW, 2011.)

Aufgabe 4

Lösung Seite 118/119

Der Pharmakonzern Harma AG stellt schmerzlindernde Präparate wie *Niap free* oder *Niap vita* als klassische Tablette, Brausetablette, Granulat oder Kautablette her.

3   Für die Produktion von *Niap free* (S_1) und *Niap vita* (S_2) werden aus vier Rohstoffen R_1, R_2, R_3 und R_4 zunächst drei Zwischenprodukte Z_1, Z_2 und Z_3 hergestellt, die dann zu den Endprodukten S_1 und S_2 weiterverarbeitet werden. Die mengenmäßige Verflechtung zwischen den Stufen ist den folgenden Matrizen zu entnehmen.

$$A_{RZ} = \begin{pmatrix} 2-d & 3 & 0 \\ 1 & 4 & 0 \\ 0 & 1 & 1 \\ 2d^2 + d & 2 & 3 \end{pmatrix} \quad B_{ZS} = \begin{pmatrix} 2 & 4 \\ 1 & 4 \\ 0 & 2 \end{pmatrix} \quad d \in \mathbb{R} \text{ mit } 0 \leq d \leq 2$$

Der Parameter d beschreibt dabei die Möglichkeit, Rohstoffe gegenseitig auszutauschen.

3.1 Untersuchen Sie, für welchen Wert von d sich der Rohstoff R_4 in der Produktion von Z_1 vollständig ersetzen lässt und bei welchem Wert von d für eine ME von Z_1 gleiche Mengen von R_1 und R_4 benötigt werden. — 4

3.2 Berechnen Sie die Matrix C_{RS}, die den Zusammenhang zwischen den Rohstoffen und den Endprodukten S_1 und S_2 in Abhängigkeit vom Parameter d angibt. — 6

3.3 Die Kosten für die Rohstoffe sind folgender Tabelle zu entnehmen: — 4

Rohstoff	R_1	R_2	R_3	R_4
Kosten in GE/ME	7	4	5	4

Berechnen Sie die Rohstoffkosten pro ME von S_1 und S_2 in Abhängigkeit von d.

Gehen Sie im Folgenden davon aus, dass die Rohstoffkosten für S_1 pro ME $16d^2 - 6d + 86$ GE und für S_2 pro ME $32d^2 - 12d + 306$ GE betragen.

3.4 Bestätigen Sie, dass die minimalen gesamten Rohstoffkosten zur Herstellung von 100 ME von S_1 und 100 ME von S_2 über 39 000 GE liegen. — 6

3.5 Erfahrungsgemäß werden S_1 und S_2 im Mengenverhältnis 1:1 produziert. In der vorangegangenen Periode wurde mit d = 0 gefertigt. Durch eine Umstellung auf $d = \frac{3}{16}$ sollen die Rohstoffkosten gesenkt werden. Leiten Sie her, bei welchen Produktionsmengen sich eine Ersparnis von 1 000 GE ergibt. — 5

(Teile aus Berufskolleg 2014 NRW)

Aufgabe 5

Lösung Seite 119/120

Ein Wahlforschungsinstitut soll jährlich prognostizieren, wie sich die Parteienlandschaft durch die Wählerwanderungen ändern wird. Dabei unterscheidet man zwischen Stammwählern - Wähler, die einer Partei treu bleiben - und Wechselwählern. Die Erhebung der Primärdaten hat folgendes ergeben:

Wanderung der Wählerschaft

von \ nach	CDU	SPD	FDP	Grüne/Linke andere	Gesamt
CDU	17400	3300	400	800	21900
SPD	5200	16900	900	1300	24300
FDP	1300	500	6000	1100	8900
Grüne/Linke andere	2500	2500	900	14000	19900

a) Entwickeln Sie aus der Tabelle „Wanderung der Wählerschaft" eine (3×3)-Übergangsmatrix unter der Voraussetzung, dass die Daten der zwei Parteien mit der größten absoluten Stammwählerschaft übernommen werden und die Daten der restlichen Parteien unter „Sonstige" zusammengefasst werden.

Erstellen Sie eine Prognose für die nächste Wahl in drei Jahren unter der Bedingung, dass der Vektor $\vec{v}_{Start}$ = (0,33 0,23 0,44) das Wahlergebnis bei der letzten Wahl darstellt. Zeichnen Sie für die Wahl in drei Jahren das Übergangsdiagramm.

b) Bestimmen Sie mithilfe der unten stehenden Tabelle die Prognosen für 10 Jahre und für 30 Jahre. Erläutern Sie Ihre Ergebnisse im Sinne einer langfristigen Prognose für die Entwicklung der Parteienlandschaft. Erläutern Sie den mathematischen Ansatz zur Ermittlung der langfristigen Prognose.

von \ nach	CDU	SPD	FDP	Grüne	Sonstige
CDU	79,45 %	15,07 %	1,83 %	0,91 %	a
SPD	21,40 %	69,55 %	3,70 %	2,47 %	b
FDP	14,61 %	5,62 %	67,42 %	4,49 %	c
Grüne	12,87 %	10,89 %	2,97 %	66,34 %	d
Sonstige	12,24 %	14,29 %	6,12 %	7,14 %	e

(Fachgymnasium Niedersachsen 2010.)

Aufgabe 6

Der Küchenhersteller K-Küchen stellt für die neue Comfortküche aus Furnierplatten (E_1), Scharnieren (E_2), Einlegeböden (E_3) und Edelstahlgriffen (E_4) zunächst drei Schrankelemente Z_1, Z_2 und Z_3 und daraus schließlich zwei Schranktypen F_1 und F_2 her.
Der Materialfluss in Stück des jeweiligen Folgeproduktes ist durch die beiden folgenden Tabellen gegeben.

	Z_1	Z_2	Z_3
E_1	5	7	3
E_2	8	11	7
E_3	2	0	1
E_4	3	6	0

	F_1	F_2
Z_1	7	3
Z_2	2	6
Z_3	10	15

Bei der Produktion fallen die nachfolgenden Material- und Fertigungskosten (in Euro pro Stück) an, wobei die verwendete Qualität und damit auch der Einkaufspreis der Einlegeböden E_3 abhängig von $t \in \mathbb{R}$ ist:

E_1	E_2	E_3	E_4
5	0,5	4 – t	3

Z_1	Z_2	Z_3
11	14	17

F_1	F_2
36	42

2.1 Schranktyp F_1 wird für 1150 € pro Stück und Schranktyp 2 F für 1 240 € pro Stück verkauft.

2.1.1 Bestimmen Sie die variablen Stückkosten für die beiden Schranktypen F_1 und F_2 in Abhängigkeit vom Parameter t. **9**

Kontrollergebnis:

	F_1	F_2
Variable Stückkosten [€/Stück]	975 – 24t	1240,5 – 21t

2.1.2 Interpretieren Sie die sich aus 2.1.1 ergebenden Stückdeckungsbeiträge, wenn die Einlegeböden E_3 zum Preis von 4 € pro Stück eingekauft werden. **4**

2.1.3 Die Tagesproduktion beträgt 120 Stück von F_1 und 100 Stück von F_2. **4**
Berechnen Sie den beim Verkauf der Tagesproduktion erzielten Gewinn, wenn Fixkosten in Höhe von 12 400 € zu berücksichtigen sind und die Einlegeböden E_3 zum Preis von 4 € pro Stück eingekauft werden.

Aufgabe 6   Seite 2/2

2.2 Wegen einer Umstrukturierung des Lagers sollen die derzeit vorrätigen Furnierplatten E_1 und Scharniere E_2 vollständig zu Schrankelementen (Z_1, Z_2 und Z_3) verarbeitet werden. Im Lager befinden sich noch 2 200 Stück von E_1 und 4 050 Stück von E_2. Die beiden anderen Einzelteile (E_3 und E_4) können auch kurzfristig in beliebiger Menge besorgt werden.

Das zur Berechnung des Lagerräumungsproblems notwendige Lineare Gleichungssystem $\begin{pmatrix} 5 & 7 & 3 \\ 8 & 11 & 7 \\ 2 & 0 & 1 \\ 3 & 6 & 0 \end{pmatrix} \begin{pmatrix} z_1 \\ z_2 \\ z_3 \end{pmatrix} = \begin{pmatrix} 2200 \\ 4050 \\ x \\ y \end{pmatrix}$ führt nach einigen Umformungen zu folgender

erweiterten Koeffizientenmatrix: $\begin{pmatrix} 5 & 7 & 3 & | & 2200 \\ 0 & -1 & 11 & | & 2650 \\ 0 & 0 & 155 & | & -5x + 41500 \\ 0 & 0 & 0 & | & 450x + 755y - 1061250 \end{pmatrix}$

2.2.1 Erläutern Sie aus rein mathematischer Sicht mit Hilfe des Rangkriteriums die Lösbarkeit dieses Gleichungssystems. 4

2.2.2 Leiten Sie **ausschließlich anhand der letzten beiden Zeilen** der angegebenen erweiterten Koeffizientenmatrix ökonomisch zulässige Bereiche für die benötigten Stückzahlen x und y her. 6

2.3 Aus einem Restbestand von 2 200 Furnierplatten (E_1) sollen Schrankelemente (Z_1, Z_2 und Z_3) gefertigt werden (vgl. Rohstoff-Zwischenproduktmatrix), die an einen anderen Küchenhersteller zum Sonderpreis verkauft werden. Allerdings nimmt dieser Hersteller maximal 300 Schrankelemente Z_2 und maximal 200 Schrankelemente Z_3 ab. Fehlende Scharniere E_2, Einlegeböden E_3 und Edelstahlgriffe E_4 können in beliebiger Menge besorgt werden.

Für die Stückdeckungsbeiträge von 70 € für Z_1, 50 € für Z_2 und 60 € für Z_3 soll der Gesamtdeckungsbeitrag maximiert werden.

2.3.1 Geben Sie die Restriktionen und die Zielfunktion des Maximierungsproblems an. 6

2.3.2 Ermitteln Sie mit Hilfe des Simplexverfahrens das optimale Tableau. 9

2.3.3 Interpretieren Sie das Tableau hinsichtlich der optimalen Produktionszahlen, des optimalen Gesamtdeckungsbeitrags und ggf. überschüssiger Kapazitäten. 3
(Berufskolleg NRW, 2012.)

Aufgabe 7

Die Umsätze im Möbelhandel einer Region sind unter den beiden Handelsgruppen P und G und dem Rest R aufgeteilt.
Zum Zeitpunkt einer Marktanalyse (t = 0) waren die Anteile folgende: P hatte 30 % Marktanteil, G hatte 40 % und der Rest R 30 %. Die jährlichen Übergänge zwischen den drei Gruppen stellt der Graph rechts dar. Es wird erwartet, dass die jährliche Entwicklung sich in der beschriebenen Weise fortsetzen wird, wenn keine Maßnahmen getroffen werden.

Lösung Seite 123/124

a) Rechts ist die Darstellung der Kundenentwicklung in einer Übergangsmatrix M begonnen worden. Bestimmen Sie die Matrix M vollständig.
$$M = \begin{pmatrix} 0{,}50 & .. & 0{,}30 \\ .. & .. & 0{,}22 \\ .. & .. & .. \end{pmatrix}$$
Bestimmen Sie die Aussage der Matrix M anhand der ersten Zeile.
Berechnen Sie die Kundenanteile für t = 1 und für t = 2.
Interpretieren Sie das Ergebnis für die Handelsgruppe P.

b) Um den Marktanteil von P zu erhöhen, werden der Firma von einem Beratungsinstitut zwei mögliche Werbestrategien als Alternativen vorgeschlagen:
Strategie A: Maßnahmen zur Erhöhung der Kundentreue
Damit würden, so wurde ermittelt, dann ein Jahr später statt 50 % nunmehr 60 % noch P treu sein und nur 15 % zu G und 25 % zum Rest abwandern.
Die übrigen Zahlen bleiben gleich.
Strategie B: Abwerben von Konkurrenten
Damit würde P 24 % von G (statt 20 %) und 28 % von R (statt 20 %) gewinnen, jeweils auf Kosten von G- bzw. R-treuen Kunden.
Erstellen Sie für beide Strategien passend abgeänderte Übergangsmatrizen A bzw. B.
Ermitteln Sie damit, ausgehend von den Anteilen für t = 0, die Marktanteile für t = 2.
Interpretieren Sie das Ergebnis beider Strategien aus der Sicht der Handelsgruppe P.

c) Die Matrix S mit $S = \begin{pmatrix} 0{,}4 & a & b \\ a & 0{,}6 & c \\ b & c & 0{,}5 \end{pmatrix}$ ist symmetrisch zur Hauptdiagonalen, die durch die Zahlen 0,4 und 0,6 und 0,5 gebildet wird.
Bestimmen Sie die Parameter a, b und c so, dass S eine symmetrische Übergangsmatrix ist, bei der alle Zeilensummen gleich 1 sind. Beschreiben Sie, wie sich die Symmetrie einer Übergangsmatrix S in dem zu S gehörigen Übergangsgraphen zeigt.
(Abitur 2010, Niedersachsen.)

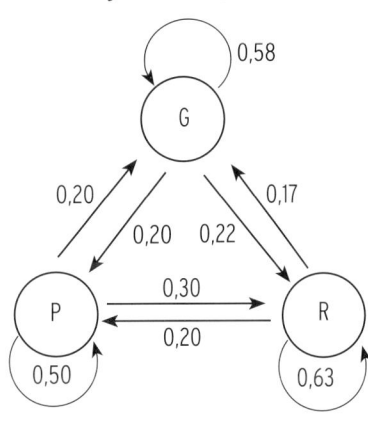

Aufgabe 8

Seite 1/2   Lösung Seite 124 - 126

Punkte

Für Trikots bezieht das Textilunternehmen drei Sorten von Stoffen (R_1 bis R_3), die zunächst eingefärbt und geschnitten werden (zu Z_1 und Z_2) und anschließend zu den fertigen Trikots (E_1 bis E_3) verarbeitet werden.

Unterschiedliche Qualitäten der Rohstoffe verändern den Materialverbrauch der Zwischenerzeugnisse und die Einkaufspreise der Rohstoffe. Die zugrundeliegenden Stücklisten (Angaben in Mengeneinheiten ME) mit dem qualitätsabhängigen Parameter $k \geq 0$ sind in den folgenden Tabellen angegeben:

	Z_1	Z_2	Z_3
R_1	2	k	2
R_2	1	2	2k
R_3	2	2	2

	E_1	E_2	E_3
Z_1	2	1	1
Z_2	4	0	1
Z_3	2	2	2

1 Für einen Kundenauftrag von 400 ME von E_1, 500 ME von E_2 und 200 ME von E_3 wurden 14 600 ME von R_1, 22 700 ME von R_2 und 11 000 ME von R_3 verarbeitet. Bestimmen Sie die Qualitätsstufe k der Rohstoffe für diese Produktion.   6

2 Nach Abwicklung der aktuellen Aufträge verbleiben im Lager von Rohstoffen der Qualitätsstufe k = 2 noch jeweils 600 ME von R_1 und von R_3 sowie 740 ME von R_2. Prüfen Sie, ob das Lager für Endprodukte vollständig geleert werden kann. Ermitteln Sie zwei Möglichkeiten der Rohstoffverwendung.   8

3 Bei der Produktion fallen Rohstoffkosten, sowie Fertigungskosten für die Zwischen- und Endprodukte an. Die folgenden Tabellen geben Auskunft über die Höhe der einzelnen Kostenpositionen in GE/ME:

Rohstoffkosten:			Fertigungskosten der Zwischenprodukte:			Fertigungskosten der Endprodukte:		
$2 - \frac{1}{10}k$	$3 - \frac{1}{3}k$	2,50	$8 + \frac{1}{20}k$	$10 + \frac{1}{8}k$	6,50	7,00	6,00	5,00

3.1 Ermitteln Sie den ökonomisch sinnvollen Definitionsbereich für den Parameter k.   4

3.2 Der Vertriebsleiter schlägt für Produkte, die mit der höheren Qualitätsstufe k = 3 gefertigt worden sind, folgende Verkaufspreise vor: 200,00 GE für eine ME von E_1, 78,35 GE für eine ME von E_2 und 100,00 GE für eine ME von E_3. Bewerten Sie den Vorschlag aus ökonomischer Sicht.   5

Aufgabe 8

4 Aus den Stoffsorten S_1, S_2 und S_3 werden die zwei Trikotsorten M_1 und M_2 für Männer gefertigt. Der Materialbedarf für die Produktion ist in folgender Tabelle in Mengeneinheiten angegeben.

	M_1	M_2
S_1	12	10
S_2	6	15
S_3	3	18

Von Rohstoff S_1 stehen noch 500 ME zur Verfügung und von Rohstoff S_2 können noch bis zu 300 ME verarbeitet werden. Von Rohstoff S_3 sollen mindestens 90 ME verarbeitet werden. Die Stückdeckungsbeiträge der Endprodukte betragen 20 GE/ME für M_1 und 10 GE/ME für M_2.
Der Verbrauch der Rohstoffe soll so optimiert werden, dass der Deckungsbeitrag maximal wird.

4.1 Bestimmen Sie das zugehörige Ungleichungssystem und die Gleichung der Zielfunktion.

4.2 Ermitteln Sie grafisch den maximalen Gesamtdeckungsbeitrag und die dabei zu Grunde liegenden Mengen der Endprodukte M_1 und M_2.

Es wird befürchtet, dass der Stückdeckungsbeitrag von M_1 sinken könnte.

4.3 Beurteilen Sie, ob sich die optimale Mengenkombination verändert, wenn der Stückdeckungsbeitrag von M_1 um 5 GE/ME sinkt.

4.4 Leiten Sie her, um wie viel GE/ME der Stückdeckungsbeitrag von M_1 sinken kann, ohne dass sich die optimale Mengenkombination verändert:

(Abitur Berufskolleg NRW 2011.)

Aufgabe 9

Lösung Seite 127

Punkte

Das Unternehmen Kaffeeduft hat sich auf die Produktion und den Verkauf von Kaffeekapseln und den zugehörigen Kaffeemaschinen spezialisiert.

Die Kapseln zur Kaffeezubereitung werden in den drei Endprodukten Espresso, Grande und Cappuccino angeboten. Espresso soll zukünftig in drei verschiedenen Qualitätsstufen Q_1, Q_2 und Q_3 angeboten werden.

Der Rösterei stehen dazu maximal 600 Minuten pro Tag zur Verfügung.

Qualitätsstufe	Q_1	Q_2	Q_3
Zeitaufwand der Rösterei für eine ME in der jeweiligen Qualitätsstufe in Minuten	2	4	8

Der tägliche Absatz ist beschränkt. Vom Espresso der Qualitätsstufe Q_3 können maximal 15 ME abgesetzt werden, die Absatzmengen in den Qualitätsstufen Q_1 und Q_2 können zusammen 100 ME nicht überschreiten. Das Unternehmen möchte den Gesamtdeckungsbeitrag maximieren.

Qualitätsstufe	Q_1	Q_2	Q_3
Deckungsbeitrag in der jeweiligen Qualitätsstufe in Euro pro ME	45	60	80

1 Geben Sie die Restriktionen und die Zielfunktion des Maximierungsproblems an.   6

2 Ermitteln Sie entsprechend des Simplexverfahrens das Anfangstableau und das darauf folgende Tableau.   8

3 Erläutern Sie, dass es sich bei dem folgenden Tableau um das optimale Tableau handelt.

x_1	x_2	x_3	u_1	u_2	u_3	
−2	0	0	1	−8	−4	80
0	0	1	0	1	0	15
1	1	0	0	0	1	100
−15	0	0	0	−80	−60	$Z - 7200$

   2

4 Leiten Sie aus dem Tableau in 3 alle für das Unternehmen Kaffeeduft relevanten Informationen her.   5

(Abitur Berufskolleg NRW 2015)

Aufgaben zur Prüfungsvorbereitung

Aufgabe 10   Lösung Seite 128

In einer Kleinstadt mit 70000 Einwohnern sollen die Baugebiete, die in 10 Perioden benötigt werden, ausgewiesen werden. Dazu benötigt der Stadtrat Erkenntnisse über die Bevölkerungswanderung und über die Wünsche in Bezug auf die Wohngebiete. Die Stadt hat die Möglichkeit in der Nähe der Innenstadt (Innenstadtnähe W_1), in einem angrenzenden Waldgebiet (Naturwohngebiet W_2) und auf ehemaligen Feldern am Rand der Stadt (Neubaugebiet W_3) Baugebiete auszuschreiben. Ähnliche Wohngebiete existieren jetzt schon. Zurzeit lebt 10% der Bevölkerung in Innenstadtnähe, 35% in Naturwohngebieten und 55% der Bevölkerung in Neubaugebieten. Man geht davon aus, dass sich das Wechselverhalten in den betrachteten Perioden nicht ändert.

a) Um herauszufinden, welche Gebiete zu Baugebieten erklärt werden müssen, benötigt der Stadtrat Informationen über die Wechselneigungen der Menschen und die Daten der Bevölkerungsentwicklung in den einzelnen Wohngebieten von der Vorperiode bis zur übernächsten Periode.
Als Grundlage dienen folgende zusätzliche Informationen:

von \ nach	Innenstadtnähe W_1	Naturwohngebiet W_2	Neubaugebiet W_3
Innenstadtnähe W_1	0,5	0,4	a
Naturwohngebiet W_2	b	0,8	0,15
Neubaugebiet W_3	0,1	c	0,7

$\vec{v}_0 = (v_{W_1} \; v_{W_2} \; v_{W_3})$ Berechnen Sie die fehlenden Werte a, b und c.
Ermitteln Sie für die geforderten Perioden die Bevölkerungszahlen für die drei Wohngebiete. Beschreiben Sie den Entwicklungsverlauf.   (13 BE)

b) Bestimmen Sie die langfristige Entwicklung der Bevölkerungszahlen in den einzelnen Wohngebieten mithilfe der Übergangsmatrix $A = \begin{pmatrix} 0,5 & 0,4 & 0,1 \\ 0,05 & 0,8 & 0,15 \\ 0,1 & 0,2 & 0,7 \end{pmatrix}$.
Interpretieren Sie die ermittelten Werte für die Stadtratssitzung.   (10 BE)

(Abitur Niedersachsen)

Aufgabe 11   Seite 1/2   Lösung Seite 129

Nach den Modernisierungsmaßnahmen sollen neue Werbekampagnen geschaltet werden; dafür wurde eine Marktforschung durchgeführt. Diese hat ergeben, dass der aktuelle Marktanteil von TopFit bei 20 % liegt, SADIDA und AMUP teilen sich hälftig den verbleibenden Marktanteil im Segment Sportbekleidung.
Die folgende Graphik veranschaulicht die Kundenwanderung:

Aufgabe 11

```
         0,2
TopFit  ───→  SADIDA
     ←───
        0,1
   ↘  0,15   0,35 ↗
 0,25              0,3
      ↘    ↙
        AMUP
```

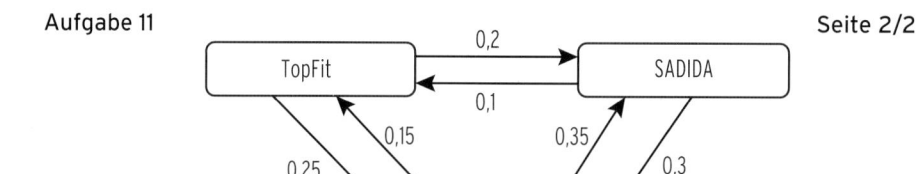

- Wenn der Marktanteil in der nächsten Periode t = 1 voraussichtlich auf mehr als 22 % steigt, dann soll nur Werbung in Zeitschriften geschaltet werden.
- Wenn der Marktanteil in der übernächsten Periode t = 2 voraussichtlich unter 23 % liegt, dann soll ein Kino-Spot in der Periode geschaltet werden.
- Wenn der Marktanteil langfristig voraussichtlich unter 25 % bleibt, dann sollen Modenschauen in Shopping-Centern mithilfe von Sportvereinen organisiert werden.
- Wenn die Steigerung des Marktanteils von der Vorperiode bis zur nächsten Periode konstant bleibt, dann soll die Werbeagentur nicht gewechselt werden.

Untersuchen Sie, welche Werbemaßnahmen umgesetzt werden sollten, und ob die Werbeagentur weitere Aufträge erhält. (10 BE)

(Abitur Niedersachsen)

Aufgabe 12

Lösung Seite 130

In einer Kleinstadt wird ein Neubaugebiet für 500 Wohneinheiten erschlossen. Ein Neubaugebiet erhält bei der Erschließung Rohrleitungen für Strom, Gas und Wasser sowie Glasfaserkabel für TV, Telefon und Internet. Der einzige ortsansässige Anbieter Digitalia für TV, Telefon und Internet benötigt eine Prognose, wie viele Wohneinheiten sich beim Einzug für einen Anschluss der Konkurrenz entscheiden werden und wie die langfristige Prognose der Marktanteile in diesem Baugebiet ausfallen wird. Aus einem vergleichbaren Neubaugebiet ist bekannt, dass zu Beginn 35 % der Wohneinheiten von dem ortsansässigen Unternehmen versorgt werden, 50 % von deutschlandweiten Anbietern und alle anderen von Anbietern aus Niedersachsen. Das Wechselverhalten verhält sich erfahrungsgemäß wie folgt:

von \ nach	ortsansässiger Anbieter	deutschlandweiter Anbieter	Anbieter aus Niedersachsen
ortsansässiger Anbieter	85 %	10 %	5 %
deutschlandweiter Anbieter	30 %	55 %	15 %
Anbieter aus Niedersachsen	30 %	10 %	60 %

Untersuchen Sie für Digitalia, wie groß ihr Marktanteil zu Beginn, nach einem und nach zwei Jahren sowie langfristig sein wird. (12 BE)

(Abitur Niedersachsen)

Lösungen - Aufgaben zur Prüfungsvorbereitung Lineare Algebra

Lösung Aufgabe 1   Seite 1/2   (Aufgabe Seite 98/99)

1 $A_{BK} = \begin{pmatrix} 2 & 3 & 1 \\ a & 1 & 0 \\ 3 & b & 2 \\ 1 & 5 & c \end{pmatrix}$; $B_{KD} = \begin{pmatrix} 2 & 1 & 4 \\ 5 & 3 & 6 \\ 7 & 4 & 8 \end{pmatrix}$

Es gilt: $A_{BK} \cdot B_{KD} = C_{BD}$

Durch geeignete Multiplikation erhält man ein LGS für a, b und c:

z. B.   2. Zeile von A_{BK} · 1. Spalte von B_{KD}: $2a + 5 = 13 \Rightarrow a = 4$

3. Zeile von A_{BK} · 1. Spalte von B_{KD}: $6 + 5b + 14 = 50 \Rightarrow b = 6$

4. Zeile von A_{BK} · 1. Spalte von B_{KD}: $2 + 25 + 7c = 41 \Rightarrow c = 2$

Die Lösungen werden anhand der weiteren Gleichungen bestätigt.

2.1 Inversenbildung von B_{KD} mit dem GTR:

$B_{KD}^{-1} = \begin{pmatrix} 0 & -4 & 3 \\ -1 & 6 & -4 \\ 0,5 & 0,5 & -0,5 \end{pmatrix}$

Sofern B_{KD}^{-1} existiert, folgt aus $A_{BK} \cdot B_{KD} = C_{BD} \Rightarrow A_{BK} = C_{BD} \cdot B_{KD}^{-1}$

$A_{BK} = \begin{pmatrix} 26 & 15 & 34 \\ 13 & 7 & 22 \\ 50 & 29 & 64 \\ 41 & 24 & 50 \end{pmatrix} \cdot \begin{pmatrix} 0 & -4 & 3 \\ -1 & 6 & -4 \\ 0,5 & 0,5 & -0,5 \end{pmatrix} = \begin{pmatrix} 2 & 3 & 1 \\ 4 & 1 & 0 \\ 3 & 6 & 2 \\ 1 & 5 & 2 \end{pmatrix}$

2.2 Nein, das Verfahren lässt sich nicht auf beliebige zweistufige Prozesse übertragen, da die Matrix B quadratisch sein muss als Voraussetzung für die Invertierbarkeit. Darüber hinaus muss gelten Rg(B) = n (Zeilenzahl n) oder det (B) ≠ 0.

3 Variable Herstellungskosten je Drucker

$\vec{k}_v = \vec{k}_B \cdot C_{BD} + \vec{k}_K \cdot B_{KD} + \vec{k}_D$

$= (3 \quad 2 \quad 5 \quad 1) \begin{pmatrix} 26 & 15 & 34 \\ 13 & 7 & 22 \\ 50 & 29 & 64 \\ 41 & 24 & 50 \end{pmatrix} + (3 \quad 2 \quad 4) \begin{pmatrix} 2 & 1 & 4 \\ 5 & 3 & 6 \\ 7 & 4 & 8 \end{pmatrix} + (22 \quad 27 \quad 18)$

$= (395 \quad 228 \quad 516) + (44 \quad 25 \quad 56) + (22 \quad 27 \quad 18) = (461 \quad 280 \quad 590)$

Die variablen Kosten des Druckers D_1 betragen 461 €, die von D_2 280 € und die von D_3 590 €.

Deckungsbeitrag = Verkaufserlös - variable Kosten

Stückdeckungsbeitrag für D_1: 490 € − 461 € = **29 €**; für D_2: 320 € − 280 € = **40 €** für D_3: 635 € − 590 € = **45 €**.

Lösung Aufgabe 1

4 x: Anzahl der Drucker D_3

Bedarf an Basisteilen für $\begin{pmatrix} 2x \\ 4x \\ x \end{pmatrix}$ Drucker: $C_{BD} \cdot \begin{pmatrix} 2x \\ 4x \\ x \end{pmatrix} = \begin{pmatrix} 146x \\ 76x \\ 280x \\ 228x \end{pmatrix}$

Bedingungen für x: $\quad 280x \leq 1960 \Leftrightarrow x \leq 7$

$\quad\quad\quad\quad\quad\quad\quad\quad 228x \leq 1824 \Leftrightarrow x \leq 8$

Beide Bedingungen sind erfüllt für $x \leq 7$.
Es können also maximal 14 Drucker D_1, 28 Drucker D_2 und 7 Drucker D_3 hergestellt werden. Hierfür werden $146 \cdot 7 = 1022$ Basisteile B_1, $76 \cdot 7 = 532$ Basisteile B_2, 1960 Basisteile B_3 und $228 \cdot 7 = 1596$ Basisteile B_4 benötigt.

5 LGS für x_1, x_2, x_3 Anzahl der Drucker D_4 bis D_6: $\quad B_{KD} \cdot \begin{pmatrix} x_1 \\ x_2 \\ x_3 \end{pmatrix} = \begin{pmatrix} 220 \\ 370 \\ 520 \end{pmatrix}$

Auflösung mit dem Gauß-Algorithmus

$\left(\begin{array}{ccc|c} 2 & 2 & 4 & 220 \\ 5 & 3 & 6 & 370 \\ 8 & 4 & 8 & 520 \end{array} \right) \sim \left(\begin{array}{ccc|c} 2 & 2 & 4 & 220 \\ 0 & 4 & -8 & -360 \\ 0 & -8 & -16 & -720 \end{array} \right) \sim \left(\begin{array}{ccc|c} 2 & 2 & 4 & 220 \\ 0 & -4 & -8 & -360 \\ 0 & 0 & 0 & 0 \end{array} \right)$

Das LGS ist **mehrdeutig** lösbar.

Mit $x_3 = t$ erhält man den Lösungsvektor $\vec{x} = \begin{pmatrix} 20 \\ 90 - 2t \\ t \end{pmatrix}; t \geq 0$.

Bedingungen für die Lösung: $t \geq 0$ und $90 - 2t \geq 0 \Leftrightarrow 0 \leq t \leq 45$
In jedem Fall werden 20 Drucker D_4 gebaut. Es können zwischen 0 und 45 Drucker D_6 (x_3) gebaut werden, von Drucker D_5 werden dann $90 - 2x_3$ gebaut.

6.1 Bedingungen für t: $\quad 3 - t^2 \leq 2{,}96 \Leftrightarrow t^2 \geq 0{,}04 \Leftrightarrow t \geq 0{,}2 \vee t \leq -0{,}2$

$\quad\quad\quad\quad\quad$ und $\quad 2 + t \leq 2{,}80 \Leftrightarrow t \leq 0{,}80$

Wegen $t \geq 0$ gilt für den zulässigen Bereich: $0{,}2 \leq t \leq 0{,}8$

6.2 Gesamte Basisteilekosten des Druckers D_1: Kostenvektor · 1. Spalte von C_{BD}

$(3 - t^2 \quad 2 + t \quad 5 \quad 1) \begin{pmatrix} 26 \\ 13 \\ 50 \\ 41 \end{pmatrix} = -26t^2 + 13t + 395$

Die zugehörige Parabel ist nach unten geöffnet, hat im Scheitel ihr Maximum und ihr Minimum am Rand ($t = 0{,}2$ oder $t = 0{,}8$).

Maximum: 1. Ableitung = 0 $\quad -52t + 13 = 0 \Leftrightarrow t = 0{,}25$ Maximalstelle

Randwertbetrachtung: $\quad -26(0{,}2)^2 + 13 \cdot 0{,}2 + 395 = 396{,}56$

$\quad\quad\quad\quad\quad\quad\quad\quad\quad -26(0{,}8)^2 + 13 \cdot 0{,}8 + 395 = 388{,}76$

Die gesamten Basisteilkosten von D_1 sind maximal in $t = 0{,}25$ und minimal in $t = 0{,}8$.

Lösung Aufgabe 2 Seite 1/2 (Aufgabe Seite 100)

a) Übergangsdiagramm

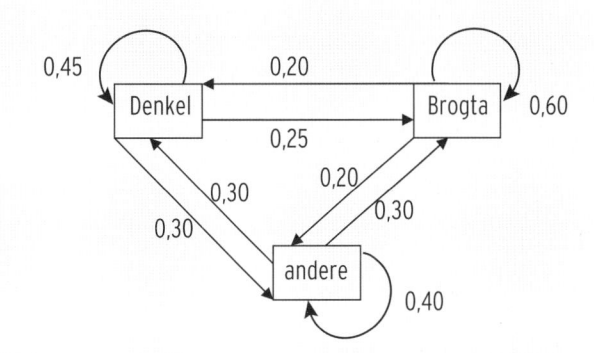

Übergangsmatrix

$$A = \begin{pmatrix} 0{,}45 & 0{,}25 & 0{,}30 \\ 0{,}20 & 0{,}60 & 0{,}20 \\ 0{,}30 & 0{,}30 & 0{,}40 \end{pmatrix}$$

(Zeilensumme = 1)

Marktanteile nach der Werbeaktion

$\vec{v}_3 = \vec{v}_{Start} \cdot A^3 = (0{,}25 \quad 0{,}30 \quad 0{,}45) \cdot A^3 = (0{,}3065 \quad 0{,}4039 \quad 0{,}2896)$

Hersteller Denkel hat nach der Werbeaktion seinen Marktanteil auf 30,65 % erhöht, Hersteller Brogta hat seinen Marktanteil ebenfalls erhöht und liegt jetzt bei 40,39 %, d. h. die Werbeaktion war erfolgreicher als bei Denkel, weil sein Marktanteil nicht mehr nur um 5% größer als bei Denkel ist, sondern um fast 10%.

Ermittlung des Fixvektors

Ermittlung der langfristigen Prognose mit $\vec{v} \cdot A = \vec{v}$

mit $x + y + z = 1 \Rightarrow z = 1 - x - y$

Einsetzen ergibt: $(x \quad y \quad 1-x-y) \cdot \begin{pmatrix} 0{,}45 & 0{,}25 & 0{,}30 \\ 0{,}20 & 0{,}60 & 0{,}20 \\ 0{,}30 & 0{,}30 & 0{,}40 \end{pmatrix} = (x \quad y \quad 1-x-y)$

LGS

$0{,}45x + 0{,}20y + 0{,}3(1 - x - y) = x$
$0{,}25x + 0{,}60y + 0{,}3(1 - x - y) = y$
$0{,}30x + 0{,}20y + 0{,}4(1 - x - y) = 1 - x - y$

Lösung: $x = 0{,}3051$; $y = 0{,}4068$; $z = 1 - x - y = 0{,}2881$

Fixvektor: $\vec{v} = (0{,}3051 \quad 0{,}4068 \quad 0{,}2881)$

b) Übergangsmatrix $A = \begin{pmatrix} 0{,}9 & 0 & 0{,}1 \\ 0 & 0{,}8 & 0{,}2 \\ 0 & 0{,}5 & 0{,}5 \end{pmatrix}$

Vorangegangener Zeitraum

$\vec{v}_{-1} = \vec{v}_{neu} \cdot A^{-1} = (0{,}3390 \quad 0{,}2543 \quad 0{,}4067)$

Hersteller Denkel hatte einen Marktanteil von 33,90 % und Hersteller Brogta von 25,43 % und die anderen Hersteller hatten zusammen einen Marktanteil von 40,67 %.

Grenzmatrix ermitteln: $\lim_{n \to \infty} A^n = \begin{pmatrix} 0 & 0{,}7143 & 0{,}2857 \\ 0 & 0{,}7143 & 0{,}2857 \\ 0 & 0{,}7143 & 0{,}2857 \end{pmatrix}$

Bemerkung: Berechnen Sie A^{20}.

Lösung Aufgabe 2 Seite 2/2

b) **Beurteilung:** Obwohl die Kundenbindung bei Denkel bei 90 % liegt, wird das Produkt des Unternehmens aus dem Markt gedrängt. Dies ist durch die Kundenwanderung zu erklären, denn von Brogta und von den anderen Herstellern gibt es keine Käuferwanderung zu Denkel. Von Denkel wandern aber monatlich 10 % zu anderen Herstellern ab. Auf lange Sicht erhält Brogta den größten Marktanteil in Höhe von 71,43 %.

Lösung Aufgabe 3 Seite 1/3 (Aufgabe Seite 101/102)

1 Es gilt folgender Zusammenhang: $A_{RZ} \cdot B_{ZH} = C_{RH} \Rightarrow A_{RZ} = C_{RH} \cdot B_{ZH}^{-1}$

Berechnung der Inversen B_{ZH}^{-1} ergibt: $B_{ZH}^{-1} = \frac{1}{21}\begin{pmatrix} -3 & -7 & 12 \\ 6 & 0 & -3 \\ 3 & 14 & -12 \end{pmatrix}$

Rohstoff-Zwischenprodukt-Matrix $A_{RZ} = \begin{pmatrix} 17 & 14 & 10 \\ 16 & 8 & 14 \\ 28 & 9 & 17 \\ 9 & 12 & 6 \end{pmatrix} \cdot \frac{1}{21}\begin{pmatrix} -3 & -7 & 12 \\ 6 & 0 & -3 \\ 3 & 14 & -12 \end{pmatrix} = \begin{pmatrix} 3 & 1 & 2 \\ 2 & 4 & 0 \\ 1 & 2 & 5 \\ 3 & 1 & 0 \end{pmatrix}$

2 **Bestimmung der variablen Stückkosten:**

$(2 \quad 3 \quad 4,5) \cdot \begin{pmatrix} 2 & 4 & 1 \\ 3 & 0 & 3 \\ 4 & 1 & 2 \end{pmatrix} + (9 \quad 7,5 \quad 10) = (40 \quad 20 \quad 30)$

Verkaufspreis = Stückdeckungsbeitrag + variable Stückkosten

$(50 \quad 25 \quad 45) + (40 \quad 20 \quad 30) = (90 \quad 45 \quad 75)$

Die Preise für die drei Handytypen sollten bei 90 GE/ME für H_1, 45 GE/ME für H_2 und 75 GE/ME für H_3 liegen.

3.1 x_1, x_2, x_3 ME der Handytypen H_1, H_2 und H_3

Nichtnegativitätsbedingung: $x_1, x_2, x_3 \geq 0$

Einschränkende Bedingungen (Restriktionen): $3x_1 + 5x_2 + 5x_3 \leq 600$

$5x_1 + 10x_3 \leq 900$

$x_1 \leq 50$

Zielfunktion: $Z = 50x_1 + 25x_2 + 45x_3 \rightarrow max$

Simplexalgorithmus:

3.2

x_1	x_2	x_3	u_1	u_2	u_3	b_i
3	5	5	1	0	0	600
5	0	10	0	1	0	900
1	0	0	0	0	1	50
50	25	45	0	0	0	Z

Lösung Aufgabe 3 Seite 2/3

3.2

0	5	5	1	0	-3	450
0	0	10	0	1	-5	650
1	0	0	0	0	1	50
0	25	45	0	0	-50	Z - 2500
0	5	0	1	-0,5	-0,5	125
0	0	1	0	0,1	-0,5	65
1	0	0	0	0	1	50
0	25	0	0	-4,5	-27,5	Z - 5425
0	1	0	0,2	-0,1	-0,1	25
0	0	1	0	0,1	-0,5	65
1	0	0	0	0	1	50
0	0	0	-5	-2	-25	Z - 6050

Der Gesamtdeckungsbeitrag läge dann bei 6 050 GE.

Lösung: $x_1 = 50$; $x_2 = 25$; $x_3 = 65$; $u_1 = u_2 = u_3 = 0$

3.3 Also sollten täglich 50 ME von H_1, 25 ME von H_2 und 65 ME von H_3 produziert werden, um den Gesamtdeckungsbeitrag von 6050 GE zu erzielen. Die Kapazitäten würden dabei voll ausgeschöpft.

4 Um die produzierte Menge an H_1 zu bestimmen, muss die 1. Zeile des folgenden linearen Gleichungssystems gelöst werden:

$$\begin{pmatrix} 2 & 4 & 1 \\ 3 & 0 & 3 \\ 4 & 1 & 2 \end{pmatrix} \begin{pmatrix} 2x \\ 5x \\ 4x \end{pmatrix} = \begin{pmatrix} 980000 \\ 580000 \\ 800000 \end{pmatrix} \Rightarrow 28x = 980000 \Leftrightarrow x = 35000 \text{ (1. Zeile)}$$

Produktionsvektor bei vorgegebenem Verhältnis 2:5:4: $\vec{x} = \begin{pmatrix} 70000 \\ 175000 \\ 140000 \end{pmatrix}$

Um den Bedarf an Zwischenprodukten zu ermitteln, muss nun die ZH-Matrix mit dem Produktionsvektor multipliziert werden:

$$\begin{pmatrix} 2 & 4 & 1 \\ 3 & 0 & 3 \\ 4 & 1 & 2 \end{pmatrix} \cdot \begin{pmatrix} 70000 \\ 175000 \\ 140000 \end{pmatrix} = \begin{pmatrix} 980000 \\ 630000 \\ 735000 \end{pmatrix}$$

Dies bedeutet, dass von Z_2 50000 ME (630000 - 580000) nachbestellt werden müssen und von Z_3 ein Restbestand von 65000 ME (735000 - 800000) im Lager verbleibt.

Lösung Aufgabe 3   Seite 3/3

5 Um die Parameterwerte zu bestimmen, muss das LGS mit Hilfe des Gauß-Algorithmus in die obere Dreiecksform gebracht werden:

$$\begin{pmatrix} 2 & 4+k & 1 & | & 180000 \\ 3 & 0 & 3-k & | & 210000 \\ 4 & 1+k & 2 & | & 220000 \end{pmatrix} \sim \begin{pmatrix} 2 & 4+k & 1 & | & 180000 \\ 0 & 3k+12 & -3+2k & | & 120000 \\ 0 & -7-k & 0 & | & -140000 \end{pmatrix}$$

Für $k = -7$ (0 0 0 | −140000)

und $k = 1{,}5$: $\begin{pmatrix} 2 & 5{,}5 & 1 & | & 180000 \\ 0 & 16{,}5 & 0 & | & 12000 \\ 0 & -8{,}5 & 0 & | & -14000 \end{pmatrix}$ ist das LGS nicht lösbar ist, da $\text{Rg}(A \mid b) > \text{Rg}(A)$.

Bedingungen: $1 + k \geq 0 \Leftrightarrow$ $k \geq -1$ und $3 - k \geq 0$

$k \leq 3$ und $4 + k \geq 0$

$k \geq -4$

Alle Bedingungen sind erfüllt für $k \in [-1; 3]$

Für $k \in [-1; 3] \setminus \{1{,}5\}$ kann das Lager restlos geräumt werden.

Lösung Aufgabe 4   Seite 1/2   (Aufgabe Seite 103)

3.1   Bestimmung von d, s. d. kein R_4 bzw. gleich viel R_1 und R_4 benötigt werden.

Bedingung: $2d^2 + d = 0$ $d = 0 \lor d = -0{,}5$ ($d = -0{,}5 \notin D$)

Für $d = 0$ wird R_4 vollständig ersetzt.

Bedingung: $2d^2 + 2d = 2 - d$ $2d^2 + 2d - 2 = 0$

$d \approx 0{,}618 \lor d \approx -1{,}618$ ($\notin D$)

Für $d \approx 0{,}618$ werden für eine ME von Z_1 gleiche Mengen von R_1 und R_4 benötigt.

3.2   **Matrix** C_{RS} (Gibt den Zusammenhang zwischen den Rohstoffen und den Endprodukten S_1 und S_2 in Abhängigkeit vom Parameter d an.)

$A_{RZ} \cdot B_{ZS} = C_{RS}$

$$\begin{pmatrix} 2-d & 3 & 0 \\ 1 & 4 & 0 \\ 0 & 1 & 1 \\ 2d^2+d & 2 & 3 \end{pmatrix} \cdot \begin{pmatrix} 2 & 4 \\ 1 & 4 \\ 0 & 2 \end{pmatrix} = \begin{pmatrix} 2(2-d)+3 & 4(2-d)+12 \\ 6 & 20 \\ 1 & 6 \\ 2(2d^2+d)+2 & 4(2d^2+d)+14 \end{pmatrix} = \begin{pmatrix} 7-2d & 20-4d \\ 6 & 20 \\ 1 & 6 \\ 4d^2+2d+2 & 8d^2+4d+14 \end{pmatrix}$$

3.3   **Rohstoffkosten in Abhängigkeit von d**

$$(7 \quad 4 \quad 5 \quad 4) \cdot C_{RS} = (7 \quad 4 \quad 5 \quad 4) \cdot \begin{pmatrix} 7-2d & 20-4d \\ 6 & 20 \\ 1 & 6 \\ 4d^2+2d+2 & 8d^2+4d+14 \end{pmatrix}$$

$$= (16d^2 - 6d + 86 \quad\quad 32d^2 - 12d + 306)$$

Lösung Aufgabe 4 Seite 2/2

3.4 Die minimalen gesamten Rohstoffkosten liegen über 39 000 GE

$K(d) = 100 \cdot (16d^2 - 6d + 86 + 32d^2 - 12d + 306) = 4800d^2 - 1800d + 39200$

notwendige Bedingung: $K'(d) = 0$ $\qquad 9600d - 1800 = 0$

$$d = \frac{3}{16} = 0{,}1875$$

hinreichende Bedingung: $K'(d) = 0 \wedge K''(d) > 0$

$K''(d) = 9600 > 0$

Mit $K(0{,}1875) = 39031{,}25 > 39000$

Damit ist nachgewiesen, dass die minimalen gesamten Rohstoffkosten über 39 000 GE liegen.

3.5 Produktionsmengen von S_1 und S_2

Zunächst werden die Rohstoffkosten je Endprodukt für $d = \frac{3}{16} = 0{,}1875$ berechnet:

$(16(0{,}1875)^2 - 6 \cdot 0{,}1875 \quad 86 + 32(0{,}1875)^2 - 12 \cdot 0{,}1875 + 306)$

$= (85{,}4375 \qquad\qquad 304{,}875)$

Bedingung: $x(86 - 85{,}4375) + x(306 - 304{,}875) = 1000$

$0{,}5625x + 1{,}125x = 1000 \Leftrightarrow x \approx 592{,}59$

Um den angegebenen Kostenvorteil zu erzielen, müssen von S_1 und S_2 jeweils ca. 592,6 ME produziert werden.

Lösung Aufgabe 5 Seite 1/2 (Aufgabe Seite 104)

a) Ermittlung der absoluten und relativen (prozentualen) Häufigkeiten

	CDU	SPD	sonstige
CDU	17400 (0,7945)	3300 (0,1507)	1200 (0,0548)
SPD	5200 (0,2140)	16900 (0,6955)	2200 (0,0905)
sonstige	3800 (0,1319)	3000 (0,1042)	22000 (0,7639)

Übergangsmatrix: $A = \begin{pmatrix} 0{,}7945 & 0{,}1507 & 0{,}0548 \\ 0{,}2140 & 0{,}6955 & 0{,}0905 \\ 0{,}1319 & 0{,}1042 & 0{,}7639 \end{pmatrix}$ Zeilensumme = 1

Prognose für die Wahl in drei Jahren: $\vec{v_3} = \vec{v_{Start}} \cdot A^3 = (0{,}4178 \quad 0{,}2838 \quad 0{,}2984)$

A^3 muss für den Übergangsgraph berechnet werden: $A^3 = \begin{pmatrix} 0{,}5952 & 0{,}2715 & 0{,}1332 \\ 0{,}3942 & 0{,}4303 & 0{,}1755 \\ 0{,}2970 & 0{,}2165 & 0{,}4865 \end{pmatrix}$

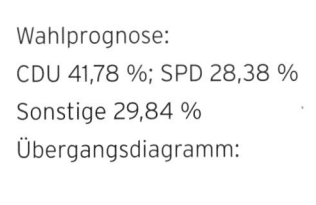

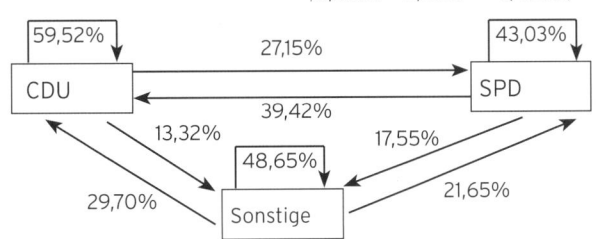

Wahlprognose:
CDU 41,78 %; SPD 28,38 %
Sonstige 29,84 %
Übergangsdiagramm:

CDU: 59,52% → CDU, 27,15% → SPD, 13,32% ← CDU
SPD: 43,03% → SPD, 39,42% → CDU, 17,55% → Sonstige
Sonstige: 48,65% → Sonstige, 29,70% ← CDU, 21,65% ← SPD

Lösung Aufgabe 5

b) Ermittlung der Parameter

Die Zeilensumme der Übergangsmatrix (stochastische Matrix) muss 1 (100 %) sein.
a = 100 − 79,45 − 15,07 − 1,83 − 0,91 = 2,74
ebenso: b = 2,88; c = 7,86; d = 6,93; e = 60,21

Übergangsmatrix
$$A = \begin{pmatrix} 0{,}7945 & 0{,}1507 & 0{,}0183 & 0{,}0091 & 0{,}0274 \\ 0{,}2140 & 0{,}6955 & 0{,}0370 & 0{,}0247 & 0{,}0288 \\ 0{,}1461 & 0{,}0562 & 0{,}6742 & 0{,}0449 & 0{,}0786 \\ 0{,}1287 & 0{,}1089 & 0{,}0297 & 0{,}6634 & 0{,}0693 \\ 0{,}1224 & 0{,}1429 & 0{,}0612 & 0{,}0714 & 0{,}6021 \end{pmatrix}$$

Übergangsmatrix für 10 Jahre:
$$A^{10} = \begin{pmatrix} 0{,}4732 & 0{,}3086 & 0{,}0792 & 0{,}0596 & 0{,}0793 \\ 0{,}4661 & 0{,}3091 & 0{,}0817 & 0{,}0624 & 0{,}0807 \\ 0{,}4504 & 0{,}2954 & 0{,}0955 & 0{,}0703 & 0{,}0883 \\ 0{,}4516 & 0{,}3018 & 0{,}0832 & 0{,}0773 & 0{,}0861 \\ 0{,}4531 & 0{,}3027 & 0{,}0861 & 0{,}0705 & 0{,}0875 \end{pmatrix}$$

Übergangsmatrix für 30 Jahre:
$$A^{30} = \begin{pmatrix} 0{,}4661 & 0{,}3068 & 0{,}0821 & 0{,}0634 & 0{,}0816 \\ 0{,}4661 & 0{,}3068 & 0{,}0821 & 0{,}0634 & 0{,}0816 \\ 0{,}4661 & 0{,}3068 & 0{,}0821 & 0{,}0634 & 0{,}0816 \\ 0{,}4661 & 0{,}3068 & 0{,}0821 & 0{,}0634 & 0{,}0816 \\ 0{,}4661 & 0{,}3068 & 0{,}0821 & 0{,}0634 & 0{,}0816 \end{pmatrix}$$

Die Zeilenvektoren von A^{30} entsprechen dem Fixvektor.
$\vec{v}$ = (0,4661 0,3068 0,0821 0,0634 0,0816). Dadurch kann eine langfristige Prognose abgegeben werden:
Wenn die Wählerwanderung als konstant vorausgesetzt wird, dann entsteht in der Zukunft folgende Parteienlandschaft.
CDU 46,61 %; SPD 30,68 % ; FDP 8,21 %; Grüne 6,34 %; Sonstige 8,16 %
Mathematischer Ansatz:
Ermittlung der langfristigen Prognose mit $\vec{v} \cdot A = \vec{v}$
Es gilt: (v w x y z) · A = (v w x y z)
Mit z = 1 − v − w − x − y erhält man ein LGS für die Unbekannten v, w, x, y
Auflösen ergibt den Fixvektor oder die stabile Verteilung (v w x y z).

Lösung Aufgabe 6 Seite 1/3 (Aufgabe Seite 105/106)

2.1.1 A_{EZ}: Einzelteile-Schrankelemente-Matrix; $A_{EZ} = \begin{pmatrix} 5 & 7 & 3 \\ 8 & 11 & 7 \\ 2 & 0 & 1 \\ 3 & 6 & 0 \end{pmatrix}$

B_{ZF}: Schrankelemente-Schranktyp-Matrix: $B_{ZF} = \begin{pmatrix} 7 & 3 \\ 2 & 6 \\ 10 & 15 \end{pmatrix}$

C_{EF}: Einzelteile-Schranktyp-Matrix; $C_{EF} = A_{EZ} \cdot B_{ZF} = \begin{pmatrix} 79 & 102 \\ 148 & 195 \\ 24 & 21 \\ 33 & 45 \end{pmatrix}$
Einzelteilkosten pro Schranktyp:

$\vec{k}_E \cdot C_{EF} = (5 \quad 0{,}5 \quad 4-t \quad 3) \begin{pmatrix} 79 & 102 \\ 148 & 195 \\ 24 & 21 \\ 33 & 45 \end{pmatrix} = (664 - 24t \quad 826{,}5 - 21t)$

Fertigungskosten der Schrankelemente pro Schranktyp:

$\vec{k}_Z \cdot B_{ZF} = (11 \quad 14 \quad 17) \begin{pmatrix} 7 & 3 \\ 2 & 6 \\ 10 & 15 \end{pmatrix} = (275 \quad 372)$

Fertigungskosten der Schranktypen pro Schranktyp: $\vec{k}_F = (36 \quad 42)$

Variable Stückkosten für die Schranktypen:

$\vec{k}_{F, variabel} = \vec{k}_E \cdot C_{EF} + \vec{k}_Z \cdot B_{ZF} + \vec{k}_F$

$= (664 - 24t \quad 826{,}5 - 21t) + (275 \quad 372) + (36 \quad 42)$

$= (975 - 24t \quad 1240{,}5 - 21t)$

Die variablen Stückkosten betragen $(975 - 24t)$ € für F_1 und $(1240{,}5 - 21t)$ € für F_2.

2.1.2 Da die Einlegeböden zum Preis von 4 € eingekauft werden, ist $t = 0$.
Damit ergeben sich folgende Stückdeckungsbeiträge:

$\vec{d}_F = \vec{p} - \vec{k}_{F, variabel} = (1150 \quad 1240) - (975 - 24 \cdot 0 \quad 1240{,}5 - 21 \cdot 0)$

$= (175 \quad -0{,}5)$

Der Stückdeckungsbeitrag des zweiten Schranktyps ist negativ und verringert somit den möglichen Gesamtgewinn. Das Unternehmen sollte also prüfen, ob der Verkaufspreis heraufgesetzt werden kann oder ob die Einzelteilkosten und die Fertigungskosten herabgesetzt werden können. Alternativ sollte Schranktyp F_2 ganz aus dem Programm genommen werden.

2.1.3 **Gesamtgewinn**

Gesamtdeckungsbeitrag $D_F = \vec{d}_F \cdot \vec{x} = (175 \quad -0{,}5) \begin{pmatrix} 120 \\ 100 \end{pmatrix} = 20950$

$G = D_F - K_{fix} = 20950 - 12400 = 8550$

Der Gesamtgewinn liegt bei 8550 €.

Lösung Aufgabe 6   Seite 2/3

2.2.1 Lösbarkeit

1. Fall: $450x + 775y - 1061\,250 \neq 0$, dann ist das Gleichungssystem nicht lösbar, da $3 = Rg(A) < Rg(A|\,b) = 4$

2. Fall: $450x + 775y - 1061\,250 = 0$, dann ist das Gleichungssystem eindeutig lösbar, da $3 = Rg(A) = Rg(A|\,b) = n$

2.2.2 Zulässige Bereiche ausschließlich aus den letzten beiden Zeilen:

Da x und y für die zur Lagerräumung benötigten Mengen stehen, muss für sie gelten: $x \geq 0$, $y \geq 0$

Damit das Gleichungssystem lösbar ist, muss $450x + 775y - 1061\,250 = 0$ gelten.

Formt man diese Bedingung nach y um, so erhält man: $y = -\frac{450}{775}x + \frac{1061250}{775}$

Es handelt sich bei der Bedingung also um eine fallende Gerade mit positivem y-Achsenabschnitt. Mit der Nichtnegativitätsbedingung von oben müssen die gesuchten Werte für x und y auf der Geraden im ersten Quadranten liegen. Mit Hilfe der Achsenschnittpunkte gelangt man zu folgenden Bedingungen:

$y \leq \frac{1061250}{775} \approx 1369{,}35$ und $x \leq \frac{1061250}{450} \approx 2358{,}33$

Außerdem muss $-5x + 41500 \geq 0$ sein, was zu $x \leq 8300$ führt, was eine schwächere Einschränkung für x bedeuten würde.

Die gesuchten Bereiche sind also: $0 \leq y \leq 1369$ und $0 \leq x \leq 2358$

2.3.1 Restriktionen und Zielfunktion

x_i (i = 1, 2, 3) gibt die Anzahl der Schrankelemente Z_i (i = 1, 2, 3) an.

Nichtnegativitätsbedingung: $x_1, x_2, x_3 \geq 0$

Einschränkende Bedingungen (Restriktionen): $5x_1 + 7x_2 + 3x_3 \leq 2200$
$$x_2 \leq 300$$
$$x_3 \leq 200$$

Zielfunktion: $Z = 70x_1 + 50x_2 + 60x_3$; $Z \to \max$.

Lösung Aufgabe 6 — Seite 3/3

2.3.2 Maximaler Gesamtdeckungsbeitrag

Das zugehörige Simplextableau lautet dann:

x_1	x_2	x_3	u_1	u_2	u_3	b_i
5	7	3	1	0	0	2200
0	1	0	0	1	0	300
0	0	1	0	0	1	200
70	50	60	0	0	0	Z

1	1,4	0,6	0,2	0	0	440
0	1	0	0	1	0	300
0	0	1	0	0	1	200
0	−48	18	−14	0	0	Z − 30800

1	1,4	0	0,2	0	−0,6	320
0	1	0	0	1	0	300
0	0	1	0	0	1	200
0	−48	0	−14	0	−18	Z − 34400

Das Simplextableau ist optimal, da sich in der Zielzeile keine positiven Koeffizienten mehr befinden.

2.3.3 Interpretation:
Aus dem Simplextableau liest man folgende Werte für die Produktionsmengen und nicht genutzten Kapazitäten ab: $x_1 = 320$; $x_2 = 0$; $x_3 = 200$; $u_1 = 0$; $u_2 = 300$; $u_3 = 0$. Es sollen 320 Schrankelemente Z_1 und 200 Schrankelemente Z_3 gefertigt werden. Dabei werden alle Furnierplatten verwendet und es könnten noch 300 Schrankelemente Z_2, aber keine von Z_3 mehr abgesetzt werden.

Der Gesamtdeckungsbeitrag ist mit 34 400 € maximal.

Lösung Aufgabe 7 — Seite 1/2 (Aufgabe Seite 107)

a) Übergangsmatrix aus dem Diagramm: $M = \begin{pmatrix} 0,5 & 0,2 & 0,3 \\ 0,2 & 0,58 & 0,22 \\ 0,2 & 0,17 & 0,63 \end{pmatrix}$

Erläuterung:

Die erste Zeile zeigt, dass von den Kunden von P nach einem Jahr 50 % bei P geblieben sind, 20 % zu G und 30 % zu R gewechselt sind.

Kundenanteile für t = 1 (nach einem Jahr):
$\vec{a_0} \cdot M = \vec{a_1}$ $(0,3 \quad 0,4 \quad 0,3) \cdot M = (0,290 \quad 0,343 \quad 0,367)$

Kundenanteile für t = 2 (nach zwei Jahren):
$\vec{a_1} \cdot M = \vec{a_2}$ $(0,290 \quad 0,343 \quad 0,367) \cdot M = (0,287 \quad 0,319 \quad 0,394)$

P muss im 1. Jahr von einem mit von 30 % auf 29 % und im 2. Jahr auf 28,7 % leicht sinkenden Marktanteil rechnen.

Lösung Aufgabe 7 — Seite 2/2

b) Strategie A: $A = \begin{pmatrix} 0{,}6 & 0{,}15 & 0{,}25 \\ 0{,}2 & 0{,}58 & 0{,}22 \\ 0{,}2 & 0{,}17 & 0{,}63 \end{pmatrix}$ Strategie B: $B = \begin{pmatrix} 0{,}5 & 0{,}2 & 0{,}3 \\ 0{,}24 & 0{,}54 & 0{,}22 \\ 0{,}28 & 0{,}17 & 0{,}55 \end{pmatrix}$

Marktanteile für t = 2 (nach 2 Jahren):

mit Strategie A $\vec{a_0} \cdot A^2 = \vec{a_2} = (0{,}328 \quad 0{,}298 \quad 0{,}374)$

mit Strategie B $\vec{a_0} \cdot B^2 = \vec{a_2} = (0{,}34 \quad 0{,}30 \quad 0{,}36)$

Beide Strategien führen zur Steigerung des Marktanteils von P;

Strategie B scheint noch wirksamer als A.

c) Wegen der Zeilensumme 1 erhält man das LGS

a + b = 0,6
a + c = 0,4
b + c = 0,5

Darstellung der Symmetrie am zugehörigen Übergangsgraphen:
An den Pfeilen mit vertauschtem Anfangs- und Endpunkt stehen dieselben Zahlen.

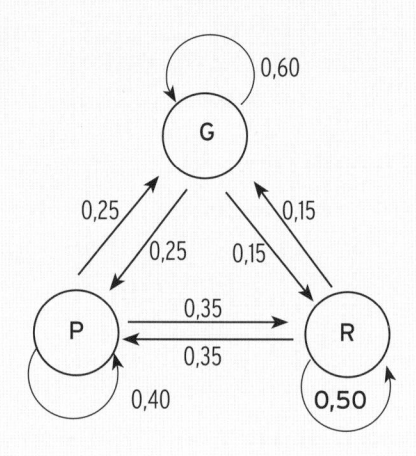

Lösung Aufgabe 8 — Seite 1/3   (Aufgabe Seite 108/109)

1 Qualitätsstufe k

Bestimmung der benötigten Rohstoffe je Endprodukt:

$A_{RZ_k} \cdot B_{ZE} = C_{RE_k} \Rightarrow C_{RE_k} = \begin{pmatrix} 4k+8 & 6 & k+6 \\ 4k+10 & 4k+1 & 4k+3 \\ 16 & 6 & 8 \end{pmatrix}$

Benötigte Rohstoffe für den Kundenauftrag: $C_{RE_k} \cdot \begin{pmatrix} 400 \\ 500 \\ 200 \end{pmatrix} = \begin{pmatrix} 200(9k+37) \\ 100(44k+51) \\ 11000 \end{pmatrix}$

Bestimmung der Qualitätsstufe

$200(9k+37) = 14600$ ergibt $9k + 37 = 73 \Leftrightarrow k = 4$

$100 \cdot (44k+51) = 22700$ ergibt $44k + 51 = 227 \Leftrightarrow 44k = 176 \Leftrightarrow k = 4$

Es wurden Rohstoffe der Qualitätsstufe 4 verarbeitet.

Lösung Aufgabe 8   Seite 2/3

2 Prüfung der Möglichkeiten zur Lagerräumung

Ansatz: $C_{RE} \cdot \begin{pmatrix} x \\ y \\ z \end{pmatrix} = \begin{pmatrix} 600 \\ 740 \\ 600 \end{pmatrix} \Leftrightarrow \begin{pmatrix} 16 & 6 & 8 & | & 600 \\ 18 & 9 & 11 & | & 740 \\ 16 & 6 & 8 & | & 600 \end{pmatrix} \sim \begin{pmatrix} 16 & 6 & 8 & | & 600 \\ 0 & 18 & 16 & | & 520 \\ 0 & 0 & 0 & | & 0 \end{pmatrix}$

Das LGS hat unendlich viele Lösungen. Es gibt unendlich viele Möglichkeiten, das Lager zu räumen.

Allgemeiner Lösungsvektor mit $z = t$: $\vec{x} = \begin{pmatrix} \frac{80}{3} - \frac{1}{6}t \\ \frac{260}{9} - \frac{8}{9}t \\ t \end{pmatrix}$

Beachtung der Nichtnegativitätsforderung: $\frac{80}{3} - \frac{1}{6}t \geq 0 \Leftrightarrow t \leq 160$

$\frac{260}{9} - \frac{8}{9}t \geq 0 \Leftrightarrow t \leq 32{,}5$

Ökonomisch sinnvolle Lösungsmenge: $L = \left\{ \begin{pmatrix} \frac{80}{3} - \frac{1}{6}t \\ \frac{260}{9} - \frac{8}{9}t \\ t \end{pmatrix} ; 0 \leq t \leq 32{,}5 \right\}$

Zwei Beispiellösungen : $\begin{pmatrix} \frac{80}{3} \\ \frac{260}{9} \\ 0 \end{pmatrix}$ $(t = 0)$; $\begin{pmatrix} \frac{53}{2} \\ 28 \\ 1 \end{pmatrix}$ $(t = 1)$

3.1 Ökonomisch sinnvoller Definitionsbereich für k.

Kein Einzelwert darf kleiner als Null sein. Aus den Parametertermen folgt dann

$2 - \frac{1}{10}k \geq 0$ für $k \leq 20$ $3 - \frac{1}{3}k \geq 0$ für $k \leq 9$

(Die Terme bei Z_1 und Z_2 können nicht kleiner als 0 werden, weil $k > 0$)

Der Parameter k hat also einen Definitionsbereich von 0 bis 9: $k \in [0, 9]$

3.2 $k = 3$

Rohstoffkosten: $(1{,}7 \quad 2 \quad 2{,}5) \, C_{RE} = (118 \quad 51{,}2 \quad 65{,}3)$

Fertigungskosten für die ZP: $(8{,}15 \quad 10{,}375 \quad 6{,}5) \, B_{ZE} = (70{,}8 \quad 21{,}15 \quad 31{,}525)$

Fertigungskosten für die EP: $(7 \quad 6 \quad 5)$

Variable Kosten als Summe obiger Kostenzeilen: $(195{,}8 \quad 78{,}35 \quad 101{,}825)$

Der vorgeschlagene Preis für E_1 ist annehmbar, bei E_2 würden gerade die variablen Kosten gedeckt, anteilige Fixkosten würden als Verluste entstehen und der vorgeschlagene Preis für E_3 ergäbe sogar einen negativen Deckungsbeitrag.

Lösung Aufgabe 8   Seite 3/3

4.1   x: Anzahl der Trikots M_1 und y: Anzahl der Trikots M_2:

Restriktionen: Nichtnegativität: $x, y \geq 0$

Restriktion für Rohstoff S_1: $12x + 10y \leq 500$ Randgerade I: $y = 50 - \frac{6}{5}x$

Restriktion für Rohstoff S_2: $6x + 15y \leq 300$ Randgerade II: $y = 20 - \frac{2}{5}x$

Restriktion für Rohstoff S_3: $3x + 18y \leq 90$ Randgerade III: $y = 5 - \frac{1}{6}x$

Gleichung der Zielfunktion (Deckungsbeitragsschar):

$D = 20x + 10y \Leftrightarrow y = \frac{1}{10}D - 2x$ D soll maximiert werden

4.2   Graphische Darstellung (schraffierter Bereich = zulässige Kombinationen):

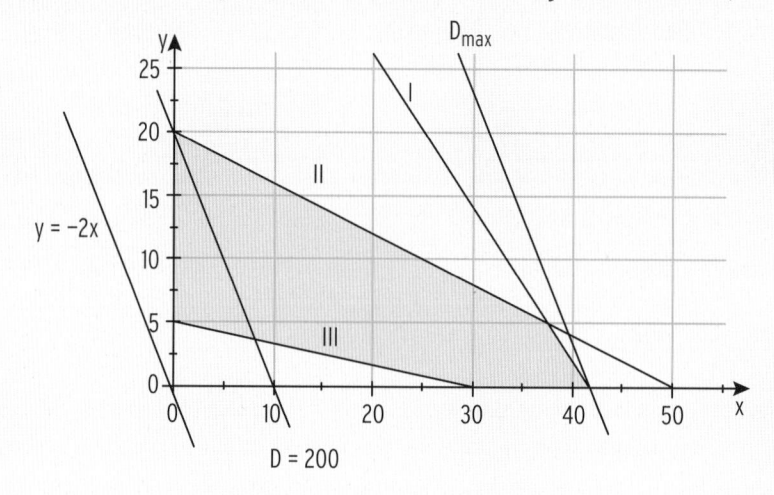

Der optimale Punkt ist also die Nullstelle der Randgeraden $y = 50 - \frac{6}{5}x$.

Diese Nullstelle liegt bei $50 - \frac{6}{5}x = 0 \Leftrightarrow x = 41{,}666\ldots$

Um den maximalen Deckungsbeitrag von $20 \cdot 41{,}\overline{6} + 10 \cdot 0 = 833{,}\overline{3}$ GE zu erzielen,

müssten ca. 41,7 ME von M_1 und 0 ME von M_2 produziert werden.

4.3   Gleichung der neuen Zielfunktion (Deckungsbeitragsschar) unter der Veränderung des

Stückdeckungsbeitrages: $D = 15x + 10y \Leftrightarrow y = \frac{1}{10}D - \frac{3}{2}x$

Durch Verschieben der neuen Zielgeraden ergibt sich derselbe optimale Punkt,

d. h. die gleiche optimale Mengenkombination.

4.4   Die Steigung der Zielgeraden ist entscheidend für die Auswahl der optimalen

Mengenkombination. In diesem Fall muss die Restriktion für Rohstoff S_1 genauer

betrachtet werden. Die optimale Mengenkombination verändert sich, wenn die

Steigung der Zielfunktion größer ist als $-1{,}2$. Damit muss der Stückdeckungsbeitrag

um mehr als 8 GE/ME sinken.

Lösung Aufgabe 9 (Aufgabe Seite 110)

1. Restriktionen und die Zielfunktion des Maximierungsproblems
   x_i (i = 1, 2, 3) ME Espresso in der Qualitätsstufe Q_i (i = 1, 2, 3)
   Nichtnegativitätsbedingung: $x_1, x_2, x_3 \geq 0$

   $2x_1 + 4x_2 + 8x_3 \leq 600$
   $x_3 \leq 15$
   $x_1 + x_2 \leq 100$

   Zielfunktion: $Z = 45x_1 + 60x_2 + 80x_3$; Z soll maximiert werden

2. Anfangstableau und das darauf folgende Tableau.

x_1	x_2	x_3	u_1	u_2	u_3	
2	4	8	1	0	0	600
0	0	1	0	1	0	15
1	1	0	0	0	1	100
45	60	80	0	0	0	Z

x_1	x_2	x_3	u_1	u_2	u_3	
2	4	0	1	−8	0	480
0	0	1	0	1	0	15
1	1	0	0	0	1	100
45	60	0	0	−80	0	Z − 1200

3. Das Simplextableau ist optimal, da sich in der Zielzeile keine positiven Koeffizienten mehr befinden.

4. Aus dem Endtableau liest man folgende Werte für die Produktionsmengen und nicht genutzten Kapazitäten ab: $x_1 = 0$; $x_2 = 100$; $x_3 = 15$; $u_1 = 80$; $u_2 = 0$; $u_3 = 0$
   Espresso der Qualitätsstufe Q_1 soll nicht mehr hergestellt werden, es sollen 100 ME Espresso der Qualitätsstufe Q_2 und 15 ME der Qualitätsstufe Q_3 angeboten werden.
   Die Rösterei hat 80 Minuten pro Tag freie Kapazitäten.
   Der Gesamtdeckungsbeitrag ist mit 7200 € maximal.
   Hinweis: Basisvariable sind x_2, x_3 und u_1; Nichtbasisvariable sind x_1, u_2 und u_3)

Lösung Aufgabe 10 (Aufgabe Seite 111)

a) Fehlende Werte berechnen

Es handelt sich um stochastische Angaben, d. h. die Zeilensumme muss 1 sein.

$a = 1 - 0{,}5 - 0{,}4 = 0{,}1$

$b = 1 - 0{,}8 - 0{,}15 = 0{,}05$

$c = 1 - 0{,}7 - 0{,}1 = 0{,}2$

Bevölkerungszahlen ermitteln

Diese Periode $\quad \vec{v}_0 = (7000 \quad 24500 \quad 38500)$

Vorperiode $\quad \vec{v}_{-1} = \vec{v}_0 \cdot A^{-1} = (2100 \quad 16800 \quad 51100)$

Nächste Periode $\quad \vec{v}_1 = \vec{v}_0 \cdot A = (8575 \quad 30100 \quad 31325)$

Übernächste Periode $\quad \vec{v}_2 = \vec{v}_0 \cdot A^2 = (8925 \quad 33775 \quad 27300)$

Entwicklungsverlauf beschreiben

Die Bevölkerungszahlen in Wohngebieten in Innenstadtnähe steigen in Zukunft langsam an. Die Bevölkerungszahlen in Neubaugebieten sinken. Die Bevölkerungszahlen in Naturgebieten steigen in Zukunft stark an.

b) Langfristige Entwicklung der Bevölkerungszahlen (Fixvektor) bestimmen.

Bedingung: $(x \quad y \quad 1-x-y) \begin{pmatrix} 0{,}5 & 0{,}4 & 0{,}1 \\ 0{,}05 & 0{,}8 & 0{,}15 \\ 0{,}1 & 0{,}2 & 0{,}7 \end{pmatrix} = (x \quad y \quad 1-x-y)$

Multiplikation ergibt das LGS

$0{,}5x + 0{,}05y + 0{,}1(1-x-y) = x \qquad\qquad -0{,}6x - 0{,}05y = -0{,}1$

$0{,}4x + 0{,}8y + 0{,}2(1-x-y) = y \quad \Leftrightarrow \quad 0{,}2x - 0{,}4y = -0{,}2$

$0{,}1x + 0{,}15y + 0{,}7(1-x-y) = 1-x-y \qquad 0{,}4x + 0{,}45y = 0{,}3$

Das LGS ist eindeutig lösbar mit $x = 0{,}12$; $y = 0{,}56$ und damit $z = 0{,}32$

Fixvektor $\quad (0{,}12 \quad 0{,}56 \quad 0{,}32)$

Hinweis: Additionsverfahren in Matrixform:

$\begin{pmatrix} -0{,}6 & -0{,}05 & | & -0{,}1 \\ 0{,}2 & -0{,}40 & | & -0{,}2 \\ 0{,}4 & 0{,}45 & | & 0{,}3 \end{pmatrix} \sim \begin{pmatrix} -0{,}6 & -0{,}05 & | & -0{,}1 \\ 0 & -1{,}25 & | & -0{,}7 \\ 0 & 1{,}25 & | & 0{,}7 \end{pmatrix}$

Interpretation:

Auf lange Sicht wohnen 12 % der Menschen in Innenstadtnähe, 56 % in Naturwohngebieten und 32 % in Neubaugebieten. Der Stadtrat sollte mehr Baugebiete in Naturwohngebieten ausschreiben.

Lösung Aufgabe 11 (Aufgabe Seite 111/112)

Werbemaßnahme

Startvektor: $\vec{v}_0 = (\text{Topfit} \quad \text{SADIDA} \quad \text{AMUP}) = (0{,}2 \quad 0{,}4 \quad 0{,}4)$

Übergangsmatrix $A = \begin{pmatrix} 0{,}55 & 0{,}2 & 0{,}25 \\ 0{,}1 & 0{,}6 & 0{,}3 \\ 0{,}15 & 0{,}35 & 0{,}5 \end{pmatrix} \begin{matrix} T \\ S \\ A \end{matrix}$ (Spalten: T S A)   Zeilensumme = 1

Nächste Periode: t = 1

$\vec{v}_1 = \vec{v}_0 \cdot A = (0{,}2 \quad 0{,}4 \quad 0{,}4) \cdot A = (0{,}21 \quad 0{,}42 \quad 0{,}37)$

Der Anteil von TopFit liegt unter 22 %, d. h. Werbungen in Zeitschriften werden nicht ausreichen.

Übernächste Periode: t = 2

$\vec{v}_2 = \vec{v}_0 \cdot A^2 = (0{,}2130 \quad 0{,}4235 \quad 0{,}3635)$ oder auch $\vec{v}_2 = \vec{v}_1 \cdot A$

Der Marktanteil von TopFit liegt unter 23 %, d.h. es sollte ein Kinospot geschaltet werden.

Langfristig; Fixvektor

$(v_1 \quad v_2 \quad 1 - v_1 - v_2) \cdot A = (v_1 \quad v_2 \quad 1 - v_1 - v_2)$

Ausmultiplizieren ergibt ein LGS für v_1 und v_2 ($v_3 = 1 - v_1 - v_2$)

$\begin{vmatrix} 0{,}55 v_1 + 0{,}1 v_2 + 0{,}15(1 - v_1 - v_2) = v_1 \\ 0{,}2 v_1 + 0{,}6 v_2 + 0{,}35(1 - v_1 - v_2) = v_2 \\ 0{,}25 v_1 + 0{,}3 v_2 + 0{,}5(1 - v_1 - v_2) = 1 - v_1 - v_2 \end{vmatrix} \Leftrightarrow \begin{vmatrix} 0{,}6 v_1 + 0{,}05 v_2 = 0{,}15 \\ 0{,}15 v_1 + 0{,}75 v_2 = 0{,}35 \\ 0{,}75 v_1 + 0{,}8 v_2 = 0{,}5 \end{vmatrix}$

Das LGS hat die eindeutige Lösung $v_1 \approx 0{,}2147$; $v_2 \approx 0{,}4237$; $v_3 = 1 - v_1 - v_2 \approx 0{,}3616$

Der Marktanteil von TopFit liegt voraussichtlich langfristig unter 25 %, deshalb sollten die Modeschauen initiiert werden.

Weitere Aufträge für die Werbeagentur

Vorjahr: $\vec{v}_0 = \vec{v}_{-1} \cdot A \Rightarrow \vec{v}_{-1} = \vec{v}_0 \cdot A^{-1} = (0{,}1622 \quad 0{,}2973 \quad 0{,}5405)$

Steigerung vom Vorjahr zum aktuellen Jahr von 16,22 % auf 20 %, also um 3,78 Prozentpunkte

Steigerung vom aktuellen Jahr zum nächsten Jahr von 20 % auf 21 %, also um einen Prozentpunkt.

Die Steigerung ist nicht konstant, sogar rückläufig, d.h. die Werbeagentur sollte gewechselt werden.

Lösungen Aufgabe 12   (Aufgabe Seite 112)

- zu Beginn

    Digitalia ist der ortsansässige Anbieter, daher wird der Marktanteil bei 35 % liegen.

    Startvektor $\vec{v}_0 = (0{,}35 \quad 0{,}50 \quad 0{,}15)$

- nach einem Jahr

$$\vec{v}_1 = \vec{v}_0 \cdot \begin{pmatrix} 0{,}85 & 0{,}1 & 0{,}05 \\ 0{,}3 & 0{,}55 & 0{,}15 \\ 0{,}3 & 0{,}1 & 0{,}6 \end{pmatrix} = (0{,}4925 \quad 0{,}3250 \quad 0{,}1825)$$

- nach zwei Jahren

$$\vec{v}_2 = \vec{v}_0 \cdot \begin{pmatrix} 0{,}85 & 0{,}1 & 0{,}05 \\ 0{,}3 & 0{,}55 & 0{,}15 \\ 0{,}3 & 0{,}1 & 0{,}6 \end{pmatrix}^2 \approx (0{,}5709 \quad 0{,}2463 \quad 0{,}1829)$$

oder auch: $\vec{v}_2 = \vec{v}_1 \cdot \begin{pmatrix} 0{,}85 & 0{,}1 & 0{,}05 \\ 0{,}3 & 0{,}55 & 0{,}15 \\ 0{,}3 & 0{,}1 & 0{,}6 \end{pmatrix}$

- langfristig

$$\vec{v} = \vec{v} \cdot \begin{pmatrix} 0{,}85 & 0{,}1 & 0{,}05 \\ 0{,}3 & 0{,}55 & 0{,}15 \\ 0{,}3 & 0{,}1 & 0{,}6 \end{pmatrix} \wedge x + y + z = 1$$

ergibt das LGS: $0{,}85x + 0{,}3y + 0{,}3(1 - x - y) = x \quad \Rightarrow \quad 0{,}45x = 0{,}3$

$0{,}1x + 0{,}55y + 0{,}1(1 - x - y) = y \quad \Rightarrow \quad 0{,}55y = 0{,}1$

$0{,}05x + 0{,}15y + 0{,}6(1 - x - y) = 1 - x - y \Rightarrow 0{,}45x + 0{,}55y = 0{,}4$

Lösung des LGS: $\quad x = \frac{2}{3};\ y = \frac{2}{11}$

einsetzen in $1 - x - y$ ergibt $\quad z = \frac{5}{33}$

Digitalia kann langfristig damit rechnen, dass das Unternehmen einen Marktanteil von ca. 67 % erhält.

3 Stochastik

Formelsammlung zur Stochastik

Für die Wahrscheinlichkeit eines Ereignisses A gilt: $0 \leq P(A) \leq 1$

Für das Gegenereignis $\overline{A}$: $\qquad P(\overline{A}) = 1 - P(A)$

Additionssatz $\qquad P(A \cup B) = P(A) + P(B) - P(A \cap B)$

Multiplikationssatz $\qquad P(A \cap B) = P(A) \cdot P_A(B)$

Bedingte Wahrscheinlichkeit $\qquad P_A(B) = \dfrac{P(A \cap B)}{P(A)}$

Zufallsvariable X: $e_i \rightarrow X(e_i) = x_i$

Erwartungswert: $\quad E(X) = x_1 \cdot P(X = x_1) + x_2 \cdot P(X = x_2) + \ldots + x_n \cdot P(X = x_n)$

Varianz: $\quad V(X) = (x_1 - (E(X))^2 \cdot P(X = x_1) + \ldots + (x_n - (E(X))^2 \cdot P(X = x_n)$

Standardabweichung: $\quad \sigma = \sqrt{V(X)}$

Binomialverteilung B(n; p; k)

Die Zufallsgröße X ist **binomialverteilt**: $\qquad X \sim B_{n;p}$

Formel von Bernoulli $\qquad P(X = k) = B(n; p; k) = \binom{n}{k} \cdot p^k \cdot (1-p)^{n-k}$

Erwartungswert $\qquad \mu = E(X) = n \cdot p$

Varianz: $\qquad \sigma^2 = n \cdot p \cdot (1-p)$

Standardabweichung: $\qquad \sigma = \sqrt{n \cdot p \cdot (1-p)}$

Kumulierte Binomialverteilung F(n; p; k):

Linksseitiges Intervall: $\qquad P(X \leq 8) = F(n; p; 8)$

Ablesen aus der Tabelle der **kumulierten Binomialverteilung**

Punktwahrscheinlichkeit: $\qquad P(X = 8) = B(n; p; 8)$

Ablesen aus der Tabelle der Binomialverteilung

Rechtsseitiges Intervall: $\qquad P(X \geq 8) = 1 - P(X \leq 7)$

Intervallwahrscheinlichkeit: $\qquad P(3 \leq X \leq 8) = P(X \leq 8) - P(X \leq 2)$

Hypothesentest (Signifikanztest):

Fehler 1. Art (α-Fehler): Wahrscheinlichkeit, dass die Nullhypothese H_0 abgelehnt wird, obwohl sie richtig ist.

Fehler 2. Art (β-Fehler): Wahrscheinlichkeit, dass die Nullhypothese H_0 nicht abgelehnt wird, obwohl sie falsch ist.

Die bei einem Test bzw. einer Untersuchung akzeptierte Wahrscheinlichkeit, bei einer Entscheidung einen Fehler 1. Art zu begehen, nennt man auch Signifikanzniveau α.

Aufgaben zur Prüfungsvorbereitung Stochastik

Aufgabe 1   Seite 1/2   Lösung Seite 147/148

Im Bereich Thermodruck verwendet die Druckfix GmbH neben den Walzen aus eigener Herstellung auch Walzen, die regional hergestellt werden und solche, die aus Asien importiert werden. Vor dem Einbau einer Walze durchläuft diese bei Druckfix eine Qualitätsanalyse. Defekte Walzen werden als Ausschuss aussortiert.

Die folgende Tabelle gibt Auskunft über die jährliche Bezugsmenge, die Ausschussquote und den Bezugspreis

Herkunft	Druckfix	Regional	Asien
Bezugsmenge (Stück)	2000	3000	5000
Ausschussquote (%)	2	5	8
Bezugspreis (€/Stück)	49,98	39,37	18,69

1 Für die Preiskalkulation wird der Bezugspreis der defekten Walzen auf die intakten Walzen umgelegt.
   Ermitteln Sie die jährliche Ausschussmenge, die Anzahl intakter Walzen und den durchschnittlichen Einstandspreis für eine intakte Walze.

2 Einer Lieferung aus Asien wird eine Stichprobe von 100 Walzen entnommen und hinsichtlich ihrer Qualität untersucht. Man kann davon ausgehen, dass die Verteilung der Zufallsgröße X: „Anzahl der defekten Walzen in der Stichprobe" binomialverteilt ist.

2.1 Bestimmen Sie den Erwartungswert der Verteilung und die Wahrscheinlichkeit, dass X tatsächlich den Erwartungswert annimmt.

2.2 Das folgende Histogramm zeigt die Verteilung der Zufallsgröße X.

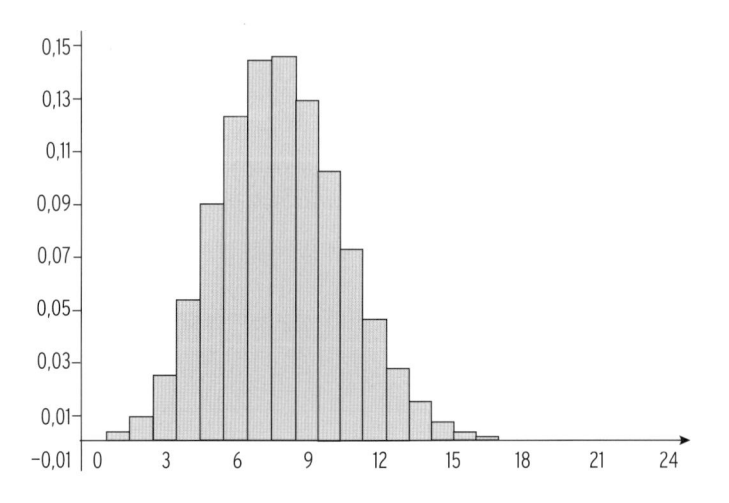

Aufgabe 1 Seite 2/2

2.2 Prüfen Sie mit Hilfe des Histogramms folgende Aussagen der Qualitätsabteilung:
   A: Die Wahrscheinlichkeit, dass genau 20 Walzen defekt sind, ist so gut wie Null.
   B: Die Wahrscheinlichkeit, dass 9 Walzen defekt sind, ist größer als die von jeder anderen Anzahl defekter Walzen.
   C: Es ist gleich wahrscheinlich 6 oder 9 defekte Walzen in der Stichprobe zu haben.
   D: Die Wahrscheinlichkeit, dass höchstens 2 Walzen defekt sind, ist kleiner als 3%.
2.3 Berechnen Sie die Wahrscheinlichkeit, dass höchstens 2 Walzen defekt sind.

Gehen Sie im weiteren Verlauf von Lieferungen im Umfang von n = 100 und binomialverteilten Zufallsgrößen aus.

3 Es werden alle 100 Walzen einer regionalen Lieferung einer Qualitätsanalyse unterzogen. Die Wahrscheinlichkeit für einen Defekt beträgt p = 0,05.
   Ermitteln Sie die Wahrscheinlichkeiten der folgenden Ereignisse:
   A: Höchstens 2 Walzen sind defekt.
   B: Es gibt mindestens 3 defekte Walzen.
   C: Es befinden sich mindestens 4 und höchstens 7 defekte Walzen in der Stichprobe.
   D: In der Stichprobe befindet sich die erwartete Menge intakter Walzen.
   E: Alle Walzen sind intakt.

4 Der asiatische Lieferant beabsichtigt seine Preise zu erhöhen und begründet dies mit einer Qualitätsverbesserung, da der Produktionsprozess neu strukturiert wurde.
   Der Lieferant möchte mit einem Hypothesentest nachweisen, dass seine Ausschussquote auf unter 4 % gesunken ist.
4.1 Leiten Sie eine Entscheidungsregel über die Anzahl defekter Walzen in einer Stichprobe von 100 bei einer Irrtumswahrscheinlichkeit von $\alpha = 0{,}1$ her.
4.2 Bestimmen Sie den Fehler 2. Art, wenn die tatsächliche Ausschussquote bei 2 % bzw. 3 % liegt. Interpretieren Sie Ihr Ergebnis aus Sicht des Lieferanten.

(NRW Berufskolleg 2010.)

Aufgabe 2

Lösung Seite 148/149
Punkte

Der Küchenhersteller K-Küchen hat eine Luxus-Küche für das obere Preissegment entwickelt, die sich durch ein hochwertiges Schubladensystem, Echtholzfronten und eine patentierte Schrankbeleuchtung von den bisher produzierten Produktlinien unterscheidet. Von einem Zulieferer bezieht K-Küchen das neuartige Scharniersystem, bei dem sich die Schubladen nach nur leichter Berührung selbsttätig schließen. Durchschnittlich sind 5 % der Scharniere defekt.

3.1 Die gelieferte Ware soll nur bei hinreichender Qualität angenommen werden. Der Küchenhersteller prüft vor der Warenannahme eine Stichprobe von 5 Kartons mit je 20 Scharnieren.

3.1.1 Berechnen Sie die Wahrscheinlichkeit für die Ereignisse: 6

E_1: In der Stichprobe von 100 Scharnieren befinden sich höchstens so viele defekte Scharniere, wie „zu erwarten" ist.

E_2: In einem zufällig ausgewählten Karton mit 20 Scharnieren befinden sich mehr als zwei defekte Scharniere.

3.1.2 Die Ware soll abgelehnt werden, wenn sich unter den 5 geprüften Kartons der Stichprobe mindestens ein Karton mit mehr als 3 defekten Scharnieren befindet. Die Wahrscheinlichkeit, dass in einem Karton mehr als 3 defekte Scharniere enthalten sind, liegt bei ca. 1,59 %.
Ermitteln Sie die Wahrscheinlichkeit für die Ablehnung der Lieferung.   5

3.2 Ermitteln Sie die Anzahl der mindestens zu testenden Scharniere, bei der mit einer Wahrscheinlichkeit von mehr als 99 % mindestens ein defektes Scharnier zu finden ist.   8

3.3 Vor der Auslieferung der Luxus-Küchen überprüft K-Küchen die Beleuchtungen. Erfahrungsgemäß funktionieren 10 % der Beleuchtungen nicht einwandfrei. Ein nachträglicher Austausch der defekten Beleuchtung kostet das Unternehmen 80 € pro Küche.
Ein Prüfgerät, das die Beleuchtungen bereits vor dem Einbau prüft, kann für 580 € erworben werden. Sein Einsatz kostet täglich 30 € und ein Austausch der als defekt eingestuften Beleuchtung kostet dann nur 20 €. Das Testgerät erkennt mit 99 %-iger Sicherheit eine defekte Beleuchtung, allerdings zeigt es auch bei 2 % der funktionierenden Beleuchtungen einen Defekt an.

3.3.1 Zeichnen Sie das zugehörige Baumdiagramm.   4

3.3.2 In 100 Tagen werden insgesamt 1000 Küchen produziert.   7
Beurteilen Sie, ob die Anschaffung des Testgeräts zu einer Kostenersparnis führt.

(Teile aus NRW Berufskolleg 2012.)

Aufgaben zur Prüfungsvorbereitung

Aufgabe 3 Seite 1/2 Lösung Seite 149/150
Punkte

Das Unternehmen Agrema AG fertigt unter anderem Fan-Fahnen für die Frauen-Weltmeisterschaft 2011.

2.1 Die Fahnen werden in 40er-Paketen an Shops in ganz Deutschland verkauft. Die Zufallsvariable X bezeichnet die Anzahl der minderwertigen Fahnen in einem Paket. Gehen Sie davon aus, dass X binomialverteilt ist. Der Mitarbeiter für Qualitätsanalyse erstellt für X ein Diagramm der kumulierten Wahrscheinlichkeiten (vgl. Abb. 1)

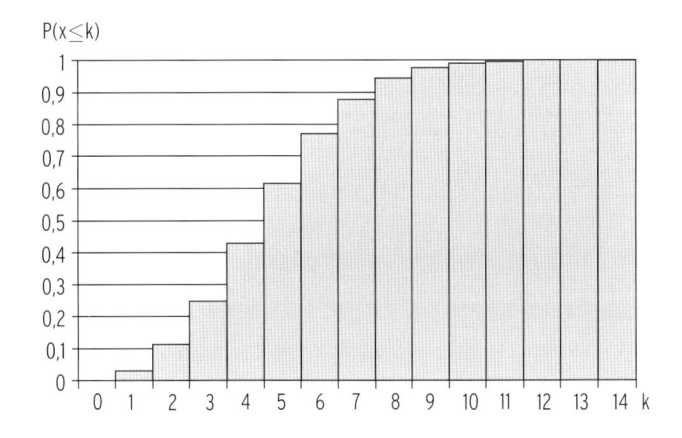

Abb. 1: Kumulierte Wahrscheinlichkeit $P(X \leq k)$ für k minderwertige Fahnen von n = 40 Fahnen. Für alle k mit k > 14 beträgt die gerundete kumulierte Wahrscheinlichkeit 1

Beurteilen Sie anhand des vorgegebenen Diagrammes folgende Aussagen. 11

A: Die Wahrscheinlichkeit, dass in einem Paket höchstens fünf Fahnen minderwertig sind, beträgt ca. 62 %.

B: Die Wahrscheinlichkeit, dass in einem Paket genau 4 Fahnen minderwertig sind, beträgt ungefähr 0,42.

C: Die Wahrscheinlichkeit, dass 13 oder 14 minderwertige Fahnen im Paket sind, ist annähernd gleich hoch.

D: Die Wahrscheinlichkeit, dass mehr als zwei Fahnen minderwertig sind beträgt ca. 90%.

E: Die Wahrscheinlichkeit, dass in einem Paket mindestens zwei und höchstens sechs minderwertige Fahnen sind, beträgt ca. 55 %.

Aufgabe 3 Seite 2/2 Punkte

2.2 Genauere Untersuchungen der Qualität der Fahnen ergeben eine Ausschusswahrscheinlichkeit von 12,5%. Die Paketgröße soll auf 50 Fahnen aufgestockt werden. Es wird festgelegt, dass ein Paket nicht bezahlt werden muss, wenn sich darin mehr als 8 minderwertige Fahnen befinden.

2.2.1 Bestimmen Sie die Wahrscheinlichkeit, dass ein verkauftes Paket nicht berechnet wird.   4

2.2.2 Ermitteln Sie den Verkaufspreis eines Paketes, wenn das Unternehmen im Durchschnitt einen Paketpreis von 320 GE erzielen will.   4

2.2.3 Ein besonders interessierter Kunde möchte Fahnen aus der laufenden Produktion begutachten. Untersuchen Sie, wie viele Fahnen er entnehmen müsste, bis er mit einer Wahrscheinlichkeit von mindestens 95 % mindestens eine minderwertige Fahne gezogen hat.   6

Die Agrema AG bezieht Rohpolyester für die Fahnen von dem Unternehmen CheijDong aus Taiwan. Nach Aussage des Unternehmens sind höchstens 4 % der Polyesterbahnen fehlerhaft und damit Ausschuss. Die Ware wird beim Eingang durch eine Stichprobe mit Umfang n = 50 überprüft.

2.3 Ermitteln Sie für p = 0,04 die zu erwartende Anzahl fehlerhafter Polyesterbahnen und die durchschnittlich zu erwartende Abweichung.   4

2.4 In einigen der Stichproben waren auffällig viele fehlerhafte Polyesterbahnen. Das Textilunternehmen vermutet daher, dass man bei der Ware von einer höheren Ausschussquote ausgehen muss.

2.4.1 Erläutern Sie für diesen Sachverhalt Hypothese und Gegenhypothese sowie den Fehler 1. Art.   5

2.4.2 Leiten Sie eine Entscheidungsregel her, so dass das Textilunternehmen mit einer Irrtumswahrscheinlichkeit von höchstens 2 % von einer höheren Ausschussquote ausgehen kann.   8

2.4.3 Prüfen Sie, ob man bei einem Stichprobenausfall von 8 defekten Polyesterbahnen mit der angegebenen Sicherheit auf eine höhere Ausschussquote schließen kann.   3

(NRW Berufskolleg 2011.) $\overline{45}$

Aufgabe 4

Ein Importeur von Elektroartikeln bietet preisgünstige Laptops an, die von einem asiatischen Unternehmen hergestellt werden.

a) Ein Elektronikfachmarkt bezieht diese Laptops. Nach Angaben des Importeurs sind die gelieferten Geräte zu 95 % fehlerfrei. Gehen Sie zur Vereinfachung beim Testen vom Modell „Ziehen mit Zurücklegen" aus.
Berechnen Sie die Wahrscheinlichkeit, mit der unter 20 Laptops
- kein Laptop,
- höchstens zwei Laptops,
- mindestens einer, aber weniger als fünf Laptops fehlerhaft sind.

Man möchte erreichen, dass mit einer Wahrscheinlichkeit von mehr als 90 % alle Laptops fehlerfrei sind. Ermitteln Sie, ab welchem Stichprobenumfang diese Bedingung nicht mehr erfüllt wird.

b) Der Importeur bezieht zwei Container mit funktionsfähigen Laptops. Für einen Container gibt der Hersteller an, dass 20 % der gelieferten Geräte optische Fehler haben (I. Wahl). Beim zweiten Container hingegen haben 30 % der Geräte optische Fehler (II. Wahl). Eine eindeutige Identifikation der Container ist nicht möglich. Durch Entnahme einer Stichprobe von 20 Geräten bei einem der Container soll getestet werden, welche Qualität vorliegt.
Zeigen sich an höchstens vier Geräten optische Fehler, dann geht der Importeur davon aus, dass es sich bei dem ausgewählten Container um I. Wahl handelt, andernfalls um II. Wahl. Bestimmen Sie die Wahrscheinlichkeit dafür, dass ein Container, der tatsächlich Geräte II. Wahl enthält, als I. Wahl eingestuft wird. Beschreiben Sie die Fehlerart.
(Abitur 2008, Niedersachsen.)

Aufgabe 5

Diagnostische Tests werden zum Erkennen von Krankheiten eingesetzt.
Für die Krankheit Maladia gibt es den diagnostischen Test T_1, der bei einer repräsentativen Personengruppe eingesetzt wurde und bei 12 % der getesteten Personen positiv ausfiel. Von dem Test T_1 weiß man, dass bei einer an Maladia erkrankten Person mit 85 % Wahrscheinlichkeit ein positives Testergebnis eintritt, dass aber auch bei einer nicht erkrankten Person mit 3 % Wahrscheinlichkeit ein positives Testergebnis eintritt. Zeigen Sie, dass die Wahrscheinlichkeit, dass eine getestete Person krank ist, ca. 11 % beträgt. Wie groß ist die Wahrscheinlichkeit, dass jemand mit einem positiven Testergebnis krank ist?

Aufgabe 6

Die Cylenda AG ist wichtiger Zulieferer für die Zayoto Ltd. und stellt unter anderem in hoher Stückzahl Chips für Mobiltelefone her. Aufgrund von technischen Problemen wird davon ausgegangen, dass durchschnittlich 10 % der Chips fehlerhaft sind.
Alle produzierten Chips werden in Kartons zu je 50 Stück verpackt und ausgeliefert.

3.1 Bei einer Lieferung von Chips wird ein Karton untersucht.

3.1.1 Geben Sie die zu erwartende Anzahl defekter Chips in einem Karton an. **3**

3.1.2 Berechnen Sie die Wahrscheinlichkeit dafür, dass die Anzahl defekter Chips um höchstens 3 vom erwarteten Wert abweicht. **4**

3.1.3 Ermitteln Sie die Mindestanzahl der Chips, die untersucht werden müssen, damit mit einer Wahrscheinlichkeit von mindestens 0,95 mindestens ein defekter Chip dabei ist. **5**

3.2 Für die Chips sind folgende Zahlungsmodalitäten vereinbart:
Aus einer Lieferung wird zunächst der Inhalt eines zufällig ausgewählten Kartons mit 50 Chips überprüft. Befinden sich darin höchstens fünf defekte Chips, so wird die gesamte Sendung angenommen und der volle Preis gezahlt. Sind genau sechs Chips defekt, so wird die Ware ebenfalls angenommen, jedoch wird für die gesamte Sendung nur 80 % des Preises gezahlt. Sind mehr als sechs Chips defekt, so wird die gesamte Lieferung abgelehnt und die Cylenda AG muss die Kosten für die Entsorgung in Höhe von 0,60 € pro Chip übernehmen.
Die Produktion eines Chips kostet die Cylenda AG 8,00 €.

3.2.1 Berechnen Sie die Wahrscheinlichkeiten für folgende Ereignisse:
A: Die Ware wird zum vollen Preis angenommen.
B: Die Ware wird zum reduzierten Preis angenommen.
C: Die Ware wird abgelehnt. **6**

3.2.2 Ermitteln Sie den Preis pro Chip, damit der zu erwartende Gewinn je Chip bei 5,00 € liegt. **5**

3.3 Eine Lieferung umfasst 2 000 Chips.

3.3.1 Bestimmen Sie die Wahrscheinlichkeit dafür, dass in einer Lieferung höchstens 215 Chips fehlerhaft sind. **3**

3.3.2 Ermitteln Sie für die Anzahl der fehlerhaften Chips in einer Lieferung die Grenze k, die nur mit einer Wahrscheinlichkeit von 0,05 überschritten wird. **3**

Aufgabe 6   Seite 2/2

3.4 Durch Verbesserungen im Produktionsprozess geht die Cylenda AG nunmehr davon aus, dass der Anteil unbrauchbarer Chips unter 10 % gesunken ist. Die Geschäftsleitung möchte dies durch einen Signifikanztest mit einem Stichprobenumfang von 50 Chips auf einem Signifikanzniveau von $\alpha \leq 0{,}05$ überprüfen.

3.4.1 Entwickeln Sie für den Test eine Entscheidungsregel. 8

3.4.2 Es wird behauptet, dass die Qualitätssteigerung bereits dann nachgewiesen ist, wenn die Anzahl der als fehlerhaft erkannten Chips unter dem bei $p = 0{,}1$ zu erwartenden Wert von 5 liegt.
Bewerten Sie diese Behauptung auf der Basis des durchgeführten Signifikanztests. 3

(NRW Berufskolleg 2013.)

Aufgabe 7   Seite 1/2   Lösung Seite 153/154
Punkte

Der Pharmakonzern Harma AG stellt schmerzlindernde Präparate als klassische Tablette, Brausetablette, Granulat oder Kautablette her. Diese werden in drei Produktionsabteilungen gefertigt.

3.1 Niap vita wird in Form von Lutschpastillen angeboten, die zusätzlich noch Extrakte aus der Cranberry enthalten. Je 12 Pastillen werden in eine Primärverpackung mit Aromaschutzversiegelung verpackt. Die Verpackungsanlage arbeitet nicht immer zuverlässig. Bekannt ist, dass zwei voneinander unabhängige Fehler auftreten können. Es fehlen Pastillen (1,5 %) oder die Versiegelung ist undicht (3 %).

3.1.1 Bestätigen Sie, dass die Wahrscheinlichkeit für eine fehlerfreie Primärverpackung bei annähernd 96 % liegt. 3

3.1.2 Untersuchen Sie, wie weit die Fehlerwahrscheinlichkeit bei der Versiegelung gesenkt werden müsste, um zu erreichen, dass die Verpackungsanlage insgesamt zu durchschnittlich 97,515 % fehlerfrei arbeitet. 4

Aufgabe 7

3.2 Gehen Sie im Folgenden davon aus, dass 96 % der Primärverpackungen in Ordnung sind und legen Sie eine binomialverteilte Zufallsgröße zugrunde.

3.2.1 Beurteilen Sie die folgende Behauptung der Qualitätsprüfer: „Wenn mindestens 75 Primärverpackungen geprüft werden, dann wird mit einer Wahrscheinlichkeit von mindestens 99 % mindestens eine Primärverpackung gefunden, die nicht in Ordnung ist." (5)

3.2.2 Es werden je fünf Primärverpackungen in eine Schachtel verpackt, so dass diese 60 Pastillen *Niap Vita* enthalten soll. (4)

Geben Sie die Wahrscheinlichkeit für eine einwandfreie Schachtel an.

3.3 Auf Grund des Einsatzes einer neuen Verpackungsmaschine ist eine Schachtel mit einer Wahrscheinlichkeit von 98 % fehlerfrei. Je 50 Schachteln kommen in ein Versandpaket für den Einzelhandel.

3.3.1 Berechnen Sie die Wahrscheinlichkeit, dass ein Versandpaket höchstens zwei fehlerhafte Schachteln enthält. (4)

3.3.2 Bestimmen Sie die Wahrscheinlichkeit, dass die zu erwartende Anzahl von Schachteln mit fehlerhaftem Inhalt in einem Versandpaket nicht überschritten wird. (4)

3.3.3 Eine Apotheke bestellt ein Paket des Produktes Niap vita. Die Sendung wird reklamiert, wenn in diesem Paket mehr als drei Schachteln mit fehlerhaftem Inhalt aufgefunden werden.
Berechnen Sie hierfür die Wahrscheinlichkeit. (3)

3.4 Das Cranberry-Extrakt wird in Dosen von einem Zulieferer bezogen. Der Zulieferer behauptet, dass bei durchschnittlich 95 % der Dosen der Reinheitsgrad des Extraktes dem Höchststandard „exzellent" entspricht. Die Abteilung „Forschung und Entwicklung" der Harma AG musste im letzten Quartal häufiger die Qualität beanstanden. Daher soll auf der Basis eines Hypothesentestes gezeigt werden, dass das Qualitätsversprechen nicht eingehalten wird. Dazu werden 50 Dosen einer Lieferung entnommen und geprüft.

3.4.1 Leiten Sie eine Entscheidungsregel auf einem Signifikanzniveau von 5 % her. (6)

3.4.2 Die Harma AG notiert im Qualitätsbericht folgende Daten:

Reinheitsgrad	gut	sehr gut	hervorragend	exzellent
Anzahl Dosen	1	2	2	45

Entscheiden Sie, ob auf Basis dieser Daten das Qualitätsversprechen des Zulieferers auf 5 % Signifikanzniveau als widerlegt betrachtet werden kann. (3)

(NRW Berufskolleg 2014)

Aufgabe 8　　　　　　　　　　　　　Lösung Seite 155/156

Die LION GmbH, ein Hersteller für Sportartikel, fertigt große Mengen von Fahrradtrikots, die in den Farben rot, grün und gelb bedruckt werden. Dabei ist die Hälfte der hergestellten Fahrradtrikots rot, 23 % sind grün und der Rest gelb. Die Produktion der Trikots erfolgt in den zwei voneinander unabhängigen Arbeitsgängen „Nähen" und „Bedrucken". Obwohl man aus Erfahrung weiß, dass 7 % der Trikots nach dem Nähen einen Nähfehler aufweisen, werden **alle** Fahrradtrikots bedruckt. 95 % haben den dem Arbeitsgang „Bedrucken" keine Druckfehler.

a) Bei der Endkontrolle kommen die Trikots mit den unterschiedlichen Farben nacheinander in zufälliger Reihenfolge an. Zehn der nacheinander ankommenden Trikots werden betrachtet. Berechnen Sie die Wahrscheinlichkeiten der Ereignisse

　A: Mindestens sechs Trikots sind rot bedruckt
　B: Die ersten sechs Trikots sind grün bedruckt
　C: Höchstens zwei Trikots sind gelb bedruckt

Bei der Vermarktung interessieren im Wesentlichen einwandfreie Trikots. Dabei gilt, dass Trikots, die entweder Näh- oder Druckfehler haben, mit einem 30%igen Nachlass vom Preis eines fehlerfreien Trikots verkauft werden. Trikots mit Näh- und Druckfehlern sind Ausschuss, der Hersteller kann hierfür lediglich 1,50 € pro Trikot erzielen. Berechnen Sie unter diesen Bedingungen den Preis für ein fehlerfreies Trikot, damit eine Tagesproduktion von 2250 Stück für 41242,50 € verkauft werden kann.

b) Die LION GmbH „garantiert" ihren Kunden, dass in einer neuen Lieferung höchstens 10 % der gelieferten Trikots fehlerhaft sind.

Die Einzelhandelskette BESTPREIS ordert einen größeren Posten Trikots, macht die Annahme der Warensendung aber abhängig von der Prüfung einer Zufallsstichprobe von 50 Stück. Die Einzelhandelskette will mit einer Wahrscheinlichkeit von höchstens 5 % riskieren, dass die Lieferung zu Unrecht abgelehnt wird. Ermitteln Sie ein Entscheidungskriterium und wenden Sie dieses an.

Tatsächlich ist jedes sechste gelieferte Fahrradtrikot fehlerhaft. Berechnen Sie die Wahrscheinlichkeit dafür, dass die Lieferung bei ihrem ermittelten Entscheidungskriterium trotzdem angenommen wird.

(Teile aus Abitur 2006, Fachgymnasium Niedersachsen.)

Aufgabe 9　　　　　　Seite 1/2　　　　　　Lösung Seite 156/157

Das Unternehmen Mobiltec produziert Handys mit integrierter Navigationsfunktion. Außerdem hat es sich auf die Herstellung und den Vertrieb von Handyschalen spezialisiert. Die Handyschalen werden in Kartons zu je 100 Stück auch an den Großhandel verkauft. Untersuchungen haben ergeben, dass bei 10% aller produzierten Schalen Fehler in der Farbpigmentierung auftreten.

Aufgabe 9

1. Berechnen Sie die Wahrscheinlichkeiten für folgende Ereignisse:
   A: In einem Karton befinden sich genau fünf Handyschalen mit fehlerhafter Farbpigmentierung.
   B: In einem Karton weisen weniger als drei Handyschalen diesen Fehler auf.
   C: In einem Karton sind mehr als sieben Handyschalen fehlerhaft.
   D: Ein Karton enthält weniger als 90 fehlerfreie Handyschalen.

2. Vor dem Verlassen des Werkes werden die Handyschalen einer Endkontrolle unterzogen. Weisen Sie nach, dass mehr als 21 Handyschalen überprüft werden müssen, um mit mindestens 90%-iger Wahrscheinlichkeit mindestens eine fehlerhafte Schale zu finden.

3. Bestimmen Sie die Wahrscheinlichkeit, dass bei 100 kontrollierten Handyschalen die Anzahl der fehlerhaften Handyschalen um höchstens die Standardabweichung vom Erwartungswert abweicht.

4. Nach einer Änderung des Produktionsverfahrens behauptet der Verfahrenstechniker, dass nun höchstens 2 % aller Handyschalen Fehler in der Farbpigmentierung aufweisen. Der Vertriebsleiter ist skeptisch und möchte die Aussage des Technikers mit einem Hypothesentest widerlegen. Es wird vereinbart, dass aus der laufenden Produktion eine Stichprobe von 100 Handyschalen genommen wird.

4.1 Leiten Sie eine Entscheidungsregel über die Anzahl fehlerhafter Handyschalen aus der Sicht des Vertriebsleiters her. Dieser glaubt, dass mehr als 2 % aller Handyschalen Fehler in der Farbpigmentierung aufweisen. Die Irrtumswahrscheinlichkeit soll höchstens 5 % (Signifikanzniveau) betragen.

4.2 Beurteilen Sie die Argumentationslage des Vertriebsleiters, wenn in der Stichprobe 4 fehlerhafte Handyschalen gefunden werden.

5. Die Handyschalen werden nach der Herstellung in einer dreistufigen Kontrolle auf Mikrorisse geprüft und ggf. aussortiert. In der ersten Kontrollstufe wird dieser Fehler mit 70 %-iger Wahrscheinlichkeit, in der zweiten Kontrollstufe mit einer Wahrscheinlichkeit von 60 % und in der dritten Kontrolle mit einer Wahrscheinlichkeit von 20 % erkannt. Wird ein Riss bei der ersten Kontrolle entdeckt, so entstehen dem Unternehmen Mobiltec Kosten in Höhe von 0,75 €. Wird dieser Fehler erst in der zweiten Kontrolle entdeckt, betragen die Kosten 1,50 €.

Wird ein Mikroriss jedoch erst in der dritten Kontrolle entdeckt, dann liegen die Kosten bei 5 €. Wenn ein Handy mit einem Mikroriss ausgeliefert wird, so wird es mit einer Wahrscheinlichkeit von 75% reklamiert. Die Ersatzbeschaffung kostet 50 €.
Die Zufallsgröße X gibt die Kosten in Euro an, die eine Handyschale mit diesem Fehler verursacht. Bestimmen Sie die Wahrscheinlichkeitsverteilung der Zufallsgröße X und die durchschnittlich zu erwartenden Kosten. (NRW Berufskolleg 2011.)

Aufgabe 10

Lösung Seite 158

Eine Befragung hat ergeben, dass 40 % der Einwohner einer Kleinstadt einem Verein angehören. Zudem wurde festgestellt, dass 70 % aller Vereinsmitglieder männlichen Geschlechts sind. Von den Personen, die keinem Verein angehören, sind 65 % weiblich. Zeichnen Sie ein Baumdiagramm.
Berechnen Sie die Wahrscheinlichkeit, dass
- eine zufällig ausgewählte Person männlich ist,
- eine zufällig ausgewählte männliche Person einem Verein angehört.

Aufgabe 11   Seite 1/2   Lösung Seite 158 - 160

Der Bausatz für das Regal „Vario II" wird in zwei Produktionsstufen gefertigt.
Aus Erfahrung weiß man, dass in der ersten Produktionsstufe die Fehlerquote 12 % und in der zweiten 9,5 % beträgt. Die Fehler auf beiden Produktionsstufen treten unabhängig voneinander auf.

1 Zeigen Sie, dass die Wahrscheinlichkeit für einen fehlerhaften Regalbausatz ungefähr 0,2 beträgt.

2 Gehen Sie davon aus, dass die Wahrscheinlichkeit für einen fehlerhaften Regalbausatz $p = 0{,}2$ ist. Der laufenden Produktion wird eine Stichprobe von 10 Regalbausätzen entnommen.

2.1 Berechnen Sie die Wahrscheinlichkeit, dass die letzten zwei entnommenen Regalbausätze fehlerhaft sind.

2.2 Berechnen Sie die Wahrscheinlichkeit, dass nur die beiden zuletzt entnommenen Regalbausätze fehlerhaft sind.

2.3 Berechnen Sie die Wahrscheinlichkeit, dass in der Probe insgesamt zwei Regalbausätze fehlerhaft sind.

Aufgabe 11 Seite 2/2

3 Bei 11,5 % der Regalbausätze treten die beiden voneinander unabhängigen Fehlertypen A und B einzeln oder gemeinsam auf.
Fehlertyp A: „Der Regalbausatz weist Kratzer auf."
Fehlertyp B: „Die Bedienelemente des Regalbausatzes klemmen."

3.1 Bestimmen Sie die Wahrscheinlichkeit für den Fehler A, wenn bekannt ist, dass der Fehler B eine Wahrscheinlichkeit von 8,5% besitzt.

3.2 Ermitteln Sie, mit welcher Wahrscheinlichkeit nur einer der Fehler A oder B auftritt.

4 Die Fehlerquote ist der Firmenleitung zu hoch. Sie verbessert die Produktionsbedingungen und der Werksleiter behauptet: „Höchstens 3 % des Regalbausatzes „Vario II" sind fehlerhaft." In einer Stichprobe von 100 Stück werden fünf fehlerhafte Regalbausätze gefunden.
Bewerten Sie die Aussage des Werksleiters mit Hilfe eines geeigneten Testverfahrens auf einem Signifikanzniveau von 5 %.

5 Bei der Endkontrolle der Regalbausätze wird mit einer Wahrscheinlichkeit von 98 % ein fehlerhafter Regalbausatz erkannt und zunächst aussortiert. In 1 % der Fälle wird ein einwandfreier Bausatz versehentlich aussortiert. Insgesamt weisen 3 % der Bausätze tatsächlich einen Fehler auf.

5.1 Berechnen Sie den Anteil der als einwandfrei ausgelieferten Regalbausätze.

5.2 Zeigen Sie, dass ein Grund für eine spätere berechtigte Reklamation durchschnittlich nur einmal unter 1600 ausgelieferten Regalbausätzen vorkommt.

5.3 Die Kosten der Endkontrolle betragen zurzeit 0,20 € pro Regalbausatz. Eine berechtigte Reklamation verursacht Kosten in Höhe von 500 €. Eine Verbesserung des Kontrollgeräts durch ein Zusatzmodul würde einmalig 450 € kosten und bei der Kontrolle des einzelnen Bausatzes Kosten in Höhe von 0,25 € verursachen. Allerdings würde laut Techniker das neue Modul dafür sorgen, dass durchschnittlich nur noch einmal unter 3200 Regalbausätzen eine berechtigte Reklamation vorkommt.
Im nächsten Jahr wird mit einer Produktion von 10000 Regalbausätzen gerechnet. Der Anteil der als einwandfrei ausgelieferten Regalbausätze beträgt beim alten Kontrollgerät ohne Zusatzmodul 96 % und beim verbesserten Kontrollgerät mit Zusatzmodul 95 %.
Beurteilen Sie, ob sich die Anschaffung des neuen Moduls für das nächste Jahr lohnt. Gehen Sie davon aus, dass ungerechtfertigte Reklamationen vernachlässigbar geringe Kosten verursachen.
Weisen Sie nach, ab welcher Produktionsmenge sich eine Umstellung auf das neue Modul lohnt.

(Berufskolleg, NRW 2009)

Aufgaben zur Prüfungsvorbereitung

Aufgabe 12　　　　　　　　　Seite 1/2　　　　　　Lösung Seite 160 - 162

Die Zürla-Kohlin GmbH bezieht von einem Zulieferer seit Jahren selbstsichernde Muttern in großen Mengen, bei denen zwei Fehlerarten auftreten: Falsche Form und fehlerhaftes Gewinde. Insgesamt sind nur 93,60 % aller Muttern fehlerfrei, d. h. sie haben weder eine falsche Form noch ein fehlerhaftes Gewinde.

1　Für die Montage eines Tourenrades Gear 21 werden vier Sicherungsmuttern benötigt. Hierzu werden nacheinander Muttern aus einer Kiste mit mehreren Hundert Muttern entnommen und auf Fehlerhaftigkeit (Falsche Form und/ oder fehlerhaftes Gewinde) geprüft, bis vier fehlerfreie Muttern vorliegen.

1.1　Begründen Sie, warum diese Vorgehensweise als wiederholte Durchführung eines Bernoulli-Versuchs gedeutet werden kann und bestimmen Sie die Wahrscheinlichkeiten folgender Ereignisse:

E1: „Die ersten vier entnommenen Muttern sind alle fehlerfrei."

E2: „Von der ersten vier entnommenen Muttern sind zwei fehlerhaft."

E3: „Die sechste entnommene Mutter ist die vierte fehlerfreie."　　11

1.2　Ein Bernoulli-Versuch mit der Erfolgswahrscheinlichkeit p und der Misserfolgswahrscheinlichkeit q = 1 − p wird so häufig durchgeführt, bis insgesamt k Erfolge eingetreten sind. Die Zufallsvariable X_k gibt die Anzahl der dazu benötigten Versuchsdurchführungen an.

Zeigen Sie, dass dann $P(X_k = n) = \frac{k}{n} \cdot \binom{n}{k} \cdot p^k \cdot q^{n-k}$ für $n \geq k$ gilt.　　6

2　Beim derzeitigen Zulieferer kostet eine Kiste mit 1000 Muttern 150,00 €.

Nicht verwendbare Muttern werden von der Zürla-Kohlin GmbH gesammelt und als Altmetall wieder verkauft. Für 1000 fehlerhafte Muttern wird ein Schrottpreis von 9,85 € erzielt.

Ein Konkurrenzunternehmen des bisherigen Zulieferers unterbreitet der Zürla-Kohlin GmbH ein Angebot: Die 1000er Kiste Muttern soll lediglich 140,00 € kosten. Allerdings wird nur ein Anteil von durchschnittlich 90 % fehlerfreien Muttern zugesichert.

Bewerten Sie das neue Angebot, indem Sie die zu erwartenden Kosten für 1000 benötigte fehlerfreie Muttern bei beiden Anbietern vergleichen.　　8

(Hinweis: Für die in Aufgabe 1.2 definierte Zufallsvariable gilt $E(X_k) = \frac{k}{p}$)

Aufgabe 12   Seite 2/2

3   Die Zürla-Kohlin GmbH erwägt auf das Angebot aus Aufgabe 2 einzugehen und lässt sich eine Probe von 100 Muttern kommen. Anhand dieser Probe soll getestet werden, ob der vorgegebene Ausschussanteil von höchstens 10 % eingehalten wird.

3.1   Stellen Sie einen Signifikanztest auf, mit dessen Hilfe die Hypothese, dass der Ausschussanteil tatsächlich höchstens 10 % beträgt, überprüft werden kann.
Hierbei soll ein Signifikanzniveau von $\alpha = 5\,\%$ eingehalten werden.   8

3.2   Beurteilen Sie, inwieweit der vorgeschlagene Signifikanztest für die Zürla-Kohlin GmbH ein geeignetes Instrumentarium darstellt, um zu einer Entscheidung bezüglich eines Zulieferwechsels zu gelangen.   4

(NRW Berufskolleg, 2009.)

Aufgabe 13   Lösung Seite 162

Das Unternehmen *Kaffeeduft* stellt seine Kaffeekapseln maschinell her.
Die Marketingabteilung von Kaffeeduft hat beschlossen, eine Maxipackung mit 100 Kapseln der beliebten Sorte Espresso auf den Markt zu bringen. Eine solche Packung verursacht Stückkosten in Höhe von 9,50 € und soll für 19,90 € verkauft werden.
Durch eine Werbemaßnahme soll der Verkauf der Maxipackungen angekurbelt werden. Dazu befindet sich in jeder Packung ein Gutschein in Höhe von 1 €, 2 €, 3 € oder 5 €.
Die dazugehörige Wahrscheinlichkeitsverteilung ist der folgenden Tabelle zu entnehmen.

Wert des Gutscheins	1 €	2 €	3 €	5 €
$P(X = x_i)$	0,5	0,3	0,1	0,1

Kaffeeduft geht davon aus, dass während der Werbeaktion 50 000 Maxipackungen verkauft werden und dass nur jeder fünfte Kunde den Gutschein einlöst.

1   Berechnen Sie den Gewinn, der mit 50 000 Maxipackungen ohne Werbemaßnahme erzielt wird.   2

2   Bestimmen Sie den durch die Werbemaßnahme gewährten durchschnittlichen Wert des Gutscheins, also E(X).   4

3   Vergleichen Sie den erwarteten Gewinn mit und ohne Werbemaßnahme.   4

(NRW Berufskolleg, 2015.)

Lösungen - Aufgaben zur Prüfungsvorbereitung Stochastik

Lösung Aufgabe 1   Seite 1/2   (Aufgabe Seite 132/133)

1   Jährliche Ausschussmenge an Walzen:

$2000 \cdot 0{,}02 + 3000 \cdot 0{,}05 + 5000 \cdot 0{,}08 = 590$

Zahl der intakten Walzen: $10000 - 590 = 9410$

Durchschnittliche Bezugskosten pro intakter Walze:

$$\frac{2000 \cdot 49{,}98 + 3000 \cdot 39{,}37 + 5000 \cdot 18{,}69}{9410} \approx 33{,}11$$

Eine intakte Walze kostet durchschnittlich 33,11 €.

2   X: Anzahl der defekten Walzen in der Stichprobe; X ist $B_{100;\,0{,}08}$- verteilt

2.1   Erwartungswert: $E(X) = n \cdot p = 100 \cdot 0{,}08 = 8$

$P(X = 8) = \binom{100}{8} \cdot 0{,}08^8 \cdot 0{,}92^{92} = 0{,}1455$

2.2   A: Richtig, da bei 20 keine Säule erkennbar ist.

B: Falsch, da bei 8 Walzen die Wahrscheinlichkeit größer ist.

C: Falsch, die Wahrscheinlichkeit 9 defekte Walzen in der Stichprobe zu haben, ist etwas größer.

D: Richtig, die Höhe der ersten Säulen (von 0 bis 2) ist zusammen kleiner als 0,03.

2.3 $P(X \leq 2) = \binom{100}{0} \cdot 0{,}08^0 \cdot 0{,}92^{100} + \binom{100}{1} \cdot 0{,}08^1 \cdot 0{,}92^{99} + \binom{100}{2} \cdot 0{,}08^2 \cdot 0{,}92^{98}$

$P(X \leq 2) \approx 0{,}0113$

Die Wahrscheinlichkeit für höchstens 2 defekte Walzen ist etwa 1,13 %.

3   Y: Anzahl der defekten Walzen in der Stichprobe; X ist $B_{100;\,0{,}05}$- verteilt

$P(A) = P(Y \leq 2) \approx 0{,}1183$

$P(B) = P(Y \geq 3) = 1 - P(Y \leq 2) \approx 1 - 0{,}1183 = 0{,}8817$

$P(C) = P(4 \leq Y \leq 7) = P(Y \leq 7) - P(Y \leq 3) \approx 0{,}8720 - 0{,}2578 = 0{,}6142$

Erwartungswert: $E(Y) = n \cdot p = 100 \cdot 0{,}05 = 5$

$P(D) = P(Y = 5) = \binom{100}{5} \cdot 0{,}05^5 \cdot 0{,}95^{95} \approx 0{,}1800$

Oder aus der Summentabelle: $P(D) = P(Y \leq 5) - P(Y \leq 4) \approx 0{,}1800$

4.1   Irrtumswahrscheinlichkeit $\alpha = 0{,}1$

X: Anzahl defekter Walzen mit $n = 100$; X ist im ungünstigsten Fall $B_{100;\,0{,}04}$-verteilt

Nullhypothese $H_0: p \geq 0{,}04$

Bemerkung: Es ist immer das Gegenteil von dem, was man zeigen möchte, als Nullhypothese anzunehmen.

Aus $P(X \leq 2) \approx 0{,}2321$ und $P(X \leq 1) \approx 0{,}0872$ folgt der Ablehnungsbereich $\overline{A} = \{0;\,1\}$

Es darf bei dem Test also maximal eine defekte Walze auftreten.

Lösung Aufgabe 1   Seite 2/2   (Aufgabe Seite 141/142)

4.2   Ein Fehler 2. Art ist die Wahrscheinlichkeit, die Nullhypothese anzunehmen, obwohl sie nicht zutrifft. Für $X \geq 2$ wird H_0 angenommen.

X ist $B_{100;\,0,03}$-verteilt: $P(X \geq 2) = 1 - P(X \leq 1) \approx 1 - 0{,}1946 = 0{,}8054$

Wenn die tatsächliche Ausschussquote 3 % beträgt, erhält man mit 80,54 % Wahrscheinlichkeit mindestens zwei defekte Walzen und kann $p < 0{,}04$ nicht bestätigen, obwohl es eigentlich zutrifft

X ist $B_{100;\,0,02}$-verteilt: $P(X \geq 2) = 1 - P(X \leq 1) \approx 1 - 0{,}4033 = 0{,}5967$

Wenn die tatsächliche Ausschussquote 2 % beträgt, erhält man mit 59,67 % Wahrscheinlichkeit mindestens zwei defekte Walzen und kann $p < 0{,}04$ nicht bestätigen, obwohl es eigentlich zutrifft.

Für den Lieferanten sind beide Fehler inakzeptabel.

Lösung Aufgabe 2   Seite 1/2   (Aufgabe Seite 134)

3.1.1   X: = Anzahl der defekten Scharniere unter n = 100; X ist B(100;0,05) verteilt.

$E(X) = n \cdot p = 100 \cdot 0{,}05 = 5$

$P(E_1) = P(X \leq 5) = 0{,}6160$ lt. Tabelle

Mit einer Wahrscheinlichkeit von ca. 61,6 % sind in der Stichprobe höchstens so viele defekte Scharniere enthalten wie erwartet.

Y: = Anzahl der defekten Scharniere unter n = 20; Y ist B(20;0,05) verteilt.

$P(E_2) = P(Y > 2) = 1 - P(Y \leq 1) = 1 - F(20;\,0{,}05;\,2) = 1 - 0{,}9245 = 0{,}0755$ (Tabelle)

Die Wahrscheinlichkeit, dass in einem Karton mehr als 2 defekte Scharniere enthalten sind, liegt bei ca. 7,55 %.

3.1.2   Z: = Anzahl der Kartons mit mehr als drei defekten Scharnieren

Z ist B(5; 0,0159) verteilt.

$P(Z \geq 1) = 1 - P(Z = 0) = 1 - (1 - 0{,}0159)^5 \approx 0{,}077$

Die Wahrscheinlichkeit, dass sich unter den 5 Kartons mindestens einer mit mehr als 3 defekten Scharnieren befindet, beträgt ca. 7,7 %.

3.2   X:= Anzahl der defekten Scharniere unter n getesteten

Bedingung: $P(X \geq 1) > 0{,}99 \Leftrightarrow 1 - P(X = 0) > 0{,}990$

$$P(X = 0) < 0{,}01 \Leftrightarrow \binom{n}{0} 0{,}05^0 \cdot 0{,}95^n = 0{,}95^n < 0{,}01$$

$$n \ln 0{,}95 < \ln 0{,}01$$

$$n > \frac{\ln 0{,}01}{\ln 0{,}95} \approx 89{,}78$$

Es müssen mindestens 90 Scharniere untersucht werden, um mit 99 %iger Wahrscheinlichkeit mindestens ein defektes Scharnier zu finden.

Lösung Aufgabe 2 — Seite 2/2

3.3.1 Baumdiagramm

B = Beleuchtung defekt; $\overline{B}$ = Beleuchtung nicht defekt

F = Fehler angezeigt;

$\overline{F}$ = kein Fehler angezeigt

Baumdiagramm: 0,1 → B → 0,99 F / 0,01 $\overline{F}$; 0,9 → $\overline{B}$ → 0,02 F / 0,98 $\overline{F}$

3.3.2 X_1: Reparaturkosten pro Küche bei Prüfung ohne Testgerät

X_2: Reparaturkosten pro Küche bei Prüfung mit Testgerät: $E(X_1) = 80 \cdot 0,1 = 8,00$

$E(X_2) = 20 \cdot (0,9 \cdot 0,02 + 0,1 \cdot 0,99) + 80 \cdot 0,1 \cdot 0,01 = 2,42$

Erläuterung: 0,9: 90 % intakt; 0,02: 2 % als defekt aussortiert

0,1 · 0,99: 10 % defekt zu 99 % erkannt

Bei einer Produktion von 1000 Küchen ergeben sich ...

... bei der Prüfung ohne Testgerät 8 € · 1000 = 8000 € Kosten.

... bei Prüfung mit Testgerät 2,42 € · 1000 + 30 € · 100 + 580 € = 6000 € Kosten.

In diesem Fall ist es also sinnvoll das Testgerät anzuschaffen, da es zu einer Kosteneinsparung von 2000 € führt.

Lösung Aufgabe 3 — Seite 1/2 (Aufgabe Seite 135/136)

2.1
- **A:** Die Aussage ist richtig, da 62% ungefähr abgelesen werden können als kumulierter Wert bei 5.
- **B:** Die Aussage ist falsch - die Säule bei k = 4 gibt die aufsummierte Wahrscheinlichkeit für $X \in \{1, 2, 3, 4\}$ an und somit ist die Wahrscheinlichkeit für X = 4 deutlich geringer als 0,42.
- **C:** Die Aussage ist zu bejahen. Der Höhenunterschied der Säulen bei k = 13 und bei k = 14 ist kaum noch auszumachen.
- **D:** Diese Aussage ist korrekt, denn der aufsummierte Wert für weniger als 2 Fahnen liegt bei ca. 0,1.
- **E:** Diese Aussage ist falsch, da für $P(X \leq 6) - P(X \leq 1)$ ungefähr ein Wert von 0,75 = 0,78 - 0,03 ermittelt werden kann.

2.2.1 X: Anzahl der defekten Fahnen mit p = 0,125

Gesucht ist die Wahrscheinlichkeit, dass X größer als 8 ist, für p = 0,125 und n = 50.

$P(X > 8) = 1 - P(X \leq 8) = 1 - F(50; 0,125; 8) = 1 - 0,8339 = 0,1661$

Mit einer Wahrscheinlichkeit von 16,61% wird ein **Paket nicht berechnet**.

Lösung Aufgabe 3

2.2.2 Wenn k der gesuchte Verkaufspreis ist, so gilt

$320 = 0{,}8339 \cdot k + 0{,}1661 \cdot 0 = 0{,}8339 \cdot k \Leftrightarrow k \approx 383{,}74$

Das Unternehmen sollte einen Verkaufspreis von 383,74 GE pro Paket festsetzen.

2.2.3 X: Anzahl der defekten Fahnen mit p = 0,125 ; X ist $B_{n;\ 0{,}125}$-verteilt

Gesucht ist n, so dass $\quad P(X \geq 1) \geq 0{,}95$

$$1 - P(X = 0) \geq 0{,}95$$

$$P(X = 0) \leq 0{,}05$$

$P(X = 0) = 0{,}875^n \leq 0{,}05 \qquad \Leftrightarrow n \geq \dfrac{\lg 0{,}05}{\lg 0{,}875} \approx 22{,}43$

(entsprechend $n \geq \dfrac{\ln 0{,}05}{\ln 0{,}875} \approx 22{,}43$)

Der Kunde muss also mindestens 23 Fahnen ziehen.

2.3 Erwartungswert: $E(X) = n \cdot p = 50 \cdot 0{,}04 = 2$

Standardabweichung: $\sigma = \sqrt{n \cdot p \cdot (1-p)} = \sqrt{50 \cdot 0{,}04 \cdot 0{,}96} \approx 1{,}39$

2.4.1 Die Hypothese H_0 ist die, die verworfen werden soll, um die eigentliche Annahme bestätigen zu können.

Hier ist also H_0 = Die Ausschussquote ist höchstens 4 % $\quad H_0 : p \leq 0{,}04$

Dann ist H_1 = Die Ausschussquote ist höher als 4 % $\qquad H_1 : p > 0{,}04$

Fehler 1. Art: Die Nullhypothese wird fälschlicherweise abgelehnt,

d. h. die Ausschussquote ist tatsächlich 4 %, es wird aber von einem höheren Wert ausgegangen.

2.4.2 Untersuchung des Fehlers 1. Art:

- H_0 gilt, d. h. $p \leq 0{,}04$ und X ist $B_{50;\ 0{,}04}$-verteilt
- H_0 wird verworfen, d. h. es gibt eine Zahl k mit $X \geq k$

Ansatz: $P(X \geq k) \leq 0{,}02 \qquad P(\text{Ablehnungsbereich}) \leq 0{,}02$

$P(X \geq k) = 1 - P(X < k) \leq 0{,}02 \Leftrightarrow P(X < k) \geq 0{,}98 \Leftrightarrow P(X \leq k-1) \geq 0{,}98$

Aus der Tabelle ergibt sich $k - 1 = 5 \Leftrightarrow k = 6$

Also ergibt sich als Ablehnungsbereich für H_0: $X \in \{6, \dots, 50\}$

und ein Annahmebereich $X \in \{0, 1, 2, 3, 4, 5\}$

Hinweis: Mit GTR: $P(X \geq 5) = 0{,}048971 \geq 0{,}02$; $P(X \geq 6) = 0{,}01441 \leq 0{,}02$

2.4.3 Das Stichprobenergebnis X = 8 liegt im Ablehnungsbereich, also kann von einer höheren Ausschussquote ausgegangen werden.

Lösung Aufgabe 4 (Aufgabe Seite 137)

a) X: Anzahl der defekten Laptops; X ist $B_{20;\,0,05}$-verteilt (n = 20; p = 0,05)

Aus der Tabelle (gerundete Werte):
$P(X = 0) = 0,3585$
$P(X \leq 2) = 0,9245$
$P(1 \leq X < 5) = P(X \leq 4) - P(X = 0) = 0,6389$

Gesucht n, sodass $P(X = 0) \geq 0,9$
$0,95^n \geq 0,9$

Logarithmieren:
$n \lg 0,95 \geq \lg 0,9 \Rightarrow n \leq \dfrac{\lg 0,9}{\lg 0,95} \approx 2,05$

Wegen $\lg 0,95 < 0$ dreht sich das Ungleichheitszeichen um.
Ab einem Stichprobenumfang von n = 3 ist die Bedingung nicht mehr erfüllt.

oder: $0,95^2 = 0,9025 > 0,9$; $0,95^3 = 0,857 < 0,9$

b) **Alternativtest** mit Nullhypothese H_0: p = 0,3 und Gegenhypothese H_1: p = 0,2
X ist bei wahrer Hypothese $B_{20;\,0,3}$-verteilt.

Ablehnungsbereich $\overline{A} = \{0;\,1;\,2;\,3;\,4\}$

$P(X \leq 4) = B_{20;\,0,3}(X \leq 4) = 0,2375$

Es handelt sich um einen **Fehler 1. Art**. Eine wahre Hypothese wird abgelehnt.

Oder: Alternativtest mit Nullhypothese H_0: p = 0,2 und Gegenhypothese H_1: p = 0,3
X ist bei wahrer Hypothese $B_{20;\,0,2}$-verteilt.

Ablehnungsbereich $\overline{A} = \{5;\,6;\,...;\,20\}$; Annahmebereich $A = \{0;\,1;\,2;\,3;\,4\}$

Tatsächlich ist X $B_{20;\,0,3}$-verteilt.

$\beta = P(X \leq 4) = B_{20;\,0,3}(X \leq 4) = 0,2375$

Es handelt sich um einen **Fehler 2. Art**. Eine falsche Hypothese wird beibehalten.

Lösung Aufgabe 5 (Aufgaben Seite 137)

A: Eine getestete Person ist krank
B: Bei einer getesteten Person tritt bei T_1 ein positives Testergebnis ein.

$P_A(B) - 0,85$, $P_{\overline{A}}(B) - 0,03$

$P(A) = x$; $P(B) = 0,12$

Bedingung für x:

$P(B) = 0,85 \cdot x + 0,03(1 - x) = 0,12 \Leftrightarrow x = 0,11$

$P_B(A) = \dfrac{P(A) \cdot P_A(B)}{P(B)} = \dfrac{0,11 \cdot 0,85}{0,12} \approx 0,78$

Die Wahrscheinlichkeit, dass eine Person mit einem positiven Testergebnis krank ist, beträgt ca. 78 %.

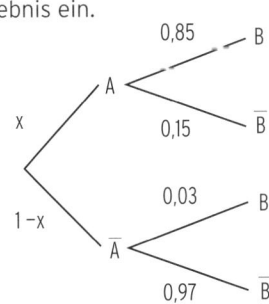

Lösung Aufgabe 6   Seite 1/2   (Aufgabe Seite 138/139)

3.1.1 X : Anzahl defekter Chips in einem Karton; X ist $B_{50;\,0{,}1}$ - verteilt.

Anzahl zu erwartender fehlerhafter Chips: $E(X) = n \cdot p = 50 \cdot 0{,}1 = 5$

3.1.2 Wahrscheinlichkeit für Abweichung um höchstens 3 vom Erwartungswert

$$P(2 \leq X \leq 8) = P(X \leq 8) - P(X \leq 1)$$

Tabelle/GTR: $\approx 0{,}9421 - 0{,}0338 = 0{,}9083$

Die Wahrscheinlichkeit beträgt 90,83%.

3.1.3 Mindestanzahl der Chips

X : Anzahl defekter Chips in Stichprobe vom Umfang n; X ist $B_{n;\,0{,}1}$ - verteilt.

$P(X \geq 1) = 1 - P(X = 0) = 1 - 0{,}9^n \geq 0{,}95$

Weitere Berechnung mit Logarithmus: $0{,}9^n \leq 0{,}05 \Leftrightarrow n \lg(0{,}9) \leq \lg(0{,}05)$

wegen $\lg(0{,}90) < 0$: $n \geq \dfrac{\lg(0{,}05)}{\lg(0{,}9)} \approx 28{,}433$

Somit müssen mindestens 29 Chips getestet werden.

3.2.1 X: Anzahl defekter Chips in einem Karton; X ist $B_{50;\,0{,}1}$ - verteilt

Wahrscheinlichkeiten mithilfe der Tabelle oder GTR

$P(A) = P(X \leq 5) \approx 0{,}6161$

$P(B) = P(X = 6) \approx 0{,}7702 - 0{,}6161 = 0{,}1541$ $(P(B) = P(X \leq 6) - P(X \leq 5))$

$P(C) = P(X > 6) = 1 - P(X \leq 6) = 1 - 0{,}7702 = 0{,}2298$

3.2.2 v: Preis pro Chip;   G: Zufallsgröße Gewinn pro Chip

$5 = E(G)$ $5 = v \cdot P(A) + 0{,}8 \cdot v \cdot P(B) - 0{,}6\, P(C) - 8$

$5 = v \cdot 0{,}6161 + 0{,}8 \cdot v \cdot 0{,}1541 - 0{,}6 \cdot 0{,}2298 - 8$

Aus $5 = 0{,}73938 \cdot v - 8{,}13788$ folgt $v = 17{,}7688$

Der Verkaufspreis muss demnach bei 17,77 € pro Chip liegen.

3.3.1 X: Anzahl fehlerhafter Chips in der Lieferung; X ist $B_{2000;\,0{,}1}$ -verteilt

Mit GTR: $P(X \leq 215) \approx 0{,}876$

Die Lieferung enthält mit einer Wahrscheinlichkeit von ca. 88 % höchstens 215 fehlerhafte Chips.

3.3.2 Obergrenze mithilfe des GTR

Bedingung: $P(X \leq k) \geq 0{,}95$

$P(X \leq 220) \approx 0{,}9352;\ P(X \leq 221) \approx 0{,}9438;\ P(X \leq 222) \approx 0{,}9515$

Die Obergrenze liegt bei k = 222

Lösung Aufgabe 6

3.4.1 Entscheidungsregel: X: Anzahl fehlerhafter Chips;

Nullhypothese $H_0 : p_0 = 0{,}1$ Gegenhypothese $H_1: p_1 < 0{,}1$

Es wird linksseitig getestet und der Ablehnungsbereich lautet: $\overline{A} = \{0; 1;...; k\}$.

Liegt das Ergebnis der Stichprobe im Ablehnungsbereich, so wird die Nullhypothese verworfen. Ist H_0 richtig, dann ist X $B_{50;\,0{,}1}$-verteilt

Ansatz: $P(X \leq k) \leq 0{,}05$

Aus der Tabelle (GTR) ergibt sich der Ablehnungsbereich $\overline{A} = \{0; 1\}$ und die Entscheidungsregel: Wenn von den 50 kontrollierten Chips höchstens einer defekt ist, kann signifikant von einer Senkung der Fehlerquote ausgegangen werden.

3.4.2 Der angegebene Bereich von 0 bis 4 fehlerhaften Chips liegt nicht vollständig im Ablehnungsbereich. Wenn das Testergebnis in diesen Bereich fällt, kann dies zwar auf eine Qualitätssteigerung hinweisen, aber diese ist nur dann statistisch nachgewiesen, wenn sich in der Stichprobe höchstens ein defekter Chip befindet.

Lösung Aufgabe 7   Seite 1/2   (Aufgabe Seite 139/140)

3.1.1 Unabhängige Fehler beziehungsweise Ereignisse:

$P(A \cap B) = P(A) \cdot P(B) = 0{,}985 \cdot 0{,}97 = 0{,}95545 \approx 0{,}96$

Die Wahrscheinlichkeit liegt bei annähernd 96 %.

3.1.2 Senkung der Fehlerwahrscheinlichkeit bei der Versiegelung

$0{,}985 \cdot P(\overline{B}^*) = 0{,}97515 \Leftrightarrow P(\overline{B}^*) = 0{,}99$

Die Fehlerwahrscheinlichkeit müsste bei der Versiegelung auf 1 % gesenkt werden.

3.2.1 X : Anzahl der Primärverpackungen, die nicht in Ordnung sind.

X ist binomialverteilt mit n = 75; p = 0,04;

$P(X \geq 1) = 1 - P(X = 0) = 1 - \binom{75}{0} \cdot 0{,}04^0 \cdot 0{,}96^{75} \approx 1 - 0{,}0468 = 0{,}9532$

Dieser Wert ist kleiner als 0,99. Die Aussage der Qualitätsprüfung stimmt nicht.

3.2.2 X : Anzahl der einwandfreien Primärverpackungen in einer Schachtel

X ist binomialverteilt mit n = 5; p = 0,96;

$P(X = 5) = \binom{5}{5} \cdot 0{,}96^5 \cdot 0{,}04^0 \approx 0{,}8154$

Mit einer Wahrscheinlichkeit von ca. 82 % erhält der Einzelhandel eine Schachtel mit einwandfreien Primärverpackungen.

3.3.1 Versandpaket enthält höchstens zwei fehlerhafte Schachteln

X : Anzahl der fehlerhaften Schachteln in einem Versandpaket

X ist binomialverteilt mit n = 50; p = 0,02: $P(X \leq 2) \approx 0{,}9216$

Die Wahrscheinlichkeit, ein fehlerhaftes Paket zu erhalten, liegt bei ca. 92 %.

Lösung Aufgabe 7

3.3.2 Wahrscheinlichkeit, dass die zu erwartende Anzahl defekter Schachteln in einem Versandpaket nicht überschritten wird.

X : Anzahl der defekten Schachteln in einem Versandpaket

X ist binomialverteilt mit n = 50; p = 0,02;

$E(X) = n \cdot p = 50 \cdot 0,02 = 1$ $\quad\quad\quad P(X \leq 1) \approx 0,7358$

Die Wahrscheinlichkeit liegt bei ca. 74 %.

3.3.3 Wahrscheinlichkeit für eine Reklamation

X : Anzahl der defekten Schachteln in einem Versandpaket

X ist binomialverteilt mit n = 50; p = 0,02;

$P(X > 3) = 1 - P(X \leq 3) \approx 1 - 0,9822 = 0,0178$

Die Wahrscheinlichkeit beträgt ca. 2 %.

3.4.1 Entscheidungsregel auf einem Signifikanzniveau von 5 %

Die Abteilung Forschung und Entwicklung will zeigen, dass weniger als 95 % der Dosen dem Höchststandard „exzellent" genügen.

$H_0: p \geq 0,95 \quad\quad H_1: p < 0,95 \quad\quad \alpha \leq 0,05$

X : Anzahl der Dosen, die dem Höchststandard genügen; X ist B(50; 0,95)-verteilt;
Es liegt ein linksseitiger Hypothesentest vor.

Ablehnungsbereich von H_0: Gesucht ist das kleinste k, so dass $P(X \leq k) \leq 0,05$.
Werte der Tabelle entnehmen:

$P(X \leq 45) \approx 1 - 0,8964 = 0,1036;$ $\quad\quad P(X \leq 44) \approx 1 - 0,9622 = 0,0378$

k = 44

Der Ablehnungsbereich ist demnach [0 ; 44], der Annahmebereich ist [45 ; 50]. Wenn sich unter den 50 Dosen nur maximal 44 befinden, die einen Höchststandard im Reinheitsgrad aufweisen, dann kann davon ausgegangen werden, dass der Zulieferer sein Qualitätsversprechen nicht einhält und damit die Annahme der Abteilung Forschung und Entwicklung bei 5 % Sicherheitswahrscheinlichkeit gezeigt ist.

3.4.2 Qualitätsversprechen

45 Dosen der Stichprobe genügen dem höchsten Qualitätsstandard „exzellent". Dieses Ergebnis liegt im Annahmebereich. Damit kann das Qualitätsversprechen auf 5 %-Niveau nicht als widerlegt betrachtet werden. Der Zulieferer kann weiter behaupten, dass durchschnittlich 95 % der Dosen dem Höchststandard genügen.

Lösung Aufgabe 8   Seite 1/2   (Aufgabe Seite 141)

a) P(rot) = 0,5; P(grün) = 0,23; P(gelb) = 0,27

Modell: 10 mal Ziehen mit Zurücklegen

A: mindestens 6 von 10 Trikots sind rot bedruckt

X: Anzahl der rot bedruckten Trikots unter 10; X ist $B_{10;0,5}$-verteilt

P(A) = P(X ≥ 6) = P(X = 6) + P(X = 7) + P(X = 8) + P(X = 9) + P(X = 10)

$$= \left(\binom{10}{6} + \binom{10}{7} + \binom{10}{8} + \binom{10}{9} + \binom{10}{10}\right) \cdot 0,5^{10}$$

$$= (210 + 120 + 45 + 10 + 1) \cdot 0,5^{10} = 0,377$$

B: die ersten 6 sind grün bedruckt: P(B) = $0,23^6$ = 0,00015

C: höchstens 2 Trikots sind gelb bedruckt

Z: Anzahl der gelb bedruckten Trikots unter 10; Z ist $B_{10;0,27}$-verteilt

P(C) = P(Z ≤ 2) = P(Z = 0) + P(Z = 1) + P(Z = 2)

$$= \binom{10}{0} 0,27^0 \cdot 0,73^{10} + \binom{10}{1} 0,27^1 \cdot 0,73^9 + \binom{10}{2} 0,27^2 \cdot 0,73^8 = 0,466$$

Baumdiagramm:

N: Nähfehler; $\overline{N}$: kein Nähfehler
D: Druckfehler; $\overline{D}$: kein Druckfehler

P(fehlerfrei) = 0,93 · 0,95 = 0,8835

P(genau ein Fehler) = 0,93 · 0,05 + 0,07 · 0,95 = 0,113

P(Ausschuss) = P(beide Fehler) = 0,07 · 0,05 = 0,0035

Y beschreibt den Verkaufspreis eines Fahrradtrikots in €.

a ist der Preis eines fehlerfreien Trikot,

30 % Nachlass bedeutet 0,7 a.

y_i	a	0,7a	1,5
$P(Y = y_i)$	0,8835	0,113	0,0035

Gesamterlös: 41 242,50 €

Durchschnittlicher Verkaufspreis: $\frac{41\,242,50\,€}{2250}$ = 18,33 €   (entspricht E(Y))

Bedingung für a: E(Y) = 0,8835a + 0,113 · 0,7a + 0,0035 · 1,5 = 18,33

$$0,9626a + 0,00525 = 18,33 \Rightarrow a = 19,0367$$

Der Verkaufspreis für ein fehlerfreies Trikot muss mindestens 19,04 € betragen, damit der durchschnittliche Erlös für jedes gefertigte Trikot 18,33 € betragen kann.

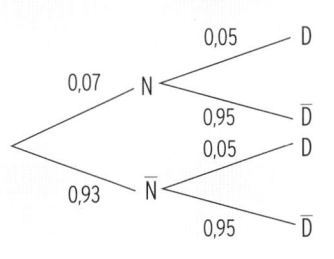

Lösung Aufgabe 8 Seite 2/2

b) X: Anzahl der fehlerhaften Trikots

X ist bei wahrer Nullhypothese binomialverteilt mit n = 50 und p = 0,1.

Nullypothese H_0: $p \leq 0{,}1$; Gegenhypothese: H_1: $p > 0{,}1$

Signifikanzniveau: $\alpha = 0{,}05$

Große Werte von X sprechen gegen die Nullhypothese

Aus dieser Entscheidungsregel folgt der **Ablehnungsbereich** $\overline{A} = \{k; k+1; ... ; 50\}$.

Es ist ein **rechtsseitiger** Signifikanztest geeignet.

Bedingung für k:	$P(X \geq k) \leq 0{,}05$
Gegenereignis:	$P(X \geq k) = 1 - P(X \leq k-1) \leq 0{,}05$
	$P(X \leq k-1) \geq 0{,}95$
Kleinster Wert aus der Tabelle:	$k - 1 = 9 \Rightarrow k = 10$
Größtmöglicher Ablehnungsbereich:	$\overline{A} = \{10; 11; ... ; 50\}$
Annahmebereich	$A = \{0; 1; ...; 9\}$

Die Lieferung sollte abgelehnt werden, wenn mehr als 9 der geprüften 50 Trikots fehlerhaft sind.

Trifft die Nullhypothese in Wirklichkeit nicht zu und wurde irrtümlich nicht abgelehnt, so liegt ein Fehler 2. Art vor.

Berechnung einer möglichen Fehlerwahrscheinlichkeit

Gesucht ist die Wahrscheinlichkeit für den Fehler 2. Art, wenn $p_1 = \frac{1}{6}$ gilt.

Die Gegenhypothese wird für $X \leq 9$ irrtümlich abgelehnt, wobei $X \sim B_{50; \frac{1}{6}}$-verteilt ist.

Die Lieferung wird also trotzdem angenommen mit der Wahrscheinlichkeit:

$\beta = P(X \leq 9) = B_{50; \frac{1}{6}} \{0; 1; ... ; 9\} = 0{,}68304$ (Tabellenwert)

(Der Fehler 2. Art beträgt somit $\beta = 68{,}3\%$.)

Lösung Aufgabe 9 Seite 1/2 (Aufgabe Seite 141/142)

1 X sei die Anzahl der Handyschalen mit fehlerhafter Farbpigmentierung.

X ist binomialverteilt mit n = 100 und p = 0,1

$P(A) = P(X = 5) = \binom{100}{5} 0{,}1^5 \cdot 0{,}9^{95} = 0{,}0339$

$P(B) = P(X < 3) = F(100; 0{,}1; 2) = 0{,}0019$

$P(C) = P(X > 7) = 1 - P(X \leq 7) = 1 - F(100; 0{,}1; 7) = 1 - 0{,}2061 = 0{,}7939$

$P(D) = P(X > 10) = 1 - P(X \leq 10) = 1 - 0{,}5832 = 0{,}4168$

2 X sei die Anzahl fehlerhafter Handyschalen bei n Kontrollen.

X ist binomialverteilt mit p = 0,1

$P(X \geq 1) = 1 - P(X = 0) \Leftrightarrow 1 - 0{,}9^n \geq 0{,}9 \Leftrightarrow 0{,}9^n \leq 0{,}1 \Leftrightarrow n \geq \frac{\ln 0{,}1}{\ln 0{,}9} = 21{,}85$

Es müssen mindestens 22 Schalen überprüft werden.

Lösung Aufgabe 9   Seite 2/2

3 X ist binomialverteilt mit n =100 und p = 0,1

Erwartungswert: $E(X) = n \cdot p = 100 \cdot 0,1 = 10$

Standardabweichung: $\sigma = \sqrt{n \cdot p \cdot (1-p)} = \sqrt{100 \cdot 0,1 \cdot 0,9} = 3$

$P(7 \leq X \leq 13) = F(100; 0,1; 13) - F(100; 0,1; 6) = 0,8761 - 0,1172 = 0,7590$

Die Wahrscheinlichkeit, dass bei 100 kontrollierten Handyschalen die Anzahl der fehlerhaften Handyschalen um höchstens die Standardabweichung vom Erwartungswert abweicht beträgt 0,7590.

4.1 Nullhypothese: H_0: $p \leq 0,02$ Gegenhypothese: H_1: $p > 0,02$

n =100; Signifikanzniveau α = 0,05

X sei die Anzahl fehlerhafter Handyschalen. X ist bei wahrer Nullhypothese im Extremfall binomialverteilt mit n =100 und p = 0,02 .

Rechtsseitiger Test, Ablehnungsbereich von H_0: $\overline{A} = \{k; ... ; 100\}$

$P(X \geq k) \leq 0,05 \quad \Leftrightarrow \quad 1 - P(X \leq k-1) \leq 0,05$

$\Leftrightarrow P(X \leq k-1) \geq 0,95$

Tabelle $\Rightarrow k-1 = 5 \Leftrightarrow k = 6$

Entscheidungsregel:

Wenn sechs oder mehr fehlerhafte Handyschalen in der Stichprobe gefunden werden, kann der Vertriebsleiter H_0 verwerfen und somit mit einer Irrtumswahrscheinlichkeit von höchstens 5% die Aussage des Technikers widerlegen. Wenn nur 4 fehlerhafte Handyschalen gefunden werden, kann der Vertriebsleiter die Nullhypothese nicht verwerfen und somit die Aussage des Technikers nicht widerlegen

5 X: Kosten, die für fehlerhafte Teile entstehen.

$P(X = 0) = 0,3 \quad 0,4 \quad 0,8 \quad 0,25 = 0,024$

$P(X = 0,75) = 0,7$

$P(X = 1,5) = 0,3 \cdot 0,6 = 0,18$

$P(X = 5) = 0,3 \cdot 0,4 \cdot 0,2 = 0,024$

$P(X = 50) = 0,3 \cdot 0,4 \cdot 0,8 \cdot 0,75 = 0,072$

$X = x_i$	0	0,75	1,5	5	50
$P(X = x_i)$	0,024	0,7	0,18	0,024	0,072

Erwartungswert: $E(X) = 0 \cdot 0,024 + 0,75 \cdot 0,7 + 1,5 \cdot 0,18 + 5 \cdot 0,024 + 50 \cdot 0,072 = 4,52$

Die zu erwartenden Kosten für das Unternehmen Mobiltec liegen pro mangelhafter Handyschale bei 4,52 €.

Lösung Aufgabe 10 (Aufgabe Seite 143)

Baumdiagramm:

V: Vereinsmitglied

m: männlich; w: weiblich

$P(m) = P(V \cap m) + P(\overline{V} \cap m)$

$\quad\quad = 0{,}4 \cdot 0{,}7 + 0{,}6 \cdot 0{,}35 = 0{,}49$

Bedingte Wahrscheinlichkeit: $P_m(V)$

$P_m(V) = \dfrac{P(V \cap m)}{P(m)} = \dfrac{0{,}28}{0{,}49} = 0{,}5714$

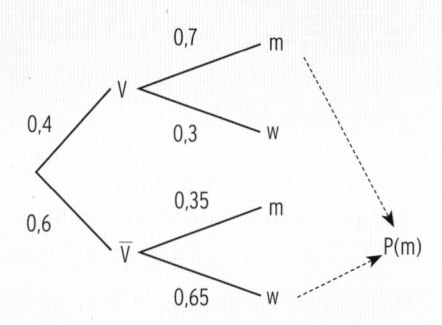

Lösung Aufgabe 11   Seite 1/3   (Aufgabe Seite 143/144)

1   Berechnung über das Gegenereignis $\overline{A}$: In keiner Produktionsstufe treten Fehler auf.

$P(A) = 1 - P(\overline{A}) = 1 - 0{,}88 \cdot 0{,}905 = 0{,}2036 \approx 0{,}20$

Alternativ: Summe der drei Pfade, bei denen ein Fehler auftritt

2.1   Die Ereignisse sind unabhängig, also $P(E_1) = 0{,}2 \cdot 0{,}2 = 0{,}04$

2.2 E_2: Genau die ersten 8 Regalbausätze sind in Ordnung.

Bei E_2 müssen die Gegenereignisse berücksichtigt werden:

$P(E_2) = 0{,}2^2 \cdot 0{,}8^8 = 0{,}0067$

2.3   Bei E_3 ist es unerheblich, an welcher Stelle die fehlerhaften Regalbausätze entnommen werden. X: Anzahl der fehlerhaften Regalbausätze; $X \sim B_{10;0{,}2}$

$P(E_3) = P(X = 2) = \binom{10}{2} \cdot 0{,}2^2 \cdot 0{,}8^8 = 0{,}3020$

3.1   Es gilt: $P(A \cup B) = 0{,}115$; $P(B) = 0{,}085$

Mit der Summenregel (Additionssatz) gilt: $P(A \cup B) = P(A) + P(B) - P(A \cap B)$

A und B unabhängig: $P(A \cup B) = P(A) + P(B) - P(A) \cdot P(B)$

Einsetzen: $0{,}115 = P(A) + 0{,}085 - P(A) \cdot 0{,}085$

Auflösen nach P(A): $P(A) \approx 0{,}0328$

Fehler A tritt mit einer Wahrscheinlichkeit von ca. 3,28 % auf.

Lösung Aufgabe 11 Seite 2/3

3.2 Lösung über eine Vierfelder-Tafel:

	A	$\overline{A}$	
B	0,0328 · 0,0850	0,0822	0,0850
$\overline{B}$	0,0300	1 − 0,1150	0,9150
	0,0328	0,9672	1

Der Vierfelder-Tafel kann man entnehmen:

$P(A \cap \overline{B}) \cup P(\overline{A} \cap B) = 0{,}0300 + 0{,}0822 = 0{,}1122$

Die Wahrscheinlichkeit, dass nur einer der beiden Fehler auftritt, beträgt 11,22 %.

4.1 Nullhypothese H_0: $p \leq 0{,}03$ (Nach der Endkontrolle verlassen höchstens 3 % der Regalbausätze fehlerhaft das Werk.)

Gegenhypothese H_1: $p > 0{,}03$ (Nach der Endkontrolle verlassen mehr als 3 % der Regalbausätze fehlerhaft das Werk.)

Ein rechtsseitiger Hypothesentest ist sinnvoll, da „p höchstens 3 %" getestet werden soll. $n = 100$; $\alpha = 0{,}05$

Berechnung des Ablehnungsbereichs: $\mu = 100 \cdot 0{,}03 = 3$

Da $\sigma = \sqrt{100 \cdot 0{,}03 \cdot 0{,}97} = \sqrt{2{,}91} < 3$, muss mit der Tabelle gearbeitet werden.

Die Tabelle liefert: $P(X \geq 6) = 1 - P(X \leq 5) = 0{,}0808$

$P(X \geq 7) = 1 - P(X \leq 6) = 0{,}0312$

Damit ergibt sich als Ablehnungsbereich: $\overline{A} = \{7; ...; 100\}$

Da $5 \notin \overline{A}$ kann H_0 nicht abgelehnt werden. Der Aussage des Werksleiters kann auf Grund des Testes nicht widersprochen werden.

5.1 E: Der Regalbausatz ist einwandfrei

NE: Der Regalbausatz ist fehlerhaft (nicht einwandfrei).

A: Der Regalbausatz wird aussortiert.

NA: Der Regalbausatz wird als einwandfrei ausgeliefert (nicht aussortiert).

Dann gilt:

$P(NA) = P(E) \cdot P_E(NA) + P(NE) \cdot P_{NE}(NA)$

$= 0{,}97 \cdot 0{,}99 + 0{,}03 \cdot 0{,}02$

$= 0{,}9609$

Baumdiagramm:

```
         0,01   A    0,0097
      E<
0,97/    0,99   NA   0,9603
   <
0,03\    0,98   A    0,0294
      NE<
         0,02   NA   0,0006
```

96,09 % aller hergestellten Regalbausätze werden als einwandfrei ausgeliefert.

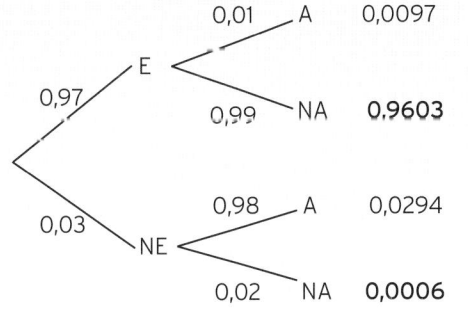

Lösung Aufgabe 11

5.2 Zu bestimmen ist die bedingte Wahrscheinlichkeit, dass ein ausgelieferter Regalbausatz fehlerhaft ist, also Grund zu einer berechtigten Reklamation liefert.

Es gilt: $P_{NA}(NE) = \dfrac{P_{NE}(NA) \cdot P(NE)}{P(NA)} = \dfrac{0{,}02 \cdot 0{,}03}{0{,}9609}$

$$P_{NA}(NE) = 6{,}244 \cdot 10^{-4} \approx \dfrac{1}{1600}$$

5.3 Erwartete Kosten ohne Modul: $K_1 = 10000(0{,}2 + 0{,}96 \cdot \dfrac{1}{1600} \cdot 500) = 5000$

Erwartete Kosten mit Modul: $K_2 = 10000 \cdot 0{,}25 + 450 + 10000 \cdot 0{,}95 \cdot \dfrac{1}{3200} \cdot 500$

$$K_2 = 4434{,}38$$

Da $K_1 > K_2$ lohnt sich die Anschaffung des neuen Moduls.

Für eine Produktionsmenge von n Stück gilt:

Erwartete Kosten ohne Modul: $K_1(n) = n(0{,}2 + 0{,}96 \cdot \dfrac{1}{1600} \cdot 500) = 0{,}5n$

Erwartete Kosten mit Modul: $K_2(n) = n \cdot 0{,}25 + 450 + n \cdot 0{,}95 \cdot \dfrac{1}{3200} \cdot 500$

$$K_2(n) = 0{,}39844n + 450$$

Kritische Menge: $K_1(n) = K_2(n)$ $\quad 0{,}5n = 0{,}39844n + 450$

Auflösen nach n ergibt: $\quad n = 4430{,}87$

Ab 4431 Regalbausätze lohnt sich die Anschaffung.

Lösung Aufgabe 12

(Aufgabe Seite 145/146)

1.1 Ein Bernoulli-Versuch ist ein Zufallsversuch mit nur zwei möglichen Ergebnissen. Wird ein Bernoulli-Versuch mehrfach hintereinander ausgeführt und ändert sich die Wahrscheinlichkeit für einen Erfolg dabei nicht, spricht man von einer Bernoulli-Kette. Da die Muttern in sehr großer Stückzahl produziert und gekauft werden und keine Angaben über die Anzahl der fehlerhaften Muttern in der Kiste gegeben sind, kann davon ausgegangen werden, dass für jede einzelne Mutter die Wahrscheinlichkeit fehlerfrei zu sein 0,9360 beträgt.

$P(E1) = 0{,}9360^4 = 0{,}7675$

$P(E2) = \binom{4}{2} \cdot 0{,}9360^2 \cdot (1 - 0{,}9360)^2 = 0{,}0215$

Das Ereignis E3 bedeutet, dass unter den ersten fünf genau zwei fehlerhafte Muttern sind und die sechste fehlerfrei ist.

$P(E3) = \binom{5}{2} \cdot 0{,}9360^3 \cdot (1 - 0{,}9360)^2 \cdot 0{,}9360 = 0{,}0314$

Lösung Aufgabe 12   Seite 2/3

1.2 Es werden genau dann n Versuche durchgeführt, wenn bei den ersten (n − 1) Versuchen genau (k − 1) Erfolge erzielt wurden. Dieses Ereignis kann auf $\binom{n-1}{k-1}$ Arten eintreten und jedes dieser Ergebnisse hat die Wahrscheinlichkeit

$$p^{k-1} \cdot q^{(n-1)-(k-1)} = p^{k-1} \cdot q^{n-k}$$

Der n-te Versuch muss dann ein Erfolg sein, so dass gilt:

$$P(X_k = n) = \binom{n-1}{k-1} \cdot p^{k-1} \cdot q^{n-k} \cdot p = \frac{(n-1)!}{((n-1)-(k-1))! \cdot (k-1)!} \cdot p^k \cdot q^{n-k}$$

$$= \frac{(n-1)!}{(n-k)! \cdot (k-1)!} \cdot p^k \cdot q^{n-k} = \frac{k \cdot n!}{n \cdot (n-k)! \cdot k!} \cdot p^k \cdot q^{n-k} \quad \text{(erweitert mit n · k)}$$

Mit $\frac{n!}{(n-k)! \cdot k!} = \binom{n}{k}$ folgt die Behauptung $P(X_k = n) = \frac{k}{n} \cdot \binom{n}{k} \cdot p^k \cdot q^{n-k}$

2 Sei p_A = 0,9360 der durchschnittliche Anteil fehlerfreier Muttern des Ursprungsanbieters und p_B = 0,9000 der des Konkurrenten.

Durchschnittlich werden $\frac{1}{p_A}$ beziehungsweise $\frac{1}{p_B}$ 1000er Kisten benötigt, um 1000 fehlerfreie Muttern zu erhalten. Von den $\frac{1}{p_A} \cdot 1000$ Muttern sind dann $\frac{1-p_A}{p_A} \cdot 1000$ fehlerhaft. Für p_B gilt Entsprechendes.

Dann gilt für die durchschnittlich zu erwartenden Kosten für 1000 fehlerfreie

Muttern: $K_A = \frac{1}{p_A} \cdot 150 - \frac{1-p_A}{p_A} \cdot 9,85 = \frac{1}{0,9360} \cdot 150 - \frac{0,064}{0,9360} \cdot 9,85 = 159,582906$

$K_B = \frac{1}{p_B} \cdot 140 - \frac{1-p_B}{p_B} \cdot 9,85 = \frac{1}{0,9} \cdot 140 - \frac{0,1}{0,9} \cdot 9,85 = 154,461111$

2 Das Angebot des Konkurrenten ist also für die Zürla-Kohlin GmbH günstiger, da die zu erwartenden Kosten für 1000 fehlerfreie Muttern im Durchschnitt 5,12 € niedriger sind als bisher.

3.1 Da die Nullhypothese p ≤ 0,10 lautet, handelt es sich um einen rechtsseitigen Signifikanztest mit Irrtumswahrscheinlichkeit α = 5 %.

Die Zufallsvariable X gebe die Anzahl der fehlerhaften Muttern unter den 100 zu testenden Muttern an.

Trifft die Nullhypothese zu, dann ist X im ungünstigsten Fall binomialverteilt mit den Parametern n = 100 und p = 0,10.

Aus der Tabelle zur Summenfunktion entnimmt man

F(100; 0,1; 14) = 0,9274 und F(100; 0,1; 15) = 0,9601

Als Ablehnungsbereich ist also K = {15, 16, ... , 100} zu wählen.

Lösung Aufgabe 12 Seite 3/3

3.1 Finden sich unter den 100 zu testenden Muttern mehr als 14 fehlerhafte, so kann die Zürla-Kohlin GmbH gegenüber dem potentiellen Zulieferer auf dem 5%-Signifikanzniveau behaupten, dass der Ausschußanteil über 10 % liegt.

3.2 Der vorgeschlagene Signifikanztest reduziert die Wahrscheinlichkeit, die zutreffende Nullhypothese $p \leq 0{,}10$ abzulehnen (Fehler 1. Art) auf unter 5 %.

Für die Zürla-Kohlin GmbH bedeutet dies, dass sie mit einer Wahrscheinlichkeit von über 95 % den neuen Zulieferer als verlässlich einstuft, wenn er es denn auch ist. Die Problematik dieses Tests liegt aber darin, dass mit einer relativ hohen Wahrscheinlichkeit eine schlechtere Qualität (ein höherer Anteil an fehlerhaften Muttern) nicht erkannt wird.

So ist beispielsweise $F(100; 0{,}125; 15) = 0{,}8199$ und $F(100; \frac{1}{6}; 15) = 0{,}3877$, was bedeutet, dass bei einem durchschnittlichen Ausschussanteil von 12,5 % bzw. 16,67 % mit einer Wahrscheinlichkeit von 81,99 % bzw. 38,77 % dieses nicht erkannt würde (Fehler 2. Art).

Lösung Aufgabe 13 (Aufgabe Seite 146)

1 Der Stückgewinn g einer Maxipackung entspricht dem Stückpreis (19,90 €) vermindert um die Stückkosten (9,50 €); g = 19,90 € − 9,50 € = 10,40 €
Gewinn ohne Werbemaßnahmen bei 50 000 Maxipackungen:
G = 50 000 · 10,40 € = 520 000 €

2 X: Wert des Gutscheins in €
E(X) = 0,5 · 1 + 0,3 · 2 + 0,1 · 3 + 0,1 · 5 = 1,9
Der durchschnittliche Wert eines Gutscheins liegt bei 1,90 €.

3 Da nur jeder fünfte Kunde den Gutschein einlöst (20 % = 0,2), verursachen die Gutscheine durchschnittlich Kosten in Höhe von 50 000 · 0,2 · 1,9 € = 19 000 €
Der zu erwartende Gewinn vermindert sich durch die Werbemaßnahme um 19 000 € auf nun 520 000 € − 19 000 € = 501 000 €

III Musteraufgabensätze zur Zentralen Abiturprüfung 2021

Der Hilfsmittelfreie Teil wurde neu erstellt.

Haupttermin 2015 bzw. Haupttermin 2016 sind im Wahlteil verwendet.

Diese Prüfungen entsprechen nicht vollständig den Vorgaben für das Abitur 2021.

Nur die Aufgabenteile aus den Gebieten, die in den Abiturvorgaben 2021 im Leistungskurs Mathematik, Fachbereich Wirtschaft und Verwaltung, aufgeführt sind, sind zur Vorbereitung auf das Abitur 2021 wiedergegeben.

Musteraufgabensatz 1
Aufgabenteil A: ohne Hilfsmittel Lösungen Seite 171 - 177
Aufgabe 1 (24 Punkte) Punkte
1.1 Analysis
Gegeben sind die Schaubilder von vier Funktionen, jeweils mit sämtlichen Asymptoten:

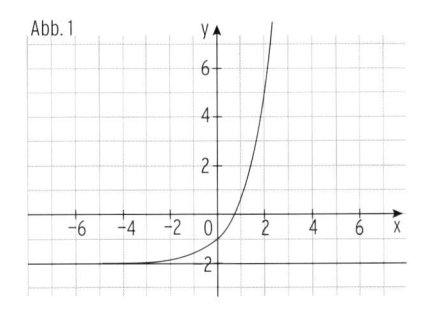

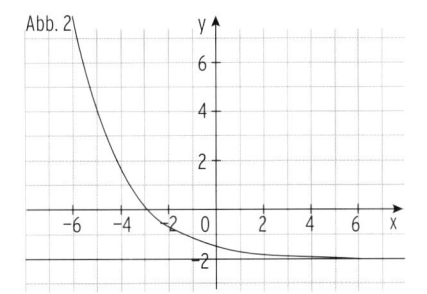

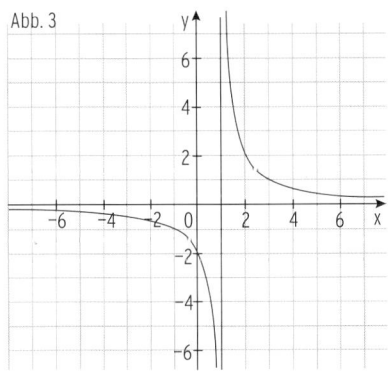

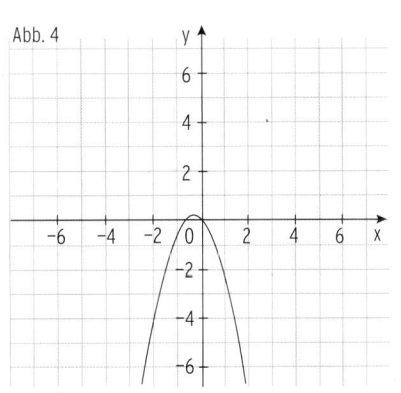

Abb. 1

Abb. 2

Abb. 3

Abb. 4

Drei dieser vier Schaubilder werden beschrieben durch die Funktionen f, g und h mit
$f(x) = \dfrac{2}{x+a}$, $g(x) = -2 + b e^{-0{,}5x}$, $h(x) = cx^2 - x$.

1.1.1   Ordnen Sie den Funktionen f, g und h das jeweils passende Schaubild zu. Begründen Sie Ihre Zuordnung.

1.1.2   Bestimmen Sie die Werte für a, b und c.   7

Musteraufgabensatz 1
Aufgabenteil A: ohne Hilfsmittel
1.2 Analysis
Punkte

Gegeben ist die Funktionenschar f_a mit $f_a(x) = ax^4 - x^2$, $a > 0$.

1.2.1 Bestimmen Sie $\int_0^1 f_a(x)dx$. 3

1.2.2 Die Graphen von f_a schneiden die x-Achse an den Stellen
$x_1 = -\sqrt{\frac{1}{a}}$; $x_{2,3} = 0$; $x_4 = \sqrt{\frac{1}{a}}$.

Bestimmen Sie a so, dass x_1 und x_4 den Abstand 4 haben. 2

1.3 Lineare Algebra

Die RALOP GmbH fertigt Fitnessarmbänder mit GPS-Sensor (x in ME)) und ohne GPS-Sensor (y in ME). Der Gewinn beiträgt bei der Variante mit GPS-Sensor 100 Geldeinheiten pro ME (GE/ME), bei der Variante ohne GPS-Sensor 10 GE/ME.

Die Restriktionen bei der täglichen Produktion sind der folgenden Grafik zu entnehmen:

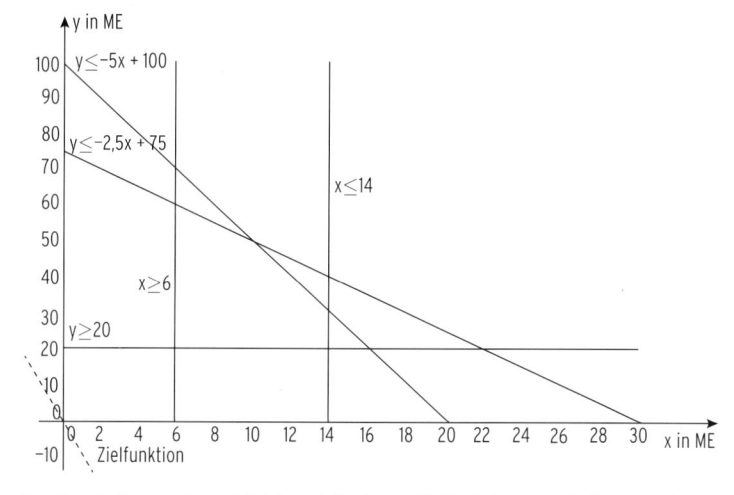

1.3.1 Für die Herstellung einer ME Armbänder mit GPS-Sensor fallen Kosten in Höhe von 25 GE/ME an, für eine ME Armbänder ohne GPS-Sensor 5 GE/ME. Die Herstellungskosten dürfen täglich höchstens 500 GE betragen. Weisen Sie nach, welche der dargestellten Restriktionen diesen Zusammenhang angibt.

2

1.3.2 Kennzeichnen Sie das Planungsvieleck unter der Voraussetzung, dass der Gewinn maximiert werden soll. Bestimmen Sie den täglich maximal möglichen Gewinn der RALOP GmbH. 4

Musteraufgabensatz 1
Aufgabenteil A: ohne Hilfsmittel
1.4 Stochastik

Punkte

Die Zufallsvariable X ist binomialverteilt mit n = 10 und p = 0,6.

1.4.1 Welche der Abbildungen zeigt die Verteilung von X?

Begründen Sie Ihre Entscheidung.

1.4.2 Bestimmen Sie mithilfe der Abbildung näherungsweise $P(4 < X < 7)$ und $P(X \neq 5)$.

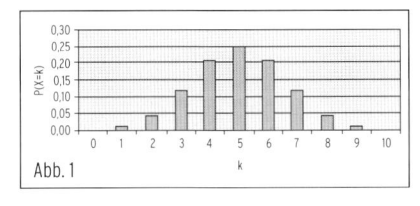

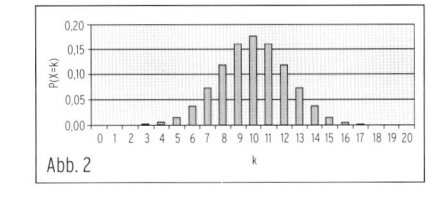

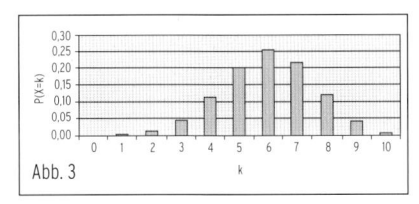

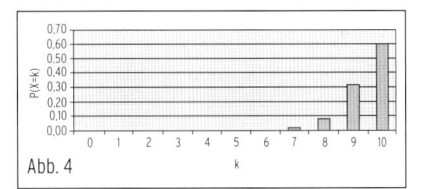

Abb. 1

Abb. 2

Abb. 3

Abb. 4

6

Musteraufgabensatz 1 — Aufgabenteil B: Hilfsmittel GTR

Aufgabe 2 – Analysis (32 Punkte)

Beschreibung der Ausgangssituation

Ob als Filterkaffee, Espresso, Cappuccino oder Latte Macchiato – Kaffee ist das Lieblingsgetränk der Deutschen.

War bis vor wenigen Jahren in fast jedem Haushalt eine Kaffeemaschine zur Zubereitung von Filterkaffee zu finden, halten inzwischen die Portionskaffeemaschinen Einzug. Der Markt an Kapsel- und Pad-Automaten wächst. Daher hat sich das Unternehmen *Kaffeeduft* auf die Produktion und den Verkauf von Kaffeekapseln und den zugehörigen Kaffeemaschinen spezialisiert.

Mehrere Discounter haben in der letzten Zeit Kapseln entwickelt, die zu der von Kaffeeduft hergestellten Maschine „Caps" kompatibel sind. Daher soll dieses Modell durch die neuartige Maschine „Capsule" ersetzt werden, die über ein modifiziertes Anstichverfahren verfügt, wodurch nur Kapseln von *Kaffeeduft* verwendet werden können.

2.1 Um sich einen Überblick über die Absatzsituation zu verschaffen, soll die Absatzentwicklung der Maschinen des bisherigen Modells „Caps" analysiert werden.

Der Vertriebsleiter geht davon aus, dass sich die Entwicklung der Absatzzahlen des Modells „Caps" durch die Funktion f mit

$$f(t) = 7t^4 - 280t^3 + 2800t^2 \,;\, t \in \mathbb{R},\, 0 \leq t < 20$$

beschreiben lässt. Die Variable t gibt die Zeit in Monaten und f(t) die zugehörigen Absatzzahlen in Stück pro Monat an.

Der Vertriebsleiter vertritt die Auffassung, dass der Verlauf der Absatzzahlen des Modells „Caps" einen Produktlebenszyklus mit den folgenden Phasen entspricht:

Phase	Wachstum	Reife	Sättigung	Degeneration
Absatz	progressiv steigend	degressiv steigend	langsam fallend	stark fallend

2.1.1 Bestätigen oder widerlegen Sie folgende Aussagen durch geeignete Rechnungen.

Aussage 1:
Die Absatzzahlen des Produktes befinden sich 15 Monate nach Markteinführung (t = 15) noch vor der Sättigungsphase.

Aussage 2:
Der maximale Absatz liegt bei 70 000 Stück pro Monat.

Aussage 3:
Der Wechsel von der Wachstums- zur Reifephase geschieht nach genau drei Monaten.

13

Musteraufgabensatz 1
Aufgabenteil B: Hilfsmittel GTR

Aufgabe 2 (Analysis) Seite 2/2 Punkte

2.1.2 Berechnen Sie den gesamten Absatz für das erste Halbjahr. 4

2.1.3 Beurteilen Sie, ob die verwendete Funktion f auch langfristig, also über 20 Monate hinaus, zur Modellierung der Absatzzahlenentwicklung geeignet ist. 4

2.2 Die Vertriebsleitung geht davon aus, dass sich die Absatzzahlen des Nachfolgemodells „Capsule" in Abhängigkeit von der Zeit t in Monaten durch die Funktion g_b mit $g_b(t) = 5000 \cdot e^{-0{,}02t^2 + 0{,}04bt}$; $t, b \in \mathbb{R}$, $t \geq 0$, $b > 0$, beschreiben lassen.

Dabei gibt $g_b(t)$ die Anzahl der verkauften Kaffeemaschinen in Stück im Monat t an. Der Parameter b repräsentiert die Höhe der Werbeausgaben.

2.2.1 Für das Nachfolgemodell „Capsule" sind 5000 Stück vorbestellt, die zum Verkaufsstart abgesetzt werden.
Bestätigen Sie, dass die Funktion g_b diesen Sachverhalt abbildet. 3

2.2.2 Zeigen Sie, dass zum Zeitpunkt t = b der maximale monatliche Absatz erreicht wird und geben Sie dessen Höhe an.
Kontrollergebnis: $g_b''(t) = (8t^2 - 16bt + 8b^2 - 200) \cdot e^{-0{,}02t^2 + 0{,}04bt}$ 8

Musteraufgabensatz 1   Aufgabenteil B: Hilfsmittel GTR

Aufgabe 3 – Lineare Algebra (32 Punkte)

Seite 1/2   Punkte

Die Kapseln zur Kaffeezubereitung werden in den drei Endprodukten Espresso, Grande und Cappuccino angeboten. Die Verarbeitung des Rohkaffees zu diesen Endprodukten geschieht, vereinfacht dargestellt, in zwei Verarbeitungsschritten. Im ersten Schritt werden die drei Rohkaffeesorten Arabica, Robusta und Liberica geröstet und zu drei verschiedenen Mischungen zusammengestellt.

In einem zweiten Verarbeitungsschritt werden die Mischungen in einem Aromatisierungs- und Mahlprozess zu den drei Endprodukten veredelt.

Die folgenden Tabellen geben an, wie viele Mengeneinheiten (ME) der drei Rohkaffeesorten für die drei Mischungen bzw. für die drei Endprodukte jeweils erforderlich sind.

Mischungen	Mischung 1	Mischung 2	Mischung 3
Arabica	2	1,5	1
Robusta	0,4	1,5	1,4
Liberica	0,6	0	0,6

Endprodukte	Espresso	Grande	Cappuccino
Arabica	25,5	28,0	26,5
Robusta	14,7	15,2	14,9
Liberica	7,8	4,8	6,6

3.1 Kunde A bestellt von jeder Mischung 300 ME, Kunde B bestellt 100 ME Espresso, 50 ME Grande und 30 ME der Sorte Cappuccino.

Berechnen Sie die für diese Bestellungen insgesamt benötigten Rohkaffeemengen.

7

3.2 Die Matrix, die den Rohkaffeebedarf pro ME der drei Mischungen angibt, wird im Folgenden mit A_{RM} bezeichnet. Die Matrix, die angibt, wie viele ME der einzelnen Mischungen für je eine ME der Endprodukte benötigt werden, wird mit B_{ME} bezeichnet.

3.2.1 Ermitteln Sie B_{ME} mit Hilfe der Inversen A_{RM}^{-1}.

(Zur Kontrolle: $B_{ME} = \begin{pmatrix} 8 & 8 & 8 \\ 3 & 8 & 5 \\ 5 & 0 & 3 \end{pmatrix}$)

3

3.2.2 Ein Kunde bestellt 36 ME Espresso, 224 ME Grande und 40 ME Cappuccino, ein weiterer Kunde bestellt 48 ME Espresso, 232 ME Grande und 20 ME Cappuccino.

Zeigen Sie, dass für beide Bestellungen dieselben Rohstoffmengen benötigt werden, und bestimmen Sie eine weitere Bestellmengenkombination, für die ebenfalls diese Rohstoffmengen benötigt werden.

7

Musteraufgabensatz 1
Aufgabenteil B: Hilfsmittel GTR
Aufgabe 3 (Lineare Algebra)   Seite 2/2   Punkte

3.3 Die Matrix, die angibt, wie viele ME der einzelnen Mischungen für je eine ME der Endprodukte benötigt werden, wird mit B_{ME} bezeichnet.

$$B_{ME} = \begin{pmatrix} 8 & 8 & 8 \\ 3 & 8 & 8-a \\ 5 & 0 & a \end{pmatrix} \quad a \in \mathbb{R}, 0 \leq a \leq 8$$

Der Parameter a gibt an, wie die Zusammensetzung des Endproduktes Cappuccino variiert werden kann.

Erläutern Sie die oben angegebene Einschränkung für den Parameter a im Sachzusammenhang.   3

3.4 Im Lager befinden sich 240 ME von Mischung 1, außerdem 210 ME von Mischung 2 und 30 ME von Mischung 3. Der gesamte Lagerbestand soll vollständig zu den drei Endprodukten Espresso, Grande und Cappuccino verarbeitet werden.

3.4.1 Überprüfen Sie das zugehörige lineare Gleichungssystem in Abhängigkeit vom Parameter a auf Lösbarkeit.   7

Durch weitere Umformungen kann sich die folgende erweiterte Koeffizientenmatrix ergeben.

$$\begin{pmatrix} 1 & 0 & 0{,}2a & | & 6 \\ 0 & 1 & 1-0{,}2a & | & 24 \\ 0 & 0 & 0 & | & 0 \end{pmatrix}$$

3.4.2 Ermitteln Sie zwei verschiedene Mengenkombinationen der drei Endprodukte Espresso, Grande und Cappuccino, bei deren Herstellung die oben angegebenen Lagerbestände aufgebraucht werden.   5

Musteraufgabensatz 1   Aufgabenteil B: Hilfsmittel GTR
Aufgabe 4 (Stochastik)
(Gesamtpunktzahl 32 Punkte)   Seite 1/2   Punkte

Das Unternehmen *Kaffeeduft* stellt seine Kaffeekapseln maschinell her. Dazu werden sechs Gramm frisch gemahlener Kaffee unterschiedlicher Sorten in Aluminiumkapseln abgefüllt und diese luftdicht und feuchtigkeitsdicht verschlossen. Die Kapseln werden dann in verschiedenen Verpackungsgrößen an den Vertrieb weitergegeben.

4.1 Der Ausschussanteil der Kaffeekapseln beträgt erfahrungsgemäß bei allen Sorten 2 %. Zur Qualitätssicherung werden täglich 100 Kapseln der laufenden Produktion entnommen und geprüft. Die Zufallsvariable X kennzeichnet die Anzahl der nicht gebrauchsfähigen Kapseln und kann als binomialverteilt angenommen werden.

Musteraufgabensatz 1 — Aufgabenteil B: Hilfsmittel GTR

Aufgabe 4 (Stochastik)   Seite 1/2

4.1.1 Berechnen Sie die Wahrscheinlichkeiten für die folgenden Ereignisse:

E_1: Genau 3 Kapseln sind nicht gebrauchsfähig.

E_2: Weniger als 3 Kapseln sind nicht gebrauchsfähig.

E_3: Die Anzahl der nicht gebrauchsfähigen Kapseln beträgt mehr als 3 und weniger als 7.   6

4.1.2 Bestimmen Sie die Wahrscheinlichkeit, dass die Anzahl nicht gebrauchsfähiger Kapseln um mehr als die Standardabweichung von der erwarteten Anzahl abweicht.   5

4.2 Das Prüfen der Kapseln mit dem herkömmlichen Prüfverfahren war sehr zeitintensiv. Daher wurde ein neues Prüfgerät entwickelt, das nur gebrauchsfähige Kapseln (G) zur Verpackung freigeben und nicht gebrauchsfähige Kapseln ($\overline{G}$) sofort aussortieren soll. Das Gerät sortiert allerdings eine gebrauchsfähige Kapsel mit einer Wahrscheinlichkeit von 5 % fälschlicherweise aus. Nicht gebrauchsfähige Kapseln werden mit einer Wahrscheinlichkeit von 99 % aussortiert.

Der Anteil der nicht gebrauchsfähigen Kapseln liegt weiterhin bei 2 %.

4.2.1 Stellen Sie die Situation mit Hilfe eines Baumdiagramms oder einer Vierfeldertafel dar.   4

4.2.2 Bestätigen Sie, dass die Wahrscheinlichkeit, dass eine Kapsel nicht aussortiert wird, unter 95 % liegt.   2

4.2.3 Berechnen Sie die Wahrscheinlichkeit, mit der das Prüfgerät die richtige Entscheidung trifft.   4

4.2.4 Ermitteln Sie die Wahrscheinlichkeit, dass eine nicht aussortierte Kapsel auch wirklich gebrauchsfähig ist.   4

4.3 Das Unternehmen *Kaffeeduft* macht Werbung für einen besonders kräftigen Kaffee bei Kapseln der Sorte Grande. Die Verbraucherzentrale vermutet aber, dass in mehr als 10 % aller Kapseln weniger Kaffee enthalten ist als angegeben. In einer Kontrolle werden 100 Kapseln entnommen, geöffnet und deren Inhalt gewogen. Die Vermutung der Verbraucherzentrale soll auf einem Signifikanzniveau von 5 % gezeigt werden.

Leiten Sie hierzu eine Entscheidungsregel her.   7

Lösungen - Musteraufgabensätze zur Zentralen Abiturprüfung 2020

Aufgabensatz 1   Aufgabenteil A   Hilfsmittelfreier Teil

Aufgabe 1

1.1 Analysis

Abb. 4: Parabel 2. Ordnung mit h(x); geht durch den Ursprung und durch P(−2 | −4)

$$-4 = c \cdot (-2)^2 - (-2) \text{ damit } c = -\frac{3}{2}$$

Abb. 2: Graph einer Exponentialfunktion mit g(x); waagrechte Asymptote:

y = −2 für x → ∞ verläuft durch S(0 | −1,5), also b = 0,5

Abb. 3: Graph einer gebrochen-rationalen Funktion mit f(x); waagrechte Asymptote: y = 0

senkrechte Asymptote: x = 1 und damit a = −1

1.2 Analysis

1.2.1 $f_a(x) = ax^4 - x^2$, $a > 0$

$$\int_0^1 f_a(x)dx = \left[\frac{a}{5}x^5 - \frac{1}{3}x^3\right]_0^1 = \frac{1}{5}a - \frac{1}{3}$$

1.2.2 Mit $x_1 < x_4$ gilt für den Abstand $x_4 - x_1 = \sqrt{\frac{1}{a}} - (-\sqrt{\frac{1}{a}}) = 2\sqrt{\frac{1}{a}}$

Bedingung für Abstand 4: $2\sqrt{\frac{1}{a}} = 4 \Leftrightarrow \sqrt{\frac{1}{a}} = 2$

Quadrieren: $\frac{1}{a} = 4$ Gesuchter a-Wert: $a = \frac{1}{4}$

1.3 Lineare Algebra

a) Restriktion Herstellungskosten: $25x + 5y \leq 500 \Rightarrow y \leq -5x + 100$

b) Parallelverschiebung der Zielfunktionsgeraden bis zum äußersten Punkt des Vielecks

$P_{opt}(14 | 30)$

Gewinn: $G = 100x + 10y$

einsetzen:

$G = 100 \cdot 14 + 10 \cdot 30$

$G = 1700$

Der maximal mögliche Gewinn beträgt 1700 GE.

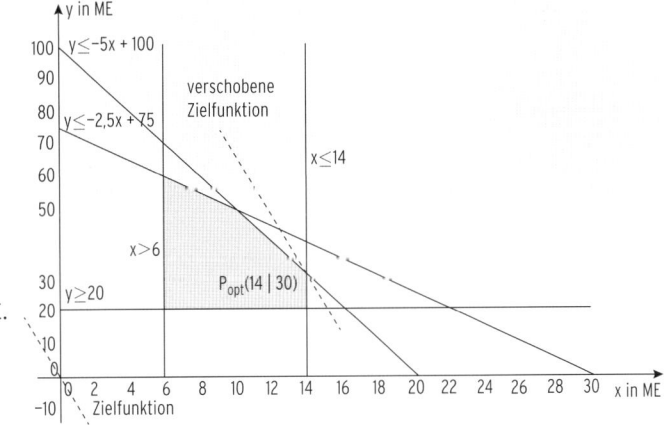

1.4 Stochastik

Die Zufallsvariable X ist binomialverteilt mit n = 10 und p = 0,6.

1.4.1 E(X) = 6; größter Wert in X = 6; Abb. 3 zeigt die Verteilung

1.4.2 $P(4 < X < 7) = P(X = 5) + P(X = 6) = 0,45$

$P(X \neq 5) = 1 - P(X = 5) = 0,8$

Lösungen: Aufgabensatz 1 — Aufgabenteil B: Hilfsmittel GTR

Aufgabe 2 (Analysis)

2.1 $f(t) = 7t^4 - 280t^3 + 2800t^2$, $t \in \mathbb{R}$, $0 \leq t < 20$; $f'(t) = 28t^3 - 840t^2 + 5600t$

2.1.1 Aussage 1:

Die Absatzzahlen steigen an (in der Reifephase) und fallen danach (in der Sättigungsphase). Mit der 1. Ableitung $f'(t) = 28t^3 - 840t^2 + 5600t$ folgt durch Einsetzen:

$f'(15) = -10500 < 0$ \qquad Die monatliche Absatzrate fällt im 15. Monat.

Das Produkt befindet sich nicht mehr vor der Sättigungsphase, sondern in dieser. Die Aussage ist falsch.

Aussage 2:

Notwendige Bedingung für den maximalen Absatz: $f'(t) = 0$

$28t(t^2 - 30t + 200) = 0 \Leftrightarrow t = 0 \vee t = 10 \vee t = 20$ \quad ($t = 20 \notin D$)

Mit $f''(t) = 84t^2 - 1680t + 5600$ erhält man

$f''(0) = 5600 > 0$ (lokales Minimum)

$f''(10) = -2800 < 0$ (lokales Maximum). Weiter gilt $f(10) = 70000$.

Der maximale Absatz liegt bei 70 000 Stück pro Monat. Die Aussage ist richtig.

Hinweis: Aussage 1 kann hiermit widerlegt werden, da $t = 15$ hinter dem Zeitpunkt des maximalen Absatzes liegt ($t = 10$) und die Absatzrate wieder fallen muss.

Aussage 3:

Zum Zeitpunkt $t = 3$ müsste also eine Wendestelle von f vorliegen mit $f''(3) = 0$.

Es gilt aber $f''(3) = 1316 \neq 0$

Die Aussage ist falsch.

2.1.2 Gesamter Absatz für das erste Halbjahr \qquad Skizze nicht verlangt.

Integration über die Absatzrate f liefert den Gesamtabsatz.

$$\int_0^6 f(t)\,dt = \left[\frac{7}{5}t^5 - 70t^4 + \frac{2800}{3}t^3\right]_0^6 = 121766{,}4$$

Der Gesamtabsatz in den ersten 6 Monaten beträgt 121766 Stück

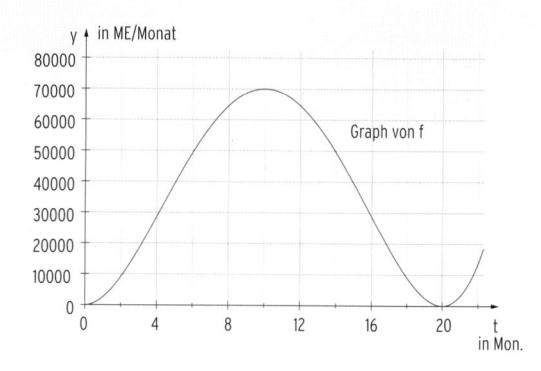

Lösungen: Musteraufgabensatz 1 Aufgabenteil B Hilfsmittel (GTR)

Aufgabe 2 (Analysis) Fortsetzung

2.1.3 Langfristige Eignung (für $t > 20$)

$f(20) = 0$; f hat ein lokales Minimum in $t = 20$.

Danach steigt f an mit $\lim\limits_{t \to \infty} f(t) = \infty$

(f ist eine Polynomfunktion 4. Grades, der Graph von f ist nach oben geöffnet.)

Die Absatzzahlen würden ins Unendliche steigen, dies entspricht nicht der Realität.

f ist nicht geeignet, um die langfristige Absatzentwicklung darzustellen.

2.2 $g_b(t) = 5000 \cdot e^{-0,02t^2 + 0,04bt}$; $t, b \in \mathbb{R}, t \geq 0, b > 0$.

$g_b(t)$ die Anzahl der verkauften Kaffeemaschinen **in Stück im Monat** t an.

2.2.1 Vorbestellungen zum Verkaufsstart ($t = 0$): 5000 Stück

$g_b(0) = 5000$ wegen $e^{-0,02 \cdot 0^2 + 0,04b \cdot 0} = e^0 = 1$ unabhängig von b

Die Funktion g_b bildet diesen Sachverhalt ab.

2.2.2 Maximaler monatlicher Absatz

Kettenregel: $g_b'(t) = 5000 \cdot (-0,04t + 0,04b) \, e^{-0,02t^2 + 0,04bt}$

Produktregel und Kettenregel: Hinweis: 5000 als Faktor stehen lassen.

$g_b''(t) = 5000 \cdot ((-0,04t + 0,04b) \cdot (-0,04t + 0,04b) \, e^{-0,02t^2 + 0,04bt} - 0,04 e^{-0,02t^2 + 0,04bt})$

$= 5000 \cdot e^{-0,02t^2 + 0,04bt} (0,0016t^2 - 0,0032bt + 0,0016b^2 - 0,04)$

Notwendige Bedingung: $g_b'(t) = 0$ $5000 \cdot (-0,04t + 0,04b) \, e^{-0,02t^2 + 0,04bt} = 0$

Satz vom Nullprodukt: $-0,04t + 0,04b = 0 \Leftrightarrow t = b$

Mit $g_b''(b) = (8b^2 - 16b^2 + 8b^2 - 200) \cdot e^{-0,02b^2 + 0,04b^2} = -200 \cdot e^{0,02b^2} < 0$

und $g_b(b) = 5000 \cdot e^{0,02b^2}$ ($e^{0,02b^2} > 0$, unabhängig von b)

ergibt sich:

Zum Zeitpunkt $t = b$ wird der maximale monatliche Absatz $5000 \cdot e^{0,02b^2}$ erreicht.

Lösungen: Musteraufgabensatz 1   Aufgabenteil B   Hilfsmittel (GTR)

Aufgabe 3 (Lineare Algebra)

3.1 A_{RM}: Matrix, die angibt, wie viele ME der Rohkaffeesorten für je eine ME der Mischungen benötigt werden.

$$A_{RM} = \begin{pmatrix} 2 & 1{,}5 & 1 \\ 0{,}4 & 1{,}5 & 1{,}4 \\ 0{,}6 & 0 & 0{,}6 \end{pmatrix}$$

C_{RE}: Matrix, die angibt, wie viele ME der Rohkaffeesorten für je eine ME der Endprodukte benötigt werden.

$$C_{RE} = \begin{pmatrix} 25{,}5 & 28{,}0 & 26{,}5 \\ 14{,}7 & 15{,}2 & 14{,}9 \\ 7{,}8 & 4{,}8 & 6{,}6 \end{pmatrix}$$

Kunde A bestellt Mischungen:

$$A_{RM} \cdot \begin{pmatrix} 300 \\ 300 \\ 300 \end{pmatrix} = \begin{pmatrix} 1350 \\ 990 \\ 360 \end{pmatrix}$$

Für diese Bestellung benötigt man 1350 ME Arabica 990 ME Robusta und 360 ME Liberica.

Kunde B bestellt Endprodukte:

$$C_{RE} \cdot \begin{pmatrix} 100 \\ 50 \\ 30 \end{pmatrix} = \begin{pmatrix} 4745 \\ 2677 \\ 1218 \end{pmatrix}$$

Für diese Bestellung benötigt man 4745 ME Arabica 2677 ME Robusta und 1218 ME Liberica.

Für beide Bestellungen sind insgesamt 6095 ME Arabica (1350 + 4745), 3667 ME Robusta (990 + 2677) und 1578 ME Liberica (360 + 1218) erforderlich.

3.2.1 Es gilt $A_{RM} \cdot B_{ME} = C_{RM}$

Auflösen nach B_{ME}: $B_{ME} = A_{RM}^{-1} \cdot C_{RM}$

Mit $A_{RM}^{-1} = \frac{1}{6} \begin{pmatrix} 3 & -3 & 2 \\ 2 & 2 & -8 \\ -3 & 3 & 8 \end{pmatrix}$ erhält man $B_{ME} = \begin{pmatrix} 8 & 8 & 8 \\ 3 & 8 & 5 \\ 5 & 0 & 3 \end{pmatrix}$

3.2.2 Bestellung 1: $\vec{x}_1 = \begin{pmatrix} 36 \\ 224 \\ 40 \end{pmatrix}$ Bestellung 2: $\vec{x}_1 = \begin{pmatrix} 48 \\ 232 \\ 20 \end{pmatrix}$

Rohstoffverbrauch: $C_{RM} \cdot \begin{pmatrix} 36 \\ 224 \\ 40 \end{pmatrix} = \begin{pmatrix} 8250 \\ 4530 \\ 1620 \end{pmatrix}$ $C_{RM} \cdot \begin{pmatrix} 48 \\ 232 \\ 20 \end{pmatrix} = \begin{pmatrix} 8250 \\ 4530 \\ 1620 \end{pmatrix}$

Bestellung mit gleichem Rohstoffverbrauch:

$$\frac{1}{2}(\vec{x}_1 + \vec{x}_2) = \frac{1}{2}\left(\begin{pmatrix} 36 \\ 224 \\ 40 \end{pmatrix} + \begin{pmatrix} 48 \\ 232 \\ 20 \end{pmatrix}\right) = \begin{pmatrix} 42 \\ 228 \\ 30 \end{pmatrix}$$

3.3 B_{ME}: Mischungen-Endprodukte-Matrix: $B_{ME} = \begin{pmatrix} 8 & 8 & 8 \\ 3 & 8 & 8-a \\ 5 & 0 & a \end{pmatrix}$

1 ME Capuccino besteht aus 8 ME der Mischung 1 und aus insgesamt 8 ME der Mischungen 2 und 3 ($8 - a + a = 8$); a ME der Mischung 3, also $a \geq 0$.

Nach den Rangkriterien gilt: $\text{Rg}(A) = \text{Rg}(A \mid \vec{b}) = 2 < 3 = n$

Lösungen: Musteraufgabensatz 1

Aufgabenteil B Hilfsmittel (GTR)

Aufgabe 3 (Lineare Algebra)

3.4.1 x, y, z: ME der Sorten Espresso, Grande, Cappuccino

LGS: $B_{ME} \cdot \begin{pmatrix} x \\ y \\ z \end{pmatrix} = \begin{pmatrix} 240 \\ 210 \\ 30 \end{pmatrix}$; als erweiterte Koefizientenmatrix $(A \mid \vec{b})$: $\begin{pmatrix} 8 & 8 & 8 & | & 240 \\ 3 & 8 & 8-a & | & 210 \\ 5 & 0 & a & | & 30 \end{pmatrix}$

Auflösung mit Gauß: $\begin{pmatrix} 1 & 1 & 1 & | & 30 \\ 3 & 8 & 8-a & | & 210 \\ 5 & 0 & a & | & 30 \end{pmatrix} \sim \begin{pmatrix} 1 & 1 & 1 & | & 30 \\ 0 & 5 & 5-a & | & 120 \\ 0 & 5 & 5-a & | & 120 \end{pmatrix} \sim \begin{pmatrix} 1 & 1 & 1 & | & 30 \\ 0 & 5 & 5-a & | & 120 \\ 0 & 0 & 0 & | & 0 \end{pmatrix}$

Das LGS ist für $0 \leq a \leq 8$ (sogar für $a \in \mathbb{R}$) stets mehrdeutig lösbar,

hat also stets unendlich viele Lösungen.

3.4.2 Mengenkombination $\begin{pmatrix} x \\ y \\ z \end{pmatrix}$ für a = 4: $\begin{pmatrix} 1 & 0 & 0{,}8 & | & 6 \\ 0 & 1 & 0{,}2 & | & 24 \\ 0 & 0 & 0 & | & 0 \end{pmatrix}$ mit z. B. z = 5: $\begin{pmatrix} x \\ y \\ z \end{pmatrix} = \begin{pmatrix} 2 \\ 23 \\ 5 \end{pmatrix}$

Mengenkombination $\begin{pmatrix} x \\ y \\ z \end{pmatrix}$ für a = 5: $\begin{pmatrix} 1 & 0 & 1 & | & 6 \\ 0 & 1 & 0 & | & 24 \\ 0 & 0 & 0 & | & 0 \end{pmatrix}$ mit z. B. z = 2: $\begin{pmatrix} x \\ y \\ z \end{pmatrix} = \begin{pmatrix} 4 \\ 24 \\ 2 \end{pmatrix}$.

(x + z = 6)

Alternative:

Für a = 0: $\begin{pmatrix} 1 & 0 & 0 & | & 6 \\ 0 & 1 & 1 & | & 24 \\ 0 & 0 & 0 & | & 0 \end{pmatrix}$ mit dem allgemeinen Lösungsvektor: $\begin{pmatrix} x \\ y \\ z \end{pmatrix} = \begin{pmatrix} 6 \\ 24-t \\ t \end{pmatrix}$

Mengenkombination für t = 0: $\begin{pmatrix} x \\ y \\ z \end{pmatrix} = \begin{pmatrix} 6 \\ 24 \\ 0 \end{pmatrix}$ für t = 1: $\begin{pmatrix} x \\ y \\ z \end{pmatrix} = \begin{pmatrix} 6 \\ 23 \\ 1 \end{pmatrix}$ ($0 \leq t \leq 24$)

Aus den Lagerbeständen können z. B. 6 ME Espresso und 24 ME Grande oder

6 ME Espresso, 23 ME Grande und 1 ME Cappucino hergestellt werden.

Lösungen: Musteraufgabensatz 1
Aufgabenteil B Hilfsmittel (GTR)
Aufgabe 4 (Stochastik)

4.1 Ausschussanteil p = 0,02; n = 100; X: Anzahl der nicht gebrauchsfähigen Kapseln

4.1.1 $P(E_1) = P(X = 3) = 0,1823 = 18,23\,\%$

$P(E_2) = P(X < 3) = P(X \leq 2) = 0,6767 = 67,67\,\%$

$P(E_3) = P(3 < X < 7) = P(X \leq 6) - P(X \leq 3) = 0,9959 - 0,8590 = 0,1369 = 13,69\,\%$

auch mit dem GTR: binomcdf(100,0.02,4,6) = 13,69

4.1.2 Erwartete Anzahl: $E(X) = \mu = 100 \cdot 0,02 = 2$

Standardabweichung: $\sigma = \sqrt{100 \cdot 0,02 \cdot 0,98} = 1,4$

$[\mu - \sigma;\ \mu + \sigma] = [2 - 1{,}4;\ 2 + 1{,}4] = [0{,}6;\ 3{,}4]$

Abweichung von 2 um mehr als 1,4 bedeutet $X = 0$ oder $X \geq 4$

Wahrscheinlichkeit: $P(X = 0) + P(X \geq 4) = 0,090 + (1 - 0,8590) = 0,2736 = 27,36\,\%$

4.2.1 G: Gebrauchsfähig

$\overline{G}$: Nicht gebrauchsfähig

a: aussortiert

$\overline{a}$: nicht aussortiert

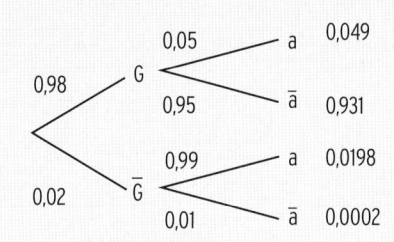

```
                           0,05      a    0,049
                  0,98  G
                           0,95      ā    0,931
                           0,99      a    0,0198
                  0,02  Ḡ
                           0,01      ā    0,0002
```

Alternativ: Vierfeldertafel

	G	$\overline{G}$	
a	0,98 · 0,05 = 0,049	0,02 · 0,99 = 0,0198	0,0688
$\overline{a}$	0,98 · 0,95 = 0,931	0,02 · 0,01 = 0,0002	0,9312
	0,98	0,02	1

4.2.2 $P(\overline{a}) = 0,98 \cdot 0,95 + 0,02 \cdot 0,01 = 0,9312 < 0,95$

Die Wahrscheinlichkeit, dass eine Kapsel nicht aussortiert wird, liegt mit 93,12 % unter 95 %.

4.2.3 Richtige Entscheidung bedeutet, eine gebrauchsfähige Kapsel wird nicht aussortiert oder eine nicht gebrauchsfähige Kapsel wird aussortiert.

P(Richtige Entscheidung) = $0,98 \cdot 0,95 + 0,02 \cdot 0,99 = 0,9508 = 95,08\,\%$

Lösungen: Musteraufgabensatz 1
Aufgabenteil B Hilfsmittel (GTR)
Aufgabe 4 (Stochastik)

4.2.4 Bedingte Wahrscheinlichkeit (Satz von Bayes): $P_{\bar{a}}(G) = \frac{P(\bar{a} \cap G)}{P(\bar{a})}$

$P_{\text{nicht aussortiert}}(\text{gebrauchsfähig}) = \frac{0{,}98 \cdot 0{,}95}{0{,}9312} = 0{,}9998 = 99{,}98\,\%$

Die Wahrscheinlichkeit, dass eine nicht aussortierte Kapsel auch wirklich gebrauchsfähig ist, beträgt 99,98 %.

4.3 Vermutung: In mehr als 10 % aller Kapseln ist weniger Kaffee enthalten als angegeben. Da eine große Anzahl von Kapseln mit unzureichendem Füllgewicht in einer Stichprobe für diese Vermutung spricht, wird rechtsseitig getestet mit der Gegenhypothese H_1: $p \geq 0{,}10$.

Die Nullhypothese lautet daher H_0: $p \leq 0{,}10$

X: Anzahl der Kapseln mit unzureichendem Füllgewicht, X ist $B_{100;\,0{,}1}$-verteilt

H_0 wird bei großen (rechtsseitigen) Werten abgelehnt.

Ablehnungsbereich $\overline{A} = \{k + 1; ...; 100\}$

Gesucht ist also die kleinste Zahl k, so dass $P(X \geq k + 1) \leq 0{,}05$ ($\alpha = 0{,}05$)

Dies ist gleichbedeutend mit $P(X \leq k) \geq 0{,}95$

Mit GTR oder Tabelle: $P(X \leq 14) = 0{,}9274 < 0{,}95$ ($P(X \geq 15) = 0{,}0726 > 0{,}05$)

$P(X \leq 15) = 0{,}9601 > 0{,}95$ ($P(X \geq 16) = 0{,}0399 < 0{,}05$)

Somit ist k = 15 und der Ablehnungsbereich von H_0 ist $\overline{A} = \{16; ...; 100\}$.

Entscheidungsregel: Von von den 100 kontrollierten Kapseln mindestens 16 Kapseln das Füllgewicht nicht einhalten, kann man davon ausgehen, dass die Vermutung der Verbraucherzentrale richtig ist.

Die Irrtumswahrscheinlichkeit beträgt 3,99 % und liegt damit unter dem Signifikanzniveau von 5 %.

Musteraufgabensatz 2

Aufgabenteil A: ohne Hilfsmittel

Lösungen Seite 186 -191

Aufgabe 1 (24 Punkte)

Punkte

1.1 Analysis

Die Abbildung zeigt die Graphen einer Angebots- und einer Nachfragefunktion.

1.1.1 Ordnen Sie begründet zu.

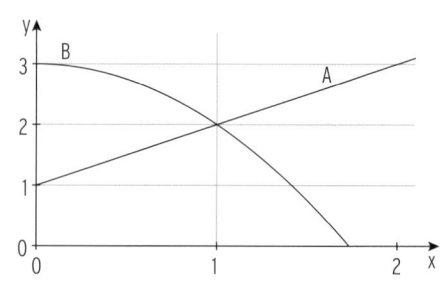

1.1.2 Berechnen Sie die Konsumentenrente und kennzeichnen Sie diese in der Abbildung.   6

1.2 Analysis

Für jedes $t \in \mathbb{R}$ besitzt der Graph der Funktion f_t mit $f_t(x) = t^2 - x + e^{x-t}$; $x \in \mathbb{R}$, einen Tiefpunkt. Bestimmen Sie t so, dass dieser Tiefpunkt möglichst tief liegt.   6

1.3 Lineare Algebra

In einem mehrstufigen Prozess ergeben sich folgende Zusammenhänge: $C_{RE} = \begin{pmatrix} 4 & 5 & 2 \\ 1 & 3 & 4 \\ 2 & 1 & 5 \end{pmatrix}$.

Die Produktion der Endprodukte erfolgt mit $\vec{m} = \begin{pmatrix} x \\ 2x \\ 3x \end{pmatrix}$.

Im Lager befinden sich noch die folgenden Rohstoffe: $\vec{r} = \begin{pmatrix} 20 \\ 19 \\ 19 \end{pmatrix}$.

Die Rohstoffpreise pro Mengeneinheit werden durch den Vektor $\vec{k}_R^T = (2\ 3\ 2)$ angegeben.

1.3.1 Bestimmen Sie die Anzahl der Endprodukte, die durch den vollständigen Verbrauch der Rohstoffe hergestellt werden können.

1.3.2 Berechnen Sie die Rohstoffkosten für die Produktion von 3 ME E_1, 2 ME von E_2 und 1 ME von E_3.   6

Musteraufgabensatz 2

Aufgabenteil A: ohne Hilfsmittel

Aufgabe 1 (24 Punkte)   Punkte

1.4 Stochastik

1.4.1 Die Zufallsgröße X ist binomialverteilt mit n = 10 und p = 0,8. Eine der folgenden Abbildungen stellt die Wahrscheinlichkeitsverteilung von X dar.

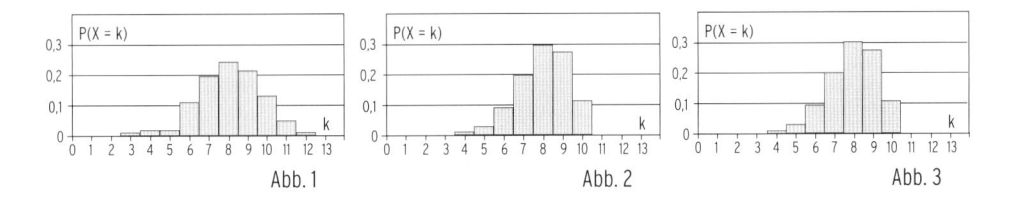

Abb. 1   Abb. 2   Abb. 3

Geben Sie die beiden Abbildungen an, die die Wahrscheinlichkeitsverteilung von X nicht darstellen. Begründen Sie Ihre Angabe.

1.4.2 Das Ziel eines Würfelspiels besteht darin, mit einem Würfel eine Sechs zu würfeln. Der Spieler hat bis zu drei Versuche.

Zeichnen Sie ein Baumdiagramm und berechnen Sie die Wahrscheinlichkeit dafür, dass er die Sechs im zweiten Wurf würfelt.

Wie groß ist die Wahrscheinlichkeit dafür, dass es ihm gelingt, die Sechs in einem der drei Versuche zu würfeln.   6

Musteraufgabensatz 2
Aufgabenteil B: Hilfsmittel GTR
Aufgabe 2 – Analysis (32 Punkte)

Aufgabenstellung   Seite 1/2   **Punkte**

Die Pyrokomet GmbH stellt Feuerwerke aller Art her. Unter anderem werden Feuerwerksraketen, Tischfeuerwerke und Böllersortimente für unterschiedliche Anlässe - z. B. Hochzeiten - produziert.

2.1 Eine Aufgabe der Marketingabteilung der Pyrokomet GmbH besteht in der Auswertung umfangreicher Marktanalysen. Aus den Daten zur Produktsparte Tischfeuerwerk ergibt sich die folgende Angebotsfunktion p_A und die Nachfragefunktion p_N:

$p_A(x) = a \cdot x^2 + 8{,}5$, $a, x \in \mathbb{R}$; $a > 0$; $x \geq 0$

$p_N(x) = -0{,}015\, x^2 + 40$; $x \in \mathbb{R}$; $x \geq 0$

$p_A(x)$ und $p_N(x)$ geben den Preis in Geldeinheiten (GE) pro Mengeneinheit (ME) in Abhängigkeit von der angebotenen bzw. nachgefragten Menge x in Mengeneinheiten an. Dabei ist a ein von Steuern abhängiger Parameter.

In Anlage 1 ist die Marktsituation für ein a > 0 grafisch dargestellt.

2.1.1 Berechnen Sie die Sättigungsmenge.   2

2.1.2 Ergänzen Sie die fehlenden Beschriftungen im Schaubild (Anlage 1) und erläutern Sie den Einfluss des Parameters a auf das Marktgleichgewicht.   5

2.1.3 Berechnen Sie die Gleichgewichtsmenge in Abhängigkeit von a und bestimmen Sie den Wert des Parameters a für die im Schaubild abgebildete Situation.   6

2.2 Für die Pyrokomet GmbH ergibt sich aus dem Datensatz zur Kostenentwicklung für die Herstellung der Tischfeuerwerke die Funktion K:

$K(x) = 0{,}15 x^3 - 3 x^2 + 31{,}5 x + 100$; $x \in \mathbb{R}$; $x \geq 0$

Dabei gibt x die Produktionsmenge der Tischfeuerwerke in ME und K(x) die Kosten in GE an.

2.2.1 Ein Konkurrent der Pyrokomet GmbH hat bisher das Tischfeuerwerk zu 26,5 GE/ME verkauft, senkt aber nun den Preis um 20 %. Untersuchen Sie, ob die Pyrokomet GmbH das Tischfeuerwerk kurzfristig auch zu dem Konkurrenzpreis anbieten kann, so dass die variablen Kosten gedeckt sind.   5

Musteraufgabensatz 2
Aufgabenteil B: Hilfsmittel GTR

Aufgabe 2 (Analysis)   Seite 2/2   Punkte

2.2.2 Ermitteln Sie den voraussichtlichen maximalen Gewinn der Pyrokomet GmbH, wenn das Tischfeuerwerk zu dem durch die Marktanalyse ermittelten Gleichgewichtspreis von 26,5 GE/ME angeboten wird.   5

2.3 Die Verkaufsleiterin stellt eine Prognose für die Absatzzahlen der Hochzeitsfeuerwerke im nächsten Jahr auf. Diese modelliert sie mit

$f_k(t) = 200 \cdot (k \cdot t^2 + t) \cdot e^{-0{,}1t}$; $0 \leq t \leq 52$; $k \geq 0$

Dabei steht t für die Zeit seit Jahresbeginn in Wochen, k ist ein konjunkturabhängiger Parameter und $f_k(t)$ gibt die prognostizierten Absatzzahlen in Mengeneinheiten pro Woche an.

2.3.1 Zum Zeitpunkt t = 12 werden 5060 ME pro Woche abgesetzt. Berechnen Sie den zugehörigen Wert von k.   4

2.3.2 Zeigen Sie: $F(t) = -2000 \cdot e^{-0{,}1t}(t + 10)$ ist eine Stammfunktion von f_0. Berechnen Sie den Gesamtabsatz eines Jahres (t = 52) nach diesem Modell.   5

Musteraufgabensatz 2
Aufgabenteil B: Hilfsmittel GTR

Aufgabe 2 (Analysis)

Material zu 2.1.2   Name: _____

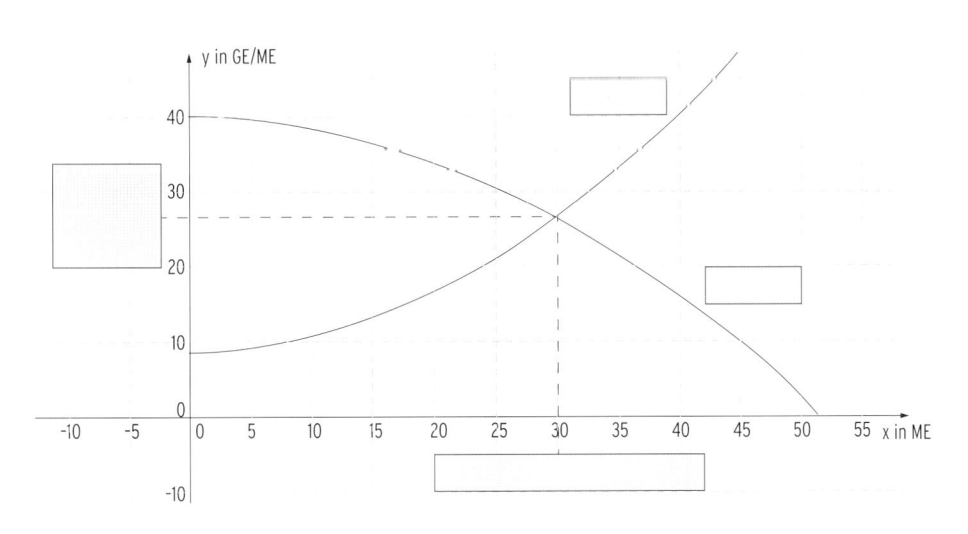

Musteraufgabensatz 2
Aufgabenteil B: Hilfsmittel GTR
Aufgabe 3 – Lineare Algebra (32 Punkte)

Kleinfeuerwerke werden häufig als Batterien angeboten, die nur einmal entzündet werden müssen. Eine Batterie besteht aus mehreren Röhren, die mit Pulvermischungen gefüllt sind. So entstehen unterschiedliche Knall- und Leuchteffekte.

Die Pyrokomet GmbH verarbeitet zunächst drei Pulvermischungen P_1, P_2 und P_3 so, dass drei Typen von Röhren R_1, R_2 und R_3 mit den gewünschten Effekten entstehen. Diese werden dann zu den beiden meistverkauften Kleinfeuerwerken „Thor" (K_1) und „Zeus" (K_2) zusammengefügt.

Tabelle A gibt die jeweilige Menge (in Gramm) der verwendeten Pulvermischungen pro Röhrentyp an. Tabelle B gibt die Anzahl der Röhren pro Kleinfeuerwerk an.

Tabelle A	R_1	R_2	R_3
P_1	4	3	2
P_2	2	6	3
P_3	1	4	0

Tabelle B	K_1	K_2
R_1	a	3
R_2	b	3b
R_3	2a	6

Die Matrix C_{PK} gibt die Mengen der verwendeten Pulvermischungen je Kleinfeuerwerk in Gramm an.

$$C_{PK} = \begin{pmatrix} 60 & 60 \\ 72 & 96 \\ 22 & 51 \end{pmatrix}$$

3.1 Im Folgenden werden die Parameter a und b in Tabelle B betrachtet.

3.1.1 Berechnen Sie die Werte der Parameter a und b, die zu der Matrix C_{PK} passen.   5

3.1.2 Die Parameterwerte a und b lassen sich auch mit der Matrizengleichung $B_{RK} = A_{PR}^{-1} \cdot C_{PK}$ bestimmen.

Begründen Sie rechnerisch die Existenz der Inversen von A_{PR} mit dem Rangkriterium.   5

Musteraufgabensatz 2
Aufgabenteil B: Hilfsmittel GTR

Aufgabe 3 (Lineare Algebra) Seite 2/2 Punkte

Für die folgenden Aufgabenteile gilt a = 6 und b = 4.

3.2 Bei der Herstellung der beiden Kleinfeuerwerke entstehen nachfolgende variable Kosten. Für die Pulvermischung P_2 gibt es erfahrungsgemäß häufiger Preisschwankungen auf dem Markt. Diese Schwankungen werden durch den Parameter $t \in \mathbb{R}, t > -2$ erfasst.

Kosten für die Pulvermischungen	P_1	P_2	P_3
in Cent pro Gramm	3	2 + t	2

Fertigungskosten für die Röhren	R_1	R_2	R_3
in Cent pro Stück	3	5	6

Fertigungskosten für die Kleinfeuerwerke	K_1	K_2
in Cent pro Stück	11	10

Das Kleinfeuerwerk „Thor" (K_1) kann für 739 Cent und „Zeus" (K_2) für 689 Cent verkauft werden.

3.2.1 Bestimmen Sie die Stückdeckungsbeiträge in Abhängigkeit von t. 7

3.2.2 Analysieren Sie, für welche Werte von t sowohl der Stückdeckungsbeitrag für „Thor" als auch der für „Zeus" mindestens 50 Cent beträgt. 4

3.2.3 Für die anstehende Saison bestellt ein Großkunde 1500 Kleinfeuerwerke „Thor" und 2200 Kleinfeuerwerke „Zeus". Außerdem ist er an einzelnen Effekt-Röhren interessiert, da er selbst kleinere Batterien anfertigen will. Er bestellt 1500 Stück der Röhre R_1 zum Stückpreis von 20 Cent und 2000 Stück der Röhre R_3 zum Stückpreis von 30 Cent. Die Fixkosten werden mit 17 500 Cent kalkuliert. Ermitteln Sie den minimalen und maximalen Gewinn, der durch diese Kundenbestellung erzielt wird, wenn die Preisschwankungen höchstens in dem Bereich zwischen t = − 0,5 und t = 0,5 erwartet werden.
(Zwischenergebnis: k_v = (489 + 72t   589 + 96t)) 11

Musteraufgabensatz 2
Aufgabenteil B: Hilfsmittel GTR

Aufgabe 4 - Stochastik

In der Pyrokomet GmbH werden die Feuerwerksraketen in fünf Arbeitsschritten produziert. Erfahrungsgemäß treten bei der Produktion unabhängig voneinander Fehler mit folgenden Wahrscheinlichkeiten auf. Die dazugehörigen Zufallsvariablen können als binomialverteilt angenommen werden.

	Schritt 1 Raketentreibladung	Schritt 2 Anfeuerungsmasse	Schritt 3 Effektsatz aus Alkalimetallen	Schritt 4 Leitstab aus Holz	Schritt 5 Verpackung
Fehlerwahrscheinlichkeit	0,04	a	0,02	0,02	0,05

4.1 Die Fehlerwahrscheinlichkeit im Arbeitsschritt 2 kann bisher lediglich mit einem Parameter a angegeben werden, da die Zusammensetzung der Anfeuerungsmasse immer wieder neu gemischt wird. In der kommenden Produktionsperiode sollen 85 % der produzierten Raketen komplett fehlerfrei in den Verkauf gehen.

Berechnen Sie die zugehörige Fehlerwahrscheinlichkeit im Arbeitsschritt 2.

3

4.2 Eine Stichprobe an Feuerwerksraketen wird auf Verpackungsfehler (Arbeitsschritt 5) untersucht. Die Zufallsvariable X gibt die Anzahl der fehlerhaft verpackten Raketen in dieser Stichprobe an.

Die Standardabweichung beträgt $\sigma = 2{,}18$.

Begründen Sie aus dem Sachzusammenhang, dass X als binomialverteilt angesehen werden kann, und bestimmen Sie den Umfang der entnommenen Stichprobe.

6

4.3 Es werden 100 Feuerwerksraketen auf defekte Raketentreibladung ($p = 0{,}04$) hin untersucht. Berechnen Sie die Wahrscheinlichkeit für folgende Ereignisse.

E_1: Höchstens 8 Raketen haben eine defekte Treibladung.

E_2: Die Anzahl der defekten Treibladungen weicht um höchstens 2 von dem zu erwartenden Wert ab.

E_3: Es liegen mindestens 96 einwandfreie Treibladungen vor.

7

Musteraufgabensatz 2
Aufgabenteil B: Hilfsmittel GTR

Aufgabe 4 - Stochastik Seite 2/2 Punkte

4.4 Der Geschäftsführer will durch eine Verbesserung im Arbeitsschritt 4 erreichen, dass die Wahrscheinlichkeit, unter 50 kontrollierten Raketen keine Rakete mit fehlerhaftem Leitstab zu finden, 50 % beträgt.
Ermitteln Sie den Wert, auf den die bisherige Fehlerwahrscheinlichkeit in Arbeitsschritt 4 dazu gesenkt werden muss. 4

4.5 Das Kombipaket „Sternenzauber" der Pyrokomet GmbH hat in den letzten Jahren einen Marktanteil von 60 % erzielt. Nach einer Umgestaltung der Verpackung geht das Unternehmen davon aus, dass sich dieser Marktanteil erhöht hat. Um diese Annahme zu prüfen, werden 100 Personen befragt.

4.5.1 Leiten Sie auf Grundlage eines Hypothesentests zum Signifikanzniveau von 5 % eine Entscheidungsregel zum Nachweis eines erhöhten Marktanteils her. 8

4.5.2 Geben Sie die Wahrscheinlichkeit des Fehlers 1. Art an und erläutern Sie seine Bedeutung im Sachzusammenhang. 4

32

Lösungen - Musteraufgabensätze zur Zentralen Abiturprüfung 2020

Aufgabensatz 2

Aufgabenteil A Hilfsmittelfreier Teil

1.1 Analysis Aufgabe 1

1.1 Analysis

1.1.1 A: Monoton wachsend; Angebotsfunktion
$p_A(x) = x + 1$

B: Monoton fallend; Nachfragefunktion
$p_N(x) = -x^2 + 3$
(Normalparabelform durch (0 | 3))

1.1.2 $p_A(x) = p_N(x)$ $-x^2 + 3 = x + 1$
$x^2 + x - 2 = 0 \Leftrightarrow x_1 = 1; x_2 = -2$
MGL (1 | 2)

Konsumentenrente: $\int_0^1 p_N(x)\,dx - 1 \cdot 2 = \left[-\frac{1}{3}x^3 + 3x\right]_0^1 - 2 = \frac{2}{3}$

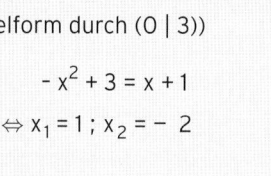

1.2 Analysis

$f_t(x) = t^2 - x + e^{x-t}$; $f_t'(x) = -1 + e^{x-t}$

Bedingung: $f_t'(x) = 0 \Leftrightarrow e^{x-t} = 1$ für $x = t$

Tiefpunkt $T(t \mid t^2 - t + 1)$

Hinweis: $f_t''(x) = e^{x-t} > 0$ für alle $x \in \mathbb{R}$

Die y-Werte liegen auf einer nach oben geöffneten Parabel ($y = t^2 - t + 1$)
mit Scheitel S(0,5 | 0,75)   ($y' = 0 \Leftrightarrow 2t - 1 = 0$)

Für $t = 0,5$ liegt der Tiefpunkt möglichst tief.

1.3 Lineare Algebra

1.3.1 $C_{RE} \cdot \vec{m} = \vec{r}$ ergibt $4x + 10x + 6x = 20$ für $x = 1$

(so wie $x + 6x + 12x = 19$ für $x = 1$ und $2x + 2x + 15x = 19$ für $x = 1$)

Von E_1 können 1 ME, von E_2 2 ME und von E_3 3 ME hergestellt werden.

1.3.2 $\vec{k}_R^T \cdot C_{RE} = (2\ \ 3\ \ 2) \begin{pmatrix} 4 & 5 & 2 \\ 1 & 3 & 4 \\ 2 & 1 & 5 \end{pmatrix} = (15\ \ 21\ \ 26)$; $(15\ \ 21\ \ 26) \cdot \begin{pmatrix} 3 \\ 2 \\ 1 \end{pmatrix} = 113$

Die Rohstoffkosten belaufen sich auf 113 GE.

Lösungen: Musteraufgabensatz 2
Aufgabenteil A Hilfsmittelfreier Teil

1.4 Stochastik

1.4.1 Die Abbildung 1 stellt die Wahrscheinlichkeitsverteilung von X nicht dar, da $P(X > 10) > 0$ gilt.

Die Abbildung 3 stellt die Wahrscheinlichkeitsverteilung auch nicht dar, da $P(0 \leq X \leq k) > 1$ ist (Summe der Wahrscheinlichkeiten ist größer als 1).

1.4.2 Baumdiagramm

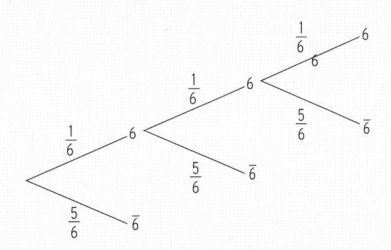

Ereignis A: Eine 6 im 2. Wurf.
$P(A) = \frac{5}{6} \cdot \frac{1}{6}$

Ereignis B: Eine 6 in einem der drei Würfe.

$P(B) = \frac{1}{6} + \frac{5}{6} \cdot \frac{1}{6} + \frac{5}{6} \cdot \frac{5}{6} \cdot \frac{1}{6} = \frac{91}{216}$

Lösungen: Musteraufgabensatz 2 - Aufgabenteil B mit Hilfsmittel (GTR)
Aufgabe 2 - Analysis

2.1 Angebotsfunktion p_A: $p_A(x) = a \cdot x^2 + 8{,}5$, $a, x \in \mathbb{R}$; $a > 0$;

Nachfragefunktion p_N: $p_N(x) = -0{,}015 x^2 + 40$; $x \in \mathbb{R}$; $x \geq 0$

2.1.1 Sättigungsmenge

Bed.: $p_N(x) = 0$ $\qquad\qquad -0{,}015x^2 + 40 = 0$

$\qquad\qquad\qquad\qquad\qquad\qquad x^2 = 2666{,}67$

wegen $x \geq 0$: einzige Lösung $\qquad x = 51{,}6$

Die Sättigungsmenge beträgt 51,6 ME

2.1.2 Beschriftungen im Schaubild

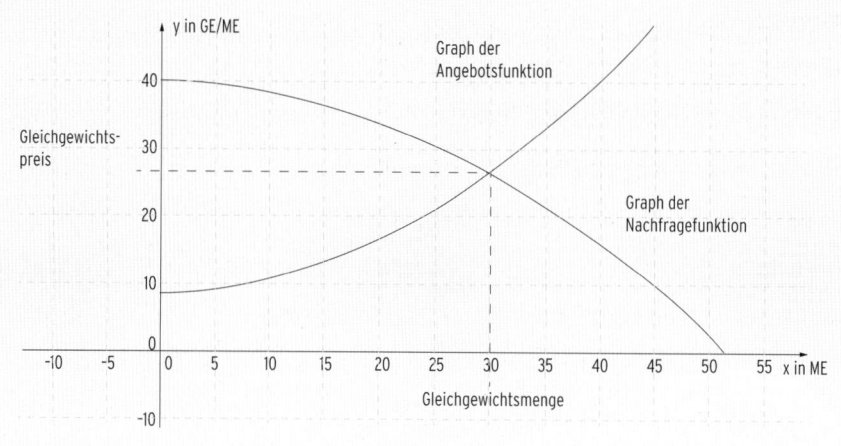

[Schaubild mit Graph der Angebotsfunktion und Graph der Nachfragefunktion; Gleichgewichtspreis ca. 27, Gleichgewichtsmenge ca. 30; y in GE/ME, x in ME]

Einfluss des Parameters a auf das Marktgleichgewicht:

Mit größer werdendem a wird die Angebotsparabel enger. Die Gleichgewichtsmenge strebt gegen 0 und der Gleichgewichtspreis strebt gegen 40.

2.1.3 Gleichgewichtsmenge in Abhängigkeit von a: $\quad p_A(x) = p_N(x)$

$$a \cdot x^2 + 8{,}5 = -0{,}015 x^2 + 40$$

$$(a + 0{,}015) \cdot x^2 = 31{,}5$$

wegen $x \geq 0$: einzige Lösung $\qquad x = \sqrt{\dfrac{31{,}5}{a + 0{,}015}}$

Wert des Parameters a in der Abbildung:

Für $x_{GG} = 30$ ergibt sich: $\qquad (a + 0{,}015) \cdot 900 = 31{,}5$

$\qquad\qquad\qquad\qquad\qquad\qquad 900a = 18$

$\qquad\qquad\qquad\qquad\qquad\qquad a = 0{,}02$

Lösungen: Musteraufgabensatz 2 - Aufgabenteil B mit Hilfsmittel (GTR)
Aufgabe 2 - Analysis   Seite 2/2

2.2   K: $K(x) = 0{,}15x^3 - 3x^2 + 31{,}5x + 100$; $x \in \mathbb{R}$; $x \geq 0$

2.2.1 Konkurrent mit Preis 80% von 26,5 = 21,2

Die variablen Kosten sind gedeckt, wenn die kurzfristige Preisuntergrenze $\leq 21{,}2$

$k_v(x) = 0{,}15x^2 - 3x + 31{,}5$; $k_v'(x) = 0{,}3x - 3$

Bedingung: $k_v'(x) = 0$ $\qquad\qquad$ $0{,}3x - 3 = 0$ für $x = 10$

Mit $k_v(10) = 16{,}5 < 21{,}2$

Die Pyromet GmbH kann das Feuerwerk zum Konkurrenzpreis anbieten, da die kurz-

fristige Preisuntergrenze unter 21,2 liegt.

2.2.2 Maximaler Gewinn

Gleichgewichtspreis von 26,5 GE/ME: $E(x) = 26{,}5x$

Gewinnfunktion: $G(x) = E(x) - K(x) = 26{,}5x - (0{,}15x^3 - 3x^2 + 31{,}5x + 100)$

$\qquad\qquad G(x) = -0{,}15x^3 + 3x^2 - 5x - 100$

$G'(x) = -0{,}45x^2 + 6x - 5$; $G''(x) = -0{,}9x + 3$

$G'(x) = 0$ $\qquad\qquad\qquad\qquad$ $x \approx 12{,}44$ oder $x \approx 0{,}89$

Mit $G''(0{,}89) > 0$ und $G''(12{,}44) < 0$ und $G(12{,}44) = 13{,}29$
Der maximaler Gewinn beträgt 13,29 GE.

2.3 $f_k(t) = 200 \cdot (k \cdot t^2 + t) \cdot e^{-0{,}1t}$; $0 \leq t \leq 52$; $k \geq 0$

2.3.1 $t = 12$; $f_k(12) = 5060 = 200 \cdot (k \cdot 144 + 12) \cdot e^{-1{,}2}$

$\qquad\qquad\qquad\qquad (k \cdot 144 + 12) = \dfrac{5060}{200 \cdot e^{-1{,}2}} = 84{,}0$

$\qquad\qquad\qquad\qquad k = 0{,}5$

2.3.2 F ist eine Stammfunktion von f_U, wenn $F'(t) = f_U(t) = 200t \cdot e^{-0{,}1t}$

$F'(t) = 200 \cdot e^{-0{,}1t}(t + 10) - 2000 \cdot e^{-0{,}1t} = 200t \cdot e^{-0{,}1t}$

Gesamtabsatz eines Jahres ($t = 52$): $\int_0^{52} (200t \cdot e^{-0{,}1t})dt = 19315{,}9$

Der Gesamtabsatz eines Jahres beträgt 19315,9 ME.

Hinweis: F durch partielle Integration:

$\int (200t \cdot e^{-0{,}1t})dt \;=\; -2000t \cdot e^{-0{,}1t} - \int (-2000 \cdot e^{-0{,}1t})dt$

$\qquad\qquad\qquad\;\; = -2000t \cdot e^{-0{,}1t} - 20000 \cdot e^{-0{,}1t}$

$\qquad\qquad\qquad\;\; = -2000 \cdot e^{-0{,}1t}(t + 10) = F(t)$

Lösungen: Musteraufgabensatz 2 - Aufgabenteil B mit Hilfsmittel (GTR)

Aufgabe 3 - Lineare Algebra

3..1 $A_{PR} = \begin{pmatrix} 4 & 3 & 2 \\ 2 & 6 & 3 \\ 1 & 3 & 0 \end{pmatrix}$ $B_{RK} = \begin{pmatrix} a & 3 \\ b & 3b \\ 2a & 6 \end{pmatrix}$ $C_{PK} = \begin{pmatrix} 60 & 60 \\ 72 & 96 \\ 22 & 51 \end{pmatrix}$

3.1.1 Werte der Parameter a und b

Aus $A_{PR} \cdot B_{RK} = C_{PK}$ ergeben sich z. B. $4a + 3b + 4a = 60$

$12 + 9b + 12 = 60 \Rightarrow b = 4$

Einsetzen ergibt a = 6

3.1.2 $B_{RK} = A_{PR}^{-1} \cdot C_{PK}$ bestimmen.

Existenz der Inversen von A_{PR}: $\begin{pmatrix} 4 & 3 & 2 \\ 2 & 6 & 3 \\ 1 & 4 & 0 \end{pmatrix} \sim \begin{pmatrix} 4 & 3 & 2 \\ 0 & -9 & -4 \\ 0 & 2 & -3 \end{pmatrix} \sim \begin{pmatrix} 4 & 3 & 2 \\ 0 & -9 & -4 \\ 0 & 0 & 36 \end{pmatrix}$

A_{PR}^{-1} existiert, da A_{PR} eine Matrix vom Rang 3 ist.

3.2.1 Stückdeckungsbeitrag $db = \vec{p} - \vec{k}_V$

$\vec{k}_V = \vec{k}_R \cdot C + \vec{k}_Z \cdot B + \vec{k}_E$

$k_V = (3 \quad 2+t \quad 2) \begin{pmatrix} 60 & 60 \\ 72 & 96 \\ 22 & 51 \end{pmatrix} + (3 \quad 5 \quad 6) \begin{pmatrix} 6 & 3 \\ 4 & 12 \\ 12 & 6 \end{pmatrix} + (11 \quad 10)$

$= (368 + 72t \quad 474 + 96t) + (110 \quad 105) + (11 \quad 10)$

$= (489 + 72t \quad 589 + 96t)$

Stückdeckungsbeitrag in Abhängigkeit von t:

$db = \vec{p} - \vec{k}_V = (739 \quad 689) - (489 + 72t \quad 589 + 96t)$

$= (250 - 72t \quad 100 - 96t)$

3.2.2 Bedingung für t: $db \geq 50$ $250 - 72t \geq 50$ für $t \leq 2{,}78$

$100 - 96t \geq 50$ für $t \leq 0{,}52$

Für $t \leq 0{,}52$ beträgt der Stückdeckungsbeitrag jeweils mindestens 50 Cent.

3.2.3 Variable Herstellkosten für die Kleinfeuerwerke: $(489 + 72t \quad 589 + 96t)$

Variable Herstellkosten für die Röhren R_1 und R_3

$(3 \quad 2+t \quad 2) \begin{pmatrix} 4 & 2 \\ 2 & 3 \\ 1 & 0 \end{pmatrix} + (3 \quad 6) = (21 + 2t \quad 18 + 3t)$

Gesamte Herstellkosten:

$K = (489 + 72t \quad 589 + 96t) \cdot \begin{pmatrix} 1500 \\ 2200 \end{pmatrix} + (21 + 2t \quad 18 + 3t) \cdot \begin{pmatrix} 1500 \\ 2000 \end{pmatrix} + 17500$

$K = 2\,114\,300 + 309000\,t$

Erlös: $E = (739 \quad 689) \cdot \begin{pmatrix} 1500 \\ 2200 \end{pmatrix} + (20 \quad 30) \cdot \begin{pmatrix} 1500 \\ 2000 \end{pmatrix} = 2\,576\,500$

Gewinn $G = E - K = 462\,200 - 309\,000t$;

Der Gewinn schwankt zwischen $G_{0,5} = 307\,700$ (t = 0,5) und $G_{-0,5} = 616\,700$ (t = − 0,5).

Lösungen: Musteraufgabensatz 2 - Aufgabenteil B mit Hilfsmittel (GTR)

Aufgabe 4 - Stochastik

4.1 Fehlerwahrscheinlichkeit im Arbeitsschritt 2: $1 - 0{,}85 - 0{,}04 - 0{,}02 - 0{,}02 - 0{,}05 = 0{,}02$

4.2 X gibt die Anzahl der fehlerhaft verpackten Raketen in dieser Stichprobe an.

Es gibt nur zwei Mglichkeiten, fehlerhaft oder nicht. Auch wenn hier ohne Zurücklegen gezogen wird, ist die Grundgesamtheit, die Zahl der zu verpackenden Raketen, so groß, dass sich die Wahrscheinlichkeit nicht ändert. X ist $B\_n;\ 0{,}05$-verteilt.

$\sigma = 2{,}18$ und es gilt $\sigma = \sqrt{n \cdot p \cdot (1-p)} = \sqrt{n \cdot 0{,}05 \cdot 0{,}95} = 2{,}18$

quadrieren ergibt $0{,}0475n = 4{,}7524$ und damit $n = 100{,}05$

Der Umfang n der Stichprobe beträgt 100.

4.3 Y: Anzahl der Raketen mit defekter Raketentreibladung; Y ist $B_{100;\ 0{,}04}$- verteilt

$P(E_1) = P(Y \leq 8) = 0{,}9810$

Erwartungswert: $E(Y) = 100 \cdot 0{,}04 = 4$; $\quad P(E_2) = P(2 \leq Y \leq 6) = 0{,}8064$

$P(E_3) = P(Y \leq 4) = 0{,}6289$

4.4 $n = 50$; P(kein fehlerhafter Leitstab) $= p^0(1-p)^{50} = 0{,}5 \Rightarrow 1 - p = \sqrt[50]{0{,}5} = 0{,}9862$

Die Wahrscheinlichkeit für einen fehlerhaften Leitstab darf höchstens $1 - 0{,}9862 = 0{,}0138$ betragen.

4.5.1 **Entscheidungsregel** (X: Marktanteil in Prozent)

Nullhypothese $H_0: p_0 = 0{,}60 \quad$ Gegenhypothese $H_1: p_1 > 0{,}60$

Es wird rechtsseitig getestet; Ablehnungsbereich $\overline{A} = \{k;\ k+1;...;\ 100\}$.

Liegt das Ergebnis der Stichprobe im Ablehnungsbereich, so wird die Nullhypothese verworfen.

Ist H_0 richtig, dann ist X $B_{100;\ 0{,}60}$ -verteilt

Ansatz: $P(X \geq k) \leq 0{,}05 \quad \Leftrightarrow \qquad\qquad 1 - P(X \leq k-1) \leq 0{,}05$

$\qquad\qquad\qquad\qquad\qquad\qquad\qquad\qquad P(X \leq k-1) \geq 0{,}95$

$P(X \leq 67) = 0{,}938$

$P(X \leq 68) = 0{,}960 \qquad\qquad\qquad\qquad k - 1 = 68$, also $k = 69$

oder mit dem GTR: binomcdf(100,0.6,69,100) = 0.0398

$\qquad\qquad\qquad$ binomcdf(100,0.6,68,100) = 0.0615 $\qquad\qquad$ also $k = 69$

Der Ablehnungsbereich ist somit die Menge $\overline{A} = \{69;\ ...\ ;\ 100\}$ und die Entscheidungsregel lautet: Wenn von den 100 Personen mindestens 69 Personen das Kombipaket kennen, wird die Nullhypothese verworfen und es kann signifikant von einer Erhöhung des Bekanntheitsgrades ausgegangen werden.

4.5..2 Fehler 1. Art: Eine wahre Hypothese wird abgelehnt.

$P(X \geq 69) = 0{,}04$; Die Nullhypothese wird fälschlicherweise abgelehnt, d. h. der Marktanteil ist tatsächlich 60 %, es wird aber von einem höheren Wert ausgegangen.

IV Zentrale Abiturprüfungen

Zentrale Abiturprüfung 2017 Leistungskursfach Mathematik
Fachbereich Wirtschaft und Verwaltung Lösungen Seite 201 - 209

Aufgabenteil A: ohne Hilfsmittel (oHiMi)

Aufgabenstellung

Beschreibung der Ausgangssituation zu Aufgabenteil A

Das Unternehmen Wearables Ltd. beschäftigt sich mit der Entwicklung und Produktion tragbarer Computersysteme. Unter anderem entwickelt und produziert es internetfähige Armbanduhren, Datenbrillen und für den Fitnessbereich Outdoorjacken, in die elektronische Hilfsmittel zur Kommunikation und Musikwiedergabe eingearbeitet sind.

Aufgabe 1 (24 Punkte)   Punkte

1.1 Analysis

Die internetfähigen Armbanduhren vor Wearables Ltd. werden bei einem jungen Kundenkreis zunehmend beliebter. Für das Modell o-clock17 ergab sich nach Umfragen eine Preisabsatzfunktion, die in der folgenden Grafik abgebildet ist.

Dabei gilt:

ME = Mengeneinheit,

GE = Geldeinheit.

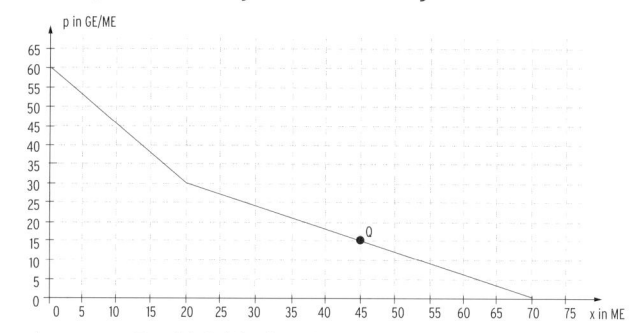

1.1.1 Untersuchen Sie den eingetragenen Punkt Q hinsichtlich der ökonomischen Bedeutung seiner Koordinaten und des durchaus für die Wearables Ltd zu erwartenden Erlöses. 2

1.1.2 Stellen Sie die Gleichung der zugrunde liegenden stückweise definierten Preisabsatzfunktion p auf. 4

1.2 Analysis

In der Controllingabteilung rechnet die Wearables Ltd. bei dem Modell o-clock17 mit folgender ertragsgesetzlicher Kostenfunktion K:

$K(x) = 0{,}02 \cdot x^3 - 0{,}6 \cdot x^2 + 16 \cdot x + 20; \quad x \in [0; 50]$

Kosten K(x) in GE (1 GE = 1000 €), Menge x in ME (1 ME = 1000 Stück)

1.2.1 Berechnen Sie den Wendepunkt der Kostenfunktion. 4

1.2.2 Erläutern Sie die Bedeutung dieses Wendepunkts im Sachzusammenhang. 2

Zentrale Abiturprüfung 2017
Aufgabenteil A: ohne Hilfsmittel (oHiMi)

1.3 Lineare Algebra   Punkte

Die Wearables Ltd. produziert ein Damenmodell D und ein Herrenmodell H der o-clock17. Aus zwei Rohstoffen R_1 und R_2 werden zunächst drei Zwischenprodukte Z_1, Z_2, Z_3 hergestellt, die dann zu den Endprodukten verarbeitet werden. Der Materialfluss ist dem Gozintographen zu entnehmen.

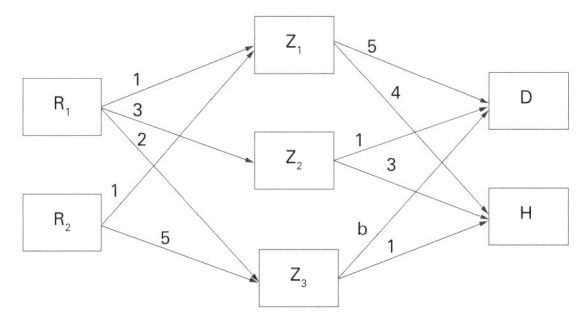

1.3.1 Die Rohstoffverbrauchsmatrix C für die Endprodukte D und H lautet:

$$C = \begin{pmatrix} 10 & 15 \\ 10 & 9 \end{pmatrix}$$

Bestimmen Sie den im Gozintographen enthaltenen Wert b.   3

1.3.2 Im Lager befinden sich y_1 ME von R_1 und y_2 ME von R_2. Die Mengen der einzelnen Endprodukte, die sich daraus herstellen lassen, können durch das folgende Gleichungssystem berechnet werden:

$$\begin{pmatrix} 10 & 15 \\ 10 & 9 \end{pmatrix} \cdot \begin{pmatrix} x_1 \\ x_2 \end{pmatrix} = \begin{pmatrix} y_1 \\ y_2 \end{pmatrix}$$

Begründen Sie, dass es zu einem vorgegebenen Lagerbestand immer nur höchstens eine eindeutig bestimmte Mengenkombination an Endprodukten geben kann.   3

1.4 Stochastik

Von den o-clock17-Besitzern sind 25 % unzufrieden mit der Ladezeit der Internetseiten. Nach einem Zufallsprinzip wird eine Umfrage hierzu durchgeführt, wobei Mehrfachbefragungen nicht ausgeschlossen werden können.

1.4.1 Entwerfen Sie eine Aufgabenstellung, die zu folgendem Lösungsansatz führt:

$P(X = 35) = \binom{135}{35} \cdot 0{,}25^{35} \cdot 0{,}75^{100}$ 3

1.4.2 Nun werden 80 o-clock17-Besitzer befragt. Darunter sind 25 % unzufrieden mit der langen Ladezeit.

Untersuchen Sie, ob dieses Ergebnis innerhalb des Intervalls $[\mu - \sigma; \mu + \sigma]$ liegt.   3

Zentrale Abiturprüfung 2017
Aufgabenteil B: Hilfsmittel GTR
Aufgabe 2 – Analysis (32 Punkte)   Punkte

Wearables Ltd beschäftigt sich mit der Entwicklung und Produktion tragbarer Computersysteme. Unter anderem entwickelt und produziert sie die Datenbrille o-look.
Im Folgenden gilt ME für Mengeneinheiten und GE für Geldeinheiten.

2.1   Bei der Ermittlung der Kosten für die Datenbrille o-look geht Wearables Ltd. von einer ertragsgesetzlichen Kostenfunktion der Form
$K(x) = a \cdot x^3 + b \cdot x^2 + c \cdot x + d$ mit $a, b, c, d, x \in \mathbb{R}$ und $a > 0$ aus.

2.1.1 Aus der Produktionsabteilung sind folgende Informationen verfügbar:
Die Fixkosten betragen 200 GE. Das Betriebsminimum wird bei 15 ME erreicht, die Grenzkosten bei dieser Menge betragen 11,5 GE/ME. Die Wendestelle der Kostenfunktion liegt bei 10 ME.
Bestätigen Sie mittels des Rangkriteriums, dass das entsprechende lineare Gleichungssystem zur Bestimmung der Kostenfunktion mehrdeutig lösbar ist.   6

2.1.2 Geben Sie den zugehörigen Lösungsvektor in der Form $\begin{pmatrix} a \\ b \\ c \\ d \end{pmatrix}$ an   2

2.1.3 Unter anderem kann für eine ertragsgesetzliche Kostenfunktion mit $a, c > 0$ gelten: $b^2 = 3 \cdot a \cdot c$
Gehen Sie zusätzlich davon aus, dass gilt: $b = -30a$
Ermitteln Sie c in Abhängigkeit von a.   3

2.1.4 Zur Bestimmung einer ertragsgesetzlichen Kostenfunktion dritten Grades sind die Wendestelle x_W und das Betriebsminimum x_{BM} angegeben,
wobei $x_{BM} = 1{,}5 \cdot x_W$ gilt.
Aus diesen Angaben ergeben sich zur Berechnung der Koeffizienten der Kostenfunktion zwei lineare Gleichungen. Zeigen Sie, dass diese beiden linearen Gleichungen zueinander äquivalent sind.   5

2.2   Wearables Ltd ist Alleinanbieter der Datenbrille o-look und geht von folgender Preisabsatzfunktion p mit $p(x) = 0{,}02 \cdot x^2 - 1{,}75 \cdot x + 73$
und der Kostenfunktion K mit $K(x) = 0{,}06 \cdot x^3 - 1{,}8 \cdot x^2 + 25 \cdot x + 200$ aus.
Dabei gibt x die Stückzahl der Datenbrillen in ME an, p(x) ist der Preis in GE pro ME und K(x) sind die Kosten in GE.
In einer Produktionsperiode können maximal 40 ME der Datenbrillen hergestellt werden.

Zentrale Abiturprüfung 2017
Aufgabenteil B: Hilfsmittel GTR
Aufgabe 2 – Analysis (Fortsetzung)   Punkte

2.2.1 Berechnen Sie die Gewinnzone und den maximalen Gewinn, den Wearables Ltd. mit dem Verkauf der Datenbrille o-look erzielen kann, sowie den Verkaufspreis, bei dem der maximale Gewinn erreicht wird.   8

2.3 Die Gläser der Datenbrille o-look werden zur Entspiegelung mit einer Spezialflüssigkeit besprüht. Diese befindet sich in einem Behälter, der zum Zeitpunkt $t = 0$ mit 5 Litern Flssigkeit gefüllt ist. Durch den Verbrauch sinkt die Flüssigkeitsmenge im Behälter und muss daher wieder aufgefüllt werden.
Entnahme und Zuführung der Flüssigkeit geschehen nicht gleichzeitig.
Der Zu- bzw. Abfluss der Flüssigkeit wird modelhaft beschrieben durch die Funktion der Form $f(t) = 0{,}1 \cdot t^4 - 5{,}2 \cdot t^3 + 85{,}2 \cdot t^2 - 432 \cdot t$ mit $0 \leq t \leq 24$
Dabei ist t die Uhrzeit in Stunden und f(t) die Zu- bzw. Ablaufrate der Flüssigkeit in Milliliter pro Stunde ($\frac{ml}{h}$).
Im Folgenden ist der Graph von f dargestellt.

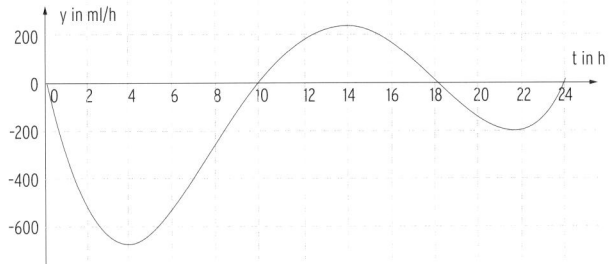

Nehmen Sie begründet Stellung zu folgenden Aussagen:

2.3.1 Zu den Zeitpunkten 10 Uhr und 18 Uhr wird weder Flüssigkeit aufgetragen noch in den Behälter nachgefüllt.   2

2.3.2 Innerhalb der ersten 12 Stunden werden 4008,96 ml der Flüssigkeit entnommen.   2

2.3.3 Zu keiner Zeit innerhalb der 24 Stunden wird die Mindestfüllmenge des Behälters von 800 ml unterschritten.   2

2.3.4 Für ein Brillenglas werden 4 ml dieser Spezialflüssigkeit benötigt. Von 19 bis 23 Uhr sind insgesamt 181 Brillengläser besprüht worden.   2

Zentrale Abiturprüfung 2017
Aufgabenteil B: Hilfsmittel GTR
Aufgabe 3 – Lineare Algebra (32 Punkte) Punkte

Wearables Ltd. produziert an drei verschiedenen Standorten in Werk I, Werk II und Werk III. Für die Produktion der internetfähigen Outdoorjacken werden in Werk I die Sensoren hergestellt, die u. a. die Bwewegung der Träger der Jacken analysieren und kommentieren. In Werk II werden die Jacken hergestellt und in Werk III werden die Sensoren in die Jacken eingenäht und versandfähig verpackt.

3.1 Die Sensoren in Werk I werden in einem zweistufigen Produktionsprozess hergestellt. Zunächst werden aus drei verschiedenen elektronischen Bauteilen B_1, B_2, B_3 vier Zwischenprodukte Z_1 bis Z_4 zusammengestellt.
Zur Produktion der drei Sensoren S_1, S_2, S_3 werden sowohl Zwischenprodukte verwendet als auch Bauteile direkt eingebaut.
Die nachstehenden Tabellen zeigen die Mengeneinheiten (ME) der benötigten Bauteile und die zur Weiterverarbeitung erforderlichen ME an Zwischenprodukten.

	Z_1	Z_2	Z_3	Z_4
B_1	1	6	3	4
B_2	2	3	7	5
B_3	1	2	4	0

	S_1	S_2	S_3
Z_1	2	4	6
Z_2	2	5	3
Z_3	1	3	4
Z_4	0	5	7

Bauteil B_1 wird mit 8 ME direkt in eine ME von Sensor S_1 und mit 4 ME in eine ME von Sensor S_2 eingebaut. Bauteil B_2 geht mit 5 ME in eine ME von Sensor S_2 ein und von Bauteil B_3 wird direkt eine ME in eine ME von Sensor S_3 eingebaut.

3.1.1 Bestimmen Sie Matrix D, aus der der Bauteileverbrauch zur Herstellung einer ME der jeweiligen Sensoren S_1, S_2, S_3 entnommen werden kann. 4

3.1.2 Rechnen Sie im Folgenden mit der Matrix $D = \begin{pmatrix} 25 & 67 & 64 \\ 17 & 74 & 84 \\ 10 & 26 & 29 \end{pmatrix}$, die den Bauteileverbrauch für die Sensoren angibt.
Die monatliche Auffüllung des Lagers mit Sensoren ist abhängig vom Parameter a mit $0 < a < 1$.
Es sollen $125 \cdot a$ ME von S_1, $52 \cdot a$ ME von S_2 und $288 \cdot a^2$ ME von S_3 hergestellt werden.

Zentrale Abiturprüfung 2017

Aufgabenteil B: Hilfsmittel GTR

Aufgabe 3 – Lineare Algebra (Fortsetzung)

3.1.2 Fortsetzung

Bei der Auffüllung des Lagers fallen monatlich Fixkosten von 26 500 GE an. Die Einkaufspreise der Bauteile sind folgender Tabelle zu entnehmen:

	B_1	B_2	B_3
Einkaufspreise in GE/ME	0,60	0,80	0,70

Ermitteln Sie den Wert des Parameters , so dass die gesamten monatlichen Kosten bei 70 000 GE liegen.

3.2 Wearables Ltd. möchte aufgrund des anstehenden Finales einer Outdoorgroßveranstaltung kurzfristig eine möglichst große Stückzahl an Kleinfeuerwerken bei der Pyrokomet GmbH beziehen. Daher will Wearables Ltd. am übernächsten Tag möglichst viele der Kleinfeuerwerke „Thor" und „Zeus" bei der Pyrokomet GmbH einkaufen, höchstens allerdings 150 Stück vom Typ „Thor" (K_1). Die Fertigung eines Kleinfeuerwerks K_1 dauert durchschnittlich 3 Minuten, die eines Kleinfeuerwerks „Zeus" (K_2) durchschnittlich 2 Minuten.

Für die Fertigung stehen insgesamt 10 Stunden zur Verfügung.

Die Pulvermischungen P_2 und P_3 sind noch in großer Menge vorhanden, der Vorrat an Pulvermischung P_1 beträgt aber nur noch 15 000 g.
Die benötigten Mengen der Pulvermischung sind der Matrix $C_{PK} = \begin{pmatrix} 60 & 60 \\ 72 & 96 \\ 22 & 51 \end{pmatrix}$ zu entnehmen.

Die Stückdeckungsbeiträge für die Kleinfeuerwerke liegen bei 2,50 € für K_1 und bei 1,00 € für K_2. Die Pyrokomet GmbH will erreichen, dass der durch den Auftrag entstehende Deckungsbeitrag maximal wird.

3.2.1 Geben Sie für das Optimierungsproblem die zugehörigen Restriktionen und die Zielfunktion an.

3.2.2 Wird das Problem mit Hilfe des Simplex-Algorithmus gelöst, so kann sich folgendes Tableau ergeben:

x_1	x_2	u_1	u_2	u_3	
1	0	1	0	0	150
0	2	−3	1	0	150
0	60	−60	0	1	6000
0	1	−2,5	0	0	$Z - 375$

Ermitteln Sie das darauf folgende Tableau.

Zentrale Abiturprüfung 2017
Aufgabenteil B: Hilfsmittel GTR
Aufgabe 3 – Lineare Algebra (Fortsetzung)   Punkte

3.2.3 Interpretieren Sie Ihr Ergebnis aus Teilaufgabe 3.2.2 hinsichtlich des Produktionsvorhabens der Pyrokomet GmbH.

4

3.2.4 Die Pyrokomet GmbH geht von einer optimalen Produktionsmengenkombination von 150 Stück von K_1 und 75 Stück von K_2 aus. Im Rahmen von Preisverhandlungen interessiert sie sich dafür, wie es sich auswirkt, wenn der Stückdeckungsbeitrag von K_1 sinkt, aber der von K_2 weiterhin 1 € beträgt.
Zeichnen Sie die optimale Zielgerade in das Schaubild (Anlage 2) ein, die sich ergibt, wenn der Stückdeckungsbeitrag von K_1 auf 2 € sinkt.

3

3.2.5 Bestimmen Sie aufgrund Ihrer Graphik den kleinsten Stückdeckungsbeitrag von K_1, bei dem die oben genannte Produktionsmengenkombination weiterhin optimal ist.

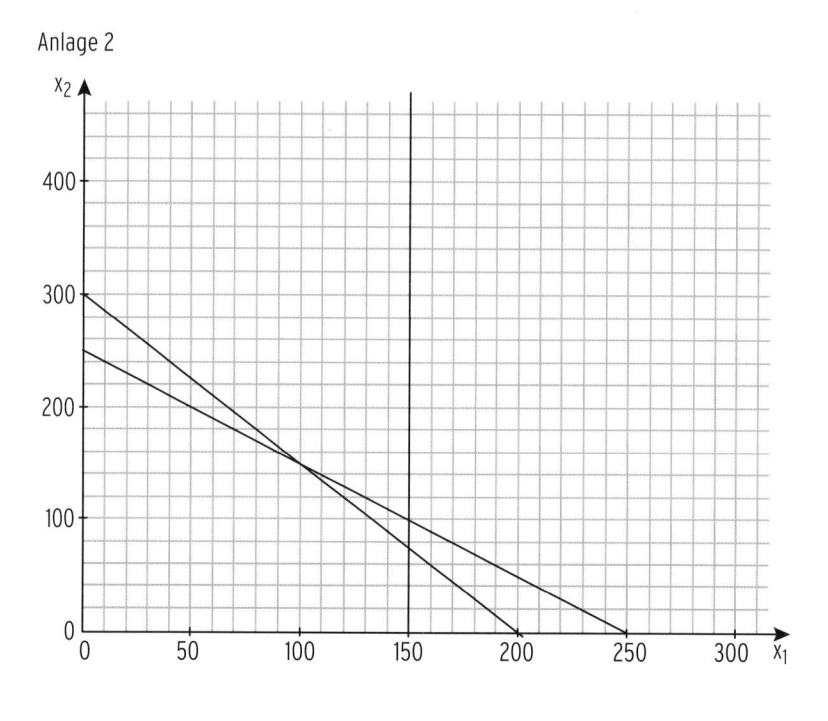

3

Anlage 2

Zentrale Abiturprüfung 2017

Aufgabenteil B: Hilfsmittel GTR

Aufgabe 4 – Stochastik (32 Punkte)   Punkte

Wearables Ltd. produziert auch die in den Datenbrillen verwendeten Akkus. Geringes Gewicht, Tragekomfort und eine praxistaugliche Betriebsdauer sind dabei besonders wichtig.

4.1 Die Akkus werden in zwei Produktionsstufen gefertigt. Erfahrungsgemäß tritt in der ersten Stufe bei 3 % der Akkus ein Fehler auf und ein anderer Fehler in der zweiten Stufe bei 2 % der Akkus. Beide Fehler treten unabhängig voneinander auf.

4.1.1 Stellen Sie den Sachverhalt in einem mit allen Pfad- und Endwahrscheinlichkeiten beschrifteten Baumdiagramm dar und begründen Sie, dass nach dem Durchlaufen beider Stufen mit etwas weniger als 5 % fehlerhaften Akkus zu rechnen ist.

5

4.2 Zur Reduzierung des Ausschussanteils wird ein neues Produktionsverfahren eingeführt, bei dem die Akkus in drei Produktionsstufen hergestellt werden. Die Fehlerwahrscheinlichkeit in der ersten Stufe liegt nun bei $p_1 = 1{,}5\,\%$. Die Fehlerwahrscheinlichkeit in der zweiten Stufe (p_2) ist doppelt so hoch wie die in der dritten Stufe (p_3).
Um die Fehlerwahrscheinlichkeit in der dritten Produktionsstufe so zu bestimmen, dass im Schnitt mit 4,5 % fehlerhaften Akkus zu rechnen ist, wird folgende Gleichung aufgestellt: $0{,}985 \cdot (1 - 2 \cdot p_3)(1 - p_3) = 0{,}955$

4.2.1 Erläutern Sie die Gleichung und berechnen Sie p_2 und p_3.   4

4.3 Gehen Sie im Folgenden davon aus, dass die Wahrscheinlichkeit für einen fehlerhaft produzierten Akku bei 4,5 % liegt. Die Akkus werden in Kartons zu 85 Stück abgepackt und zur Weiterverarbeitung versandt. Gehen Sie davon aus, dass die Anzahl der fehlerhaften Akkus binomialverteilt ist.

4.3.1 Bestätigen Sie, dass die Wahrscheinlichkeit, dass sich in einem Karton keine fehlerhaften Akkus befinden, bei ca. 2 % liegt.

3

Zentrale Abiturprüfung 2017
Aufgabenteil B: Hilfsmittel GTR
Aufgabe 4 – Stochastik (Fortsetzung)   Punkte

4.3.2 Gehen Sie nun davon aus, dass jeder Karton jeweils mit einer Wahrscheinlichkeit von 2 % keine fehlerhaften Akkus enthält.

Ermitteln Sie die Anzahl der Kartons, die die Lieferung an die Weiterverarbeitung mindestens umfassen müsste, damit diese mit einer Wahrscheinlichkeit von ca. 99,19 % mindestens zwei Kartons ohne fehlerhafte Akkus enthält.   4

4.4 Je geringer das Gewicht der Akkus ist, umso besser sind diese in der Datenbrille zu verwenden. 10 % der Akkus sind erfahrungsgemäß zu schwer.
Daher werden ständig Gewichtskontrollen durchgeführt. Dieses Kontrollverfahren erkennt Akkus mit zu hohem Gewicht zu 95 %.
Allerdings werden im Schnitt 4 % der Akkus, deren Gewicht in Ordnung ist, vom Testverfahren als zu schwer eingestuft.

4.4.1 Untersuchen Sie, mit welcher Wahrscheinlichkeit aufgrund des Kontrollverfahrens eine falsche Entscheidung getroffen wird.   5

4.5 Wearables Ltd. drängt mit ihren neuen Produkten auf den Markt und wirbt mit dem Slogan „Surfen, chatten, mailen - der Akku reicht den ganzen Tag" und garantiert, dass dies im Schnitt von 98 % der Akkus erreicht wird.

4.5.1 Die Leiterin der Qualitätskontrolle ist skeptisch und misstraut dieser Garantie. Daher lässt sie 250 Akkus aus der laufenden Produktion auf ihre Leistung hin untersuchen.
Leiten Sie eine Entscheidungsregel her, bei der die Garantie mit einer Irrtumswahrscheinlichkeit von höchstens 1 % verworfen werden kann.   6

4.5.2 Interpretieren Sie die Wahrscheinlichkeit des Fehlers 1. Art.   2

4.5.3 Im Folgenden ist vom Ablehnungsbereich {0;... ; 238} auszugehen.
Von der Wahrscheinlichkeit p, dass ein Akku der Garantie entspricht, hängt ab, wie wahrscheinlich der Fehler 2. Art ist.
Ermitteln Sie, für welchen Wert von p die Wahrscheinlichkeit des Fehlers 2. Art bei rund 70 % liegt (Ergebnis in Prozent ohne Nachkommastelle).   3

Lösungen - Zentrale Abiturprüfung 2017

Aufgabenteil A: ohne Hilfsmittel

1.1 Analysis

1.1.1 Punkt Q: Q(45 | 15)

Das bedeutet: Bei einem Preis von 15 GE/ME pro o-clock17 werden 45 ME nachgefragt. Die Wearables Ltd. kann einen Erlös von 675 GE erzielen.
(15 GE/ME · 45 ME = 675 GE)

1.1.2 Die abgebildete abschnittsweise definierte Funktion besteht aus zwei linearen Teilabschnitten.

Mit den Punkten (0 | 60) und (20 | 30) ergibt sich:
$m = \frac{60-30}{0-20} = -1{,}5$ und damit $p(x) = -1{,}5x + 60; \; 0 \leq x \leq 20$

Mit den Punkten (20 | 30) und (70 | 0) ergibt sich:
$m = \frac{30-0}{20-70} = -\frac{3}{5} = -0{,}6$

Punktprobe mit (70 | 0) in $y = -0{,}6x + b$: $\; 0 = -0{,}6 \cdot 70 + b \Rightarrow b = 42$

Abschnittsweise definiert: $p(x) = \begin{cases} -1{,}5x + 60; & 0 \leq x \leq 20 \\ -0{,}6x + 42; & 20 < x \leq 70 \end{cases}$

1.2.1 Wendepunkt

Hinreichende Bedingung für Wendepunkt: $K''(x) = 0 \; \wedge \; K'''(x) > 0$

$K(x) = 0{,}02 \cdot x^3 - 0{,}6 \cdot x^2 + 16 \cdot x + 20$

Ableitungen: $K'(x) = 0{,}06 \cdot x^2 - 1{,}2 \cdot x + 16;\; K''(x) = 0{,}12 \cdot x - 1{,}2;\; K'''(x) = 0{,}12 > 0$

Notwendige Bed.: $K''(x) = 0 \quad 0{,}12 \cdot x - 1{,}2 = 0 \Leftrightarrow x = 10$

$K(10) = 20 - 60 + 160 + 20 = 140$

Der Wendepunkt hat die Koordinaten W(10 | 140).

1.2.2 Bedeutung von W im Sachzusammenhang

Wenn 10 000 Stück der o-clock17 produziert werden, dann liegen minimale Grenzkosten vor. Bei dieser Stückzahl liegt der Übergang von abnehmenden Grenzkosten zu zunehmenden Grenzkosten. Die Wearables Ltd. muss bei dieser Produktionsmenge mit Gesamtkosten in Höhe von 140000 € rechnen
(140 GE ≙ 140 000 €).

Lösungen - Zentrale Abiturprüfung 2017
Aufgabenteil A: ohne Hilfsmittel

1.3 Lineare Algebra

1.3.1 $A_{RZ} = \begin{pmatrix} 1 & 3 & 2 \\ 1 & 0 & 5 \end{pmatrix}$ und $B_{ZE} = \begin{pmatrix} 5 & 4 \\ 1 & 3 \\ b & 1 \end{pmatrix}$

Aus $C = C_{RE} = A_{RZ} \cdot B_{ZE}$ folgt z. B.: $(1 \ 0 \ 5) \begin{pmatrix} 5 \\ 1 \\ b \end{pmatrix} = 10$

$$5 + 5b = 10 \Leftrightarrow b = 1$$

1.3.2 Der Rang von C wird untersucht:

$C = \begin{pmatrix} 10 & 15 \\ 10 & 9 \end{pmatrix}$ Umformung mit Gauß (Zeile I − Zeile II): $\begin{pmatrix} 10 & 15 \\ 0 & 6 \end{pmatrix}$

$Rg(C) = 2$; C ist somit invertierbar und jedes Gleichungssystem $C \cdot \vec{x} = \vec{y}$

ist eindeutig lösbar; mehrdeutige Lösbarkeit kann nicht auftreten.

Es gibt zu jedem Lagerbestand genau eine Mengenkombination an Endprodukten.

1.4 Stochastik

1.4.1 Die zugehörige Aufgabenstellung lautet z. B.: Bestimmen Sie die Wahrscheinlichkeit, dass sich genau 35 von 135 befragten Personen über die lange Ladezeit beklagen, wenn die Quote der unzufriedenen Besitzer 25 % beträgt.

1.4.2 X ist die Anzahl der o-clock17-Besitzer, die sich über die lange Ladezeit beklagen.

Stichprobenumfang: $n = 80$

Trefferwahrscheinlichkeit: $p = 25 \% = 0{,}25$

Erwartungswert: $E(X) = \mu = 80 \cdot 0{,}25 = 20$

Standardabweichung: $\sigma = \sqrt{80 \cdot 0{,}25 \cdot 0{,}75} = \sqrt{15}$

$[\mu - \sigma; \mu + \sigma] = [20 - \sqrt{15}; 20 + \sqrt{15}]$

Da $20 + \sqrt{15} < 25$, liegt das Ergebnis nicht im Intervall.

Überlegung: $\sqrt{15} < \sqrt{16} = 4$

$25 \notin [20 - \sqrt{15}; 20 + \sqrt{15}]$

Lösungen - Zentrale Abiturprüfung 2017
Aufgabenteil B: Hilfsmittel GTR
Aufgabe 2 – Analysis (32 Punkte)   Seite 1/3

2.1.1 **Aufstellen des Gleichungssystems** für a, b, c und d
$K(x) = ax^3 + bx^2 + cx + d$; $K'(x) = 3ax^2 + 2bx + c$; $K''(x) = 6ax + 2b$

$k_v(x) = ax^2 + bx + c$; $k_v'(x) = 2ax + b$

Fixkosten: $K(0) = 200$	$d = 200$
Grenzkosten: $K'(15) = 11{,}5$	$675a + 30b + c = 11{,}5$
Betriebsminimum: $k_v'(15) = 0$	$30a + b = 0$ $\mid \cdot (-2)$
Wendestelle: $K''(10) = 0$:	$60a + 2b = 0$ ⤶

Lösbarkeit des LGS aus a, b und c:

Umformung ergibt zum Beispiel: $\begin{pmatrix} 675 & 30 & 1 & \mid & 11{,}5 \\ 30 & 1 & 0 & \mid & 0 \\ 0 & 0 & 0 & \mid & 0 \end{pmatrix}$

Nach dem Rangkriterium ergibt sich $Rg(A) = Rg(A|b) = 2 < n = 3$

Das LGS zur Bestimmung von a, b und c hat demnach unendlich viele Lösungen mit einem Freiheitsgrad (eine Variable ist frei wählbar).

2.1.2 **Lösungsvektor**

$d = 200$; c ist frei wählbar

Aus $30a + b = 0$ folgt $b = -30a$

Aus $675a + 30b + c = 11{,}5$ folgt mit $b = -30a$: $675a - 900a + c = 11{,}5$

$\qquad\qquad\qquad\qquad\qquad\qquad\qquad\qquad\qquad -225a + c = 11{,}5$

Auflösen nach a: $a = \frac{1}{225}(c - 11{,}5) = \frac{1}{225}c - \frac{23}{450}$

Einsetzen ergibt b: $b = -30a = -\frac{2}{15}c + \frac{23}{15}$

Lösungsvektor: $\begin{pmatrix} \frac{1}{225}c - \frac{23}{450} \\ -\frac{2}{15}c + \frac{23}{15} \\ c \\ 200 \end{pmatrix}$

2.1.3 Einsetzen von $b = -30a$ in $b^2 = 3 \cdot a \cdot c$ ergibt: $(-30a)^2 = 3 \cdot a \cdot c \Leftrightarrow 900a^2 = 3 \cdot a \cdot c$

Mit $a > 0$ ergibt die Umstellung nach c: $c = 300a$

2.1.4 Ist die Wendestelle x_W bekannt, so gilt $K''(x_W) = 0$: $6ax_W + 2b = 0$ (1)

Bedingung für die betriebsminimale
Ausbringungsmenge: $k_v'(x) = 0$: $2a \cdot x_{BM} + b = 0$ (2)

Mit $x_{BM} = 1{,}5 x_W$ erhält man äquivalente Gleichungen: $3ax_W + b = 0$ (2*)
Gleichung (1) ist das Doppelte von Gleichung (2*).

Lösungen – Zentrale Abiturprüfung 2017

Aufgabenteil B: Hilfsmittel GTR

Aufgabe 2 – Analysis   Seite 2/3

2.2.1 Gewinnfunktion

$$G(x) = E(x) - K(x) = p(x) \cdot x - K(x)$$
$$= 0{,}02x^3 - 1{,}75x^2 + 73x - (0{,}06x^3 - 1{,}8x^2 + 25x + 200)$$
$$G(x) = -0{,}04x^3 + 0{,}05x^2 + 48x - 200$$

Gewinnzone

Bedingung: $G(x) = 0$ $\quad x_1 \approx 4{,}21;\ x_2 \approx 33{,}01 \quad$ (positive Lösungen)

($x_3 \approx -35{,}97$ ist ökonomisch nicht relevant)

Die Gewinnzone beginnt bei etwa 4,21 ME und endet bei ca. 33,01 ME.

Größtmöglicher Gewinn

Hinreichende Bedingung: $G'(x) = 0 \wedge G''(x) < 0$

$G'(x) = -0{,}12x^2 + 0{,}1x + 48;\ G''(x) = -0{,}24x + 0{,}1$

$G'(x) = 0 \quad x_1 \approx 20{,}42 \quad (x_2 \approx -19{,}59$ ist ökonomisch nicht relevant)

$G''(x_1) < 0 \quad x_1$ ist Maximalstelle

Maximaler Gewinn: $G(x_1) \approx 460{,}42$ **Der maximale Gewinn beträgt ca. 460,42 GE**

Verkaufspreis: $p(20{,}42) \approx 45{,}6$

Bei einem Preis von 45,6 GE/ME kann der maximale Gewinn erzielt werden.

2.3.1 Diese Aussage ist richtig. Im Graph kann man erkennen, dass in $t = 10$ und $t = 18$ (Uhr) die Nullstellen der Zulauf-bzw. der Ablaufratenfunktion liegen.

2.3.2 Zur Prüfung wird das bestimmte Integral berechnet.

Nur in den ersten 10 Stunden wird Flüssigkeit entnommen:

$$\int_0^{10} f(t)\,dt = -4200$$

Die Aussage stimmt nicht, denn es werden 4200 ml der Flüssigkeit entnommen.

2.3.3 Es ist zu prüfen, ob zu jeder Zeit des Tages mindestens 800 ml im Behälter sind.

Die zugehörige Stammfunktion von f gibt die Füllhöhe zu jedem Zeitpunkt t an.

Mit dem Anfangsbestand 5000 ml ergibt sich:

$F(t) = 0{,}02\,t^5 - 1{,}3\,t^4 + 28{,}4\,t^3 - 216\,t^2 + 5000$

Mit dem GTR ist grafisch zu erkennen, dass für $0 \leq t \leq 24$ gilt: $F(t) \geq 800$

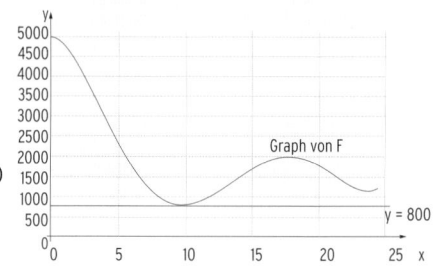

Lösungen - Zentrale Abiturprüfung 2017
Aufgabenteil B: Hilfsmittel GTR
Aufgabe 2 - Analysis   Seite 3/3

2.3.3 **Alternativ:** Anfangsbestand 5000 ml; Entnahme bis t = 10: 4200 ml, also Stand in t = 10: 800 ml; von t = 10 bis t = 18 wird mehr aufgefüllt als von t = 18 bis t = 24 entnommen wird. Die Mindestfüllmenge von 800 ml ist erfüllt.

2.3.4 Wenn 181 Brillengläser in diesem Zeitraum (t = 19 bis t = 24) besprüht wurden, dann müssten 4 · 181 = 724 ml der Spezialflüssigkeit verbraucht worden sein.
$$\int_{19}^{24} f(t)\, dt = -711{,}92$$
Somit ergibt sich ein Verbrauchswert von ca. 711,92 ml. Damit ist die Aussage falsch.

Aufgabe 3
Lineare Algebra (32 Punkte)   Seite 1/3

3.1.1 Matrix C gibt den direkten Bauteile-Verbrauch an: $C = \begin{pmatrix} 8 & 4 & 0 \\ 0 & 5 & 0 \\ 0 & 0 & 1 \end{pmatrix}$

Ansatz: $A_{BZ} \cdot B_{ZS} + C = D$ $D = \begin{pmatrix} 25 & 67 & 64 \\ 17 & 74 & 84 \\ 10 & 26 & 29 \end{pmatrix}$

3.1.2 Ansatz für die variablen Bauteilekosten: $\vec{k}_R \cdot D \cdot \vec{b}$

Mit $\vec{b} = \begin{pmatrix} 125a \\ 52a \\ 288a^2 \end{pmatrix}$ und $D = \begin{pmatrix} 25 & 67 & 64 \\ 17 & 74 & 84 \\ 10 & 26 & 29 \end{pmatrix}$ ergibt sich $D \cdot \vec{b} = \begin{pmatrix} 18432a^2 + 6609a \\ 24192a^2 + 5973a \\ 8352a^2 + 2602a \end{pmatrix}$

$\vec{k}_R \cdot D \cdot \vec{b} = (0{,}6 \quad 0{,}8 \quad 0{,}7) \cdot \begin{pmatrix} 18432a^2 + 6609a \\ 24192a^2 + 5973a \\ 8352a^2 + 2602a \end{pmatrix} = 36259{,}2a^2 + 10565{,}2a$

Alternativ: $\vec{k}_R \cdot D = (0{,}6 \quad 0{,}8 \quad 0{,}7) \cdot D = (35{,}6 \quad 117{,}6 \quad 125{,}9)$

$\vec{k}_R \cdot D \cdot \vec{b} = (35{,}6 \quad 117{,}6 \quad 125{,}9) \cdot \begin{pmatrix} 125a \\ 52a \\ 288a^2 \end{pmatrix} = 36259{,}2a^2 + 10565{,}2a$

Berechnung des Parameters a

Bedingung: $\vec{k}_R \cdot D \cdot \vec{b} + 25600 = 70\,000$

quadratische Gleichung: $36259{,}2a^2 + 10565{,}2a + 25600 = 70\,000$

$36259{,}2a^2 + 10565{,}2a - 44600 = 0$

Lösungen: $a_1 \approx -1{,}25;\ a_2 \approx 0{,}96$

Da a > 0 ist, gilt für den Parameter $a \approx 0{,}96$.

Lösungen - Zentrale Abiturprüfung 2017

Aufgabenteil B: Hilfsmittel GTR

Aufgabe 3 – Lineare Algebra   Seite 2/3

3.2.1 Restriktionen und Zielfunktion

x_1 Stück Feuerwerk Thor K_1 x_2 Stück Feuerwerk Zeus K_2

Nichtnegativitätsbedingung: $x_1, x_2 \geq 0$

$x_1 \leq 150$ Stückzahlbeschränkung

$3x_1 + 2x_2 \leq 600$ Zeitbeschränkung (10 Stunden = 600 Minuten)

$60x_1 + 60x_2 \leq 15\,000$ Materialbeschränkung

Hinweis: Die erste Zeile der Matrix C_{PK} gibt den Bedarf an P_1 an.

Zielfunktion: $Z = 2{,}5x_1 + x_2$; Der Deckungsbeitrag Z soll maximiert werden

3.2.2 Darauf folgendes Tableau

Hinweis: 2 ist das Pivotelement, $\frac{150}{2} = 75$ ist die stärkste Einschränkung

x_1	x_2	u_1	u_2	u_3	
1	0	1	0	0	150
0	2	–3	1	0	150
0	0	30	–30	1	1500
0	0	–1	–0,5	0	Z – 450

3.2.3 Das Simplextableau ist optimal, da sich in der Zielzeile keine positiven Koeffizienten mehr befinden.

Optimale Lösung: $x_1 = 150$; $x_2 = \frac{150}{2} = 75$; $u_1 = 0$; $u_2 = 0$; $u_3 = 1500$

Maximaler Deckungsbeitrag: Z = 450 €

Dazu müssen 150 Stück vom Typ „Thor" (K_1) und 75 Stück vom Typ „Zeus" (K_2) verkauft werden.

Probe: $Z = 2{,}5 \cdot 150 + 75 = 450$

Die zur Verfügung stehende Produktionszeit wird vollkommen ausgeschöpft ($u_2 = 0$)

Probe: $3 \cdot 150 + 2 \cdot 75 = 600$

Der Vorrat an Pulvermischung P_1 wird nicht aufgebraucht, es bleiben 1500 g = 1,5 kg von P_1 übrig ($u_3 = 1500$).

Probe: $60 \cdot 150 + 60 \cdot 75 = 13\,500$; $15\,000 - 13\,500 = 1500$

Lösungen - Zentrale Abiturprüfung 2017

Aufgabenteil B: Hilfsmittel GTR

Aufgabe 3 – Lineare Algebra   Seite 3/3

3.2.4 Neue Zielfunktion: $Z = 2x_1 + x_2$;

Der Stückdeckungsbeitrag von K_1 sinkt von 2,5 auf 2 € je Stück

Umformung nach x_2: $x_2 = -2x_1 + Z$

Die Zielfunktionsgerade hat die Steigung -2.

Parallelverschiebung führt auf den optimalen Punkt (150 | 75).

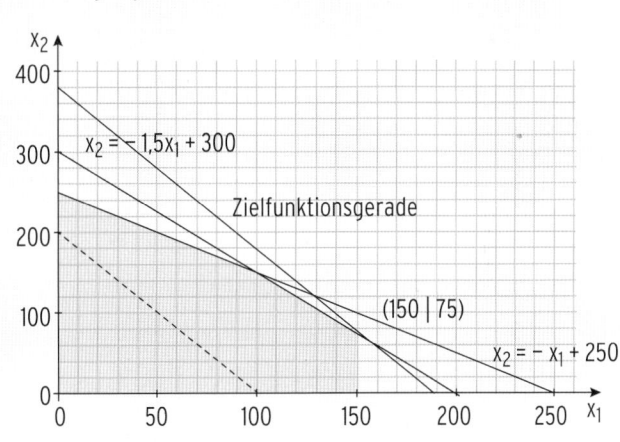

3.2.5 Gleichungen der Randgeraden: $x_2 = -1{,}5x_1 + 300$

$x_2 = -x_1 + 250$

Neue Zielfunktion: $Z = k \cdot x_1 + x_2 \Rightarrow x_2 = -kx_1 + Z$

Der Stückdeckungsbeitrag von K_1 sinkt von 2,5 auf k € je Stück

Die Produktionsmengenkombination (150 | 75) bleibt optimal, solange der Stückdeckungsbeitrag von K_1 nicht unter 1,5 € je Stück sinkt.

Bei einer Steigung der Zielfunktionsgeraden von m = −1,5 (k = 1,5) gibt es unendlich viele Lösungen, alle Punkte zwischen (100 | 150) und (150 | 75).

Der kleinste Stückdeckungsbeitrag von K_1 ist somit 1,5 € je Stück.

Hinweis: Für $-1{,}5 < m < -1$ ist (100 | 150) die optimale Produktionsmengenkombination

Lösungen - Zentrale Abiturprüfung 2017
Aufgabenteil B: Hilfsmittel GTR
Aufgabe 4 – Stochastik   Seite 1/2

4.1.1 Baumdiagramm/Vierfeldertafel
A: Fehler in der ersten Stufe
B: Fehler in der 2. Stufe

Vierfeldertafel:

	B	$\overline{B}$	
A	0,03 · 0,02 = 0,0006	0,03 · 0,02 = 0,0294	0,03
$\overline{A}$	0,97 · 0,02 = 0,0194	0,97 · 0,98 = 0,9506	0,97
	0,02	0,98	1

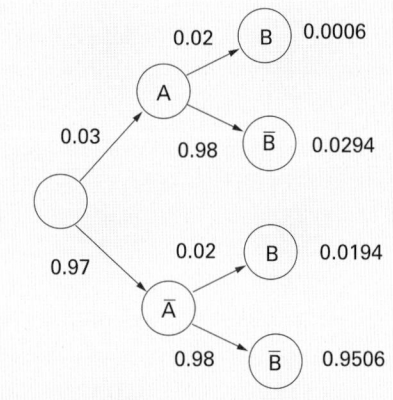

Wahrscheinlichkeit für einen fehlerhaften Akku
P(fehlerhaft) = 1 − P(fehlerfrei) = 1 − P($\overline{A}$ ∩ $\overline{B}$) = 1 − 0,9506 < 0,05

4.2.1 **Erläuterung:**

Die Gleichung beschreibt die Wahrscheinlichkeit für einen fehlerfreien Akku.
p_3 wird mit Hilfe der Gegenwahrscheinlichkeiten bestimmt. Die Wahrscheinlichkeit, dass keine Fehler passieren, liegt bei 0,955. Es wird die Pfadmultiplikationsregel angewandt. Der 1. Faktor gibt die Wahrscheinlichkeit an, dass in der 1. Stufe kein Fehler passiert (1 − 0,015 = 0,985). Der 2. Faktor gibt die Wahrscheinlichkeit an, dass in der 2. Stufe und der 3. Faktor in der 3. Stufe kein Fehler passiert.
Da in der 2. Stufe die Fehlerwahrscheinlichkeit doppelt so hoch ist wie in der dritten, lautet der Faktor $(1 − 2p_3)$.

Berechnung von p_2 und p_3

$0,985 \cdot (1 − 2 \cdot p_3)(1 − p_3) = 0,955 \quad \Leftrightarrow \quad 0,985 \cdot (2 \cdot p_3^2 − 3p_3 + 1) = 0,955$

Quadratische Gleichung: $1,97 \cdot p_3^2 − 2,955 p_3 + 0,03 = 0$

Lösungen: $\quad p_{3,1} \approx 0,0102 \vee p_{3,2} \approx 1,4898$ ($p_{3,2} > 1$ nicht sinnvoll)

Mit $p_2 = 2 \cdot p_3$ ergibt sich $p_2 \approx 0,0204$

p_2 beträgt 2,04 %; p_3 beträgt 1,02 %.

4.3.1 X: Anzahl der fehlerhaften Akkus; X ist binomialverteilt mit n = 85 und p = 4,5%

P(keine fehlerhaften Akkus) = P(X = 0) = $0,955^{85} \approx 0,01997 \approx 0,02 = 2$ %

4.3.2 X: Anzahl der fehlerfreien Akkus; X ist binomialverteilt mit n und p = 0,02
Systematisches Probieren ergibt: Für n = 341 gilt: P(X ≥ 2) ≈ 0,9919
Die Lieferung müsste mindestens 341 Kartons umfassen.

Lösungen - Zentrale Abiturprüfung 2017
Aufgabenteil B: Hilfsmittel GTR
Aufgabe 4 – Stochastik Seite 2/2

4.4.1 Wahrscheinlichkeit für eine falsche Entscheidung

Es gibt zwei verschiedene falsche Entscheidungen, die berücksichtigt werden müssen. Die Wahrscheinlichkeit ist die Summe der Einzelwahrscheinlichkeiten:

- Gewicht ok, aber aussortiert mit der Wahrscheinlichkeit $0{,}9 \cdot 0{,}04$
- zu schwer, aber nicht aussortiert mit der Wahrscheinlichkeit $0{,}1 \cdot 0{,}05$

$P = 0{,}9 \cdot 0{,}04 + 0{,}1 \cdot 0{,}05 = 0{,}041$

Die Wahrscheinlichkeit für ein falsche Entscheidung liegt bei 4,1 %.

4.5.1 Entscheidungsregel

X: Anzahl der Akkus, die der Garantie entsprechen;

X ist binomialverteilt mit n = 250

Nullhypothese: H_0: $p \geq 0{,}98$

Gegenhypothese: H_1: $p < 0{,}98$

Bestimmung des Ablehnungsbereichs

Linksseitiger Test mit Ablehnungsbereich A = {0; ...; k}

wobei $P_{H_0}(X \leq k) \leq 0{,}01$;   X ist $B_{250;\,0{,}98}$-verteilt

$P(X \leq 238) \approx 0{,}0050 < 0{,}01$

$P(X \leq 239) \approx 0{,}0128 > 0{,}01$ Also k = 238

Wenn in der Stichprobe maximal 238 Akkus gefunden werden, die der Garantie entsprechen, kann die Garantie verworfen werden.

4.5.2 Der Fehler 1. Art bestünde darin, die Qualitätsgarantie auf Basis eines zufällig zustande gekommenen Testergebnisses zu verwerfen, obwohl der Qualitätsmaßstab erfüllt wird.

4.5.3 Fehler 2. Art

X entspricht der Anzahl der Akkus, die der Garantie entsprechen und ist mit n = 250 binomialverteilt.

Der Fehler 2.Art tritt ein, wenn das Testergebnis nicht im Ablehnungsbereich liegt.

Systematisches Probieren ergibt für p = 0,96: $P(X > 238) \approx 0{,}6991$ ($\approx 70\,\%$)

(Hinweis: für p = 0,97: $P(X > 238) \approx 0{,}9239$)

Zentrale Abiturprüfung 2018
Leistungskursfach Mathematik
Fachbereich Wirtschaft und Verwaltung

Lösungen Seite 218 - 223

Aufgabenteil A: ohne Hilfsmittel (oHiMi)

Punkte

Beschreibung der Ausgangssituation zu Aufgabenteil A

Das Unternehmen Miss Marble stellt seit über 30 Jahren Glasprodukte her. Dabei verbindet es traditionelle Glasbläserkunst mit neuester Massenproduktionstechnik. Das von Miss Marble vertriebene Sortiment reicht von einfachen Murmeln bis zu hochwertigem Glas.

Aufgabe 1 (24 Punkte)

1.1 Analysis

In der Produktion von Spiegelglas hängen die Produktionskosten in hohem Maße vom Preis des verwendeten Rohstoffs Zinn ab. Da dieser nicht vorhersehbar ist, kalkuliert das Unternehmen mit einer parameterabhängigen Funktion:

$$K_c(x) = \frac{1}{3}x^3 - 6x^2 + c \cdot x + 30 \text{ mit } c \geq 0$$

1.1.1 Eine ertragsgesetzliche Kostenfunktion besitzt keine lokalen Extrema. Zeigen Sie, dass dies für $c > 36$ erfüllt ist. — 4

1.1.2 Bestätigen Sie, dass die betriebsminimale Ausbringungsmenge nicht vom Parameter c abhängt. — 2

1.2 Analysis

Zu Beginn jeden Jahres werden einige Produktionskapazitäten auf die Herstellung von Osterartikeln umgestellt. Der Absatz von Osterartikel (in ME pro Monat) kann in Abhängigkeit von der Zeit t (in Monaten) durch die Funktion a_b mit der Gleichung

$$a_b(t) = e^{-0,5 \cdot t^2 + b \cdot t} \text{ mit } t \geq 0 \text{ und } b > 0$$

beschrieben. Zum Zeitpunkt t = 0 liegt der Jahresbeginn.

Der Parameter b beschreibt den Einfluss des Werbebudgets.

1.2.1 Der Absatz soll 1 ME pro Monat betragen.
Ermitteln Sie die zugehörigen Zeitpunkte in Abhängigkeit von b. — 4

1.2.2 Im Folgenden ist der Graph der Absatzfunktion für b = 1,2 abgebildet.

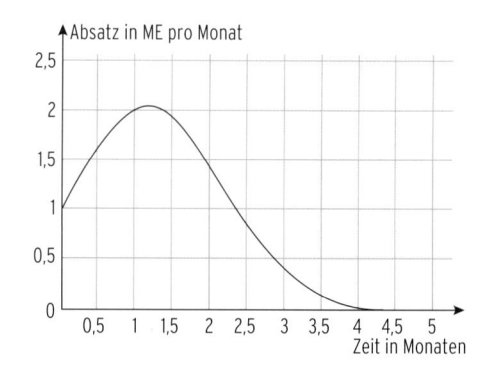

Zentrale Abiturprüfung 2018

Aufgabenteil A: ohne Hilfsmittel (oHiMi)

Aufgabe 1 (Fortsetzung)

1.2.2 Beurteilen Sie folgende Aussagen anhand des abgebildeten Funktionsgraphen:
A: Der Gesamtabsatz innerhalb der ersten fünf Monate ist größer als 3 ME.
B: Am Jahresbeginn setzt das Unternehmen nichts ab.

1.3 **Stochastik**

Eine Glaskugel der Firma Miss Marble muss zweimal gebrannt werden. Die Wahrscheinlichkeit, dass beim Brennen ein Fehler passiert, beträgt jeweils $\frac{1}{4}$. Wenn beim ersten Brennen ein Fehler auftritt, wird die Glaskugel aussortiert und es fällt ein Verlust in Höhe von r GE an. Ist erst der zweite Brennvorgang fehlerhaft, kann die Kugel als zweite Wahl verkauft werden und es wird ein Gewinn in Höhe von 8 GE erzielt. Mit einer zweimal fehlerfrei gebrannten Kugel wird ein Gewinn in Höhe von 16 GE erzielt.

1.3.1 Stellen Sie die Situation in einem Baumdiagramm dar.

1.3.2 Berechnen Sie, wie hoch der Parameter r höchstens sein darf, damit insgesamt kein Verlust zu erwarten ist.

1.3 **Lineare Algebra**

In einem Produktionsprozess werden aus den Rohstoffen Zwischenprodukte und daraus die Endprodukte hergestellt. Die Verflechtung kann den folgenden Matrizen entnommen werden. Die Werte sind in Mengeneinheiten (ME) angegeben.

$$A_{RZ} = \begin{pmatrix} 2 & 1 & 0 \\ 0 & 0 & 1 \\ 2 & 0 & 2 \end{pmatrix}, B_{ZE} = \begin{pmatrix} 3 & 5 \\ a & 6 \\ 0 & 4 \end{pmatrix}, C_{RE} = \begin{pmatrix} 14 & 16 \\ 0 & 4 \\ 6 & 18 \end{pmatrix}, a \in \mathbb{R}_{\geq 0}$$

1.4.1 Berechnen Sie den Wert für a.
Der Rohstoff R_2 fällt dauerhaft aus. Untersuchen Sie, welches Endprodukt dauerhaft produziert werden kann.

1.4.2 Der Rohstoff R_2 kann durch zwei andere Rohstoffe R_{21} und R_{22} ersetzt werden. Eine Mengeneinheit von R_2 wird ersetzt durch 3 ME von R_{21} und 5 ME von R_{22}. Bestimmen Sie die neue Rohstoff-Zwischenprodukt-Matrix, in der die Rohstoffe R_{21} und R_{22} berücksichtigt sind

Zentrale Abiturprüfung 2018

Aufgabenteil B: Hilfsmittel GTR

Aufgabe 2 – Analysis (32 Punkte)

Beschreibung der Ausgangssituation

Das Unternehmen Miss Marble stellt seit über 30 Jahren Glasprodukte her. Dabei verbindet es traditionelle Glasbläserkunst mit neuester Massenproduktionstechnik. Das von Miss Marble vertriebene Sortiment reicht von einfachen Murmeln bis zu hochwertigem Glas.

Aufgabe 2 – Analysis (32 Punkte)

In einem Meeting des Unternehmens Miss Marble berichtet der Produktionsleiter des Bereichs Spiegelglas über die wirtschaftliche Situation seiner Abteilung.

2.1 Der Markt für Spiegelglas kann als Polypol aufgefasst werden. Da sowohl die meisten Anbieter als auch die meisten Nachfrager schon lange im Geschäft sind, ist über deren Verhalten einiges bekannt.

2.1.1 Die Nachfrageentwicklung wird durch eine ganzrationale Funktion p_N dritten Grades beschrieben. Dabei gibt x die Menge in ME und $p_N(x)$ den Preis in GE/ME an
Bei einem Preis von 35,2 GE/ME beträgt die nachgefragte Menge 8 ME, bei 4 ME fällt die Nachfragefunktion am stärksten und bei 10 ME ist der Markt gesättigt.
Der Gleichgewichtspreis von 71,5 GE/ME wird bei einer Gleichgewichtsmenge von 5 ME erreicht. Stellen Sie aus den obigen Informationen ein lineares Gleichungssystem und die Gleichung der Nachfragefunktion auf. 6

Gehen Sie im Folgenden von der Nachfragefunktion p_N aus, mit

$$p_N(x) = -0{,}1x^3 + 1{,}2x^2 - 14{,}8x + 128; \quad x \in [0; 10].$$

2.1.2 Die Marktsituation ist in folgender Graphik abgebildet.
Berechnen Sie die Maßzahlen der beiden Flächen A_1 und A_2 und interpretieren Sie deren Bedeutung im ökonomischen Anwendungskontext. 7

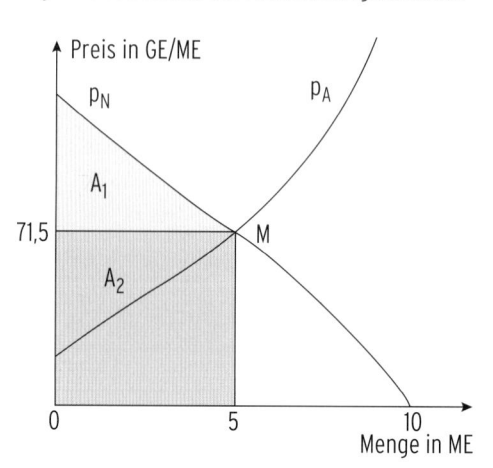

Zentrale Abiturprüfung 2018

Aufgabenteil B: Hilfsmittel GTR
Aufgabe 2 – Analysis (Fortsetzung)

Punkte

2.1.3 Die Angebotsfunktion p_A hat die Gleichung $p_A(x) = 0{,}2x^3 - 1{,}5x^2 + 12{,}8x + 20$. Untersuchen Sie, ob bei einem Preis von 40 GE/ME der Nachfrageüberhang weniger als 5 ME beträgt. 4

2.2 Miss Marble bringt ein neues Spiegelglas mit Verzierung auf den Markt. Zur Umsatzprognose wird die Funktion u_a mit $u_a(t) = t \cdot e^{-a \cdot t^2 + 4}$ mit $t \geq 0$ und $a > 0$ verwendet. Hierbei gibt t die Zeit in Monaten und $u_a(t)$ den Umsatz in GE pro Monat an. Der Parameter a hängt von den eingesetzten Werbemaßnahmen ab.

2.2.1 Weisen Sie nach, dass $u'_a(t) = (1 - 2a \cdot t^2) \cdot e^{-a \cdot t^2 + 4}$ gilt. 3

2.2.2 Berechnen Sie in Abhängigkeit vom Parameter a den Zeitpunkt, zu dem der maximale monatliche Umsatz erreicht wird. Auf den Nachweis der hinreichenden Bedingung kann verzichtet werden. 3

Im Folgenden gilt a = 0,005.

2.2.3 Ermitteln Sie die Höhe des maximalen monatlichen Umsatzes. 2

2.2.4 Bestimmen Sie zwei Zeitpunkte, zu denen der Umsatzrückgang gleich ist. 4

2.2.5 Die Produktionszeit dieses neuen Spiegelglases ist vom Unternehmen zunächst auf 60 Monate festgelegt worden.
Vergleichen Sie den Gesamtumsatz der ersten und zweiten Hälfte der Produktionszeit und beurteilen Sie das Ergebnis aus Unternehmersicht. 3

Zentrale Abiturprüfung 2018

Aufgabenteil B: Hilfsmittel GTR

Aufgabe 3 – Stochastik (32 Punkte)

Das Unternehmen Miss Marble liefert empfindliche Glasware innerhalb Deutschlands an den Einzelhandel. Beim Transport kommt es oftmals zu Schäden. Der Transport der Glasware wird von drei Unternehmen durchgeführt. ALKW und Brummie sind auf den Glastransport mit Lastwagen spezialisiert. CRail transport die Glasware über das Schienennetz.

3.1 Es sind folgende Durchschnittswerte bekannt. 25 % der Glasteile werden von ALKW transportiert, 35 % von Brummie und 40 % von CRail. Den Unterlagen der Geschäftsführung zufolge gehen 4 % der von ALKW transportierten Glasteile zu Bruch, bei Brummie sind es 3 % und bei CRail nur 2 %.

3.1.1 Stellen Sie den Sachverhalt in einem Baumdiagramm mit allen Pfad- und Endwahrscheinlichkeiten dar. (5)

3.1.2 Ermitteln Sie die Wahrscheinlichkeiten für folgende Ereignisse:
E_1: Ein Glasteil wird von Brummie transportiert und geht dabei zu Bruch.
E_2: Ein Glasteil wird unversehrt transportiert.
E_3: Ein zerbrochenes Glasteil wurde von CRail transportiert. (6)

3.2 Die Geschäftsführung hat reagiert und eine geänderte Einzelverpackung für die Glasteile in Auftrag gegeben. Dadurch wird erreicht, dass keine Transportschäden mehr auftreten. Allerdings werden die Glasteile beim Verpacken mit einer Wahrscheinlichkeit von 2 % beschädigt. 1200 Glasteile werden verpackt. Es ist von einer Binomialverteilung auszugehen.

3.2.1 Berechnen Sie die Wahrscheinlichkeit dafür, dass mehr als 22 und weniger als 28 der Glasteile beschädigt werden. (2)

3.2.2 Bestimmen Sie ein zum Erwartungswert symmetrisches Intervall, in dem die Anzahl der beschädigten Glasteile mit einer Wahrscheinlichkeit von etwa 75 % liegt. (3)

3.3 Ein Vertreter der CRail behauptet, dass ein Glasteil mit einer Wahrscheinlichkeit von mehr als 2 % beim Verpacken zu Bruch geht. Im Gegensatz dazu will Miss Marble nachweisen, dass diese Defektwahrscheinlichkeit zumindest unter 3 % liegt.
Dazu wollen beide Unternehmen 500 für den Transport verpackte Glaswaren untersuchen, um die beiden Vermutungen zu überprüfen. (7)

Zentrale Abiturprüfung 2018

Aufgabenteil B: Hilfsmittel GTR

Aufgabe 3 – Stochastik (Fortsetzung)

3.3.1 Entscheiden Sie begründet, ob folgende Aussagen zutreffen:

A_1: Bei mindestens 15 defekten Glasteilen irrt CRail nur zu maximal 10 %, wenn sie behauptet, dass die Defektwahrscheinlichkeit über 2 % liegt.

A_2: Bei höchstens 11 defekten Glasteilen ist Miss Marble sich auf 10 % Signifikanzniveau sicher, dass die Defektwahrscheinlichkeit unter 3 % liegt.

A_3: Wenn in der Stichprobe genau 2,6 % der 500 Glasteile defekt sind, kann - egal, wie das Signifikanzniveau gewählt wird - entschieden werden, dass die Defektwahrscheinlichkeit über 2 % und unter 3 % liegt.

7

3.3.2 Um die hohe Qualität der neuen Verpackungen zu belegen, führt Miss Marble einen Hypothesentest zum Signifikanzniveau 5 % durch. Mit n = 5000 ergibt sich der Ablehnungsbereich {0; ...; 8}.
Ermitteln Sie die Wahrscheinlichkeit des Fehlers zweiter Art (β-Fehler), wenn die tatsächliche Defektwahrscheinlichkeit bei 2 % liegt.

3

3.4 Im Folgenden ist von einer Defektwahrscheinlichkeit von 2 % auszugehen.

3.4.1 Ermitteln Sie die Anzahl an Glasteilen, die untersucht werden müssen, damit sich mit einer Wahrscheinlichkeit von ca. 90 % mindestens 3 defekte Glasteile darunter befinden.

3

3.4.2 Um mit einer Wahrscheinlichkeit von ca. 90 % mindestens 5 defekte Glasteile zu erhalten, müssen 398 Glasteile untersucht werden.
Überprüfen Sie die folgende Aussage:
Um mit einer Wahrscheinlichkeit von ca. 90 % mindestens doppelt so viele defekte Glasteile zu finden, also mindestens 10, muss die entnehmende Stichprobe verdoppelt werden.

3

Zentrale Abiturprüfung 2018

Aufgabenteil B: Hilfsmittel GTR

Aufgabe 4 – Lineare Algebra (32 Punkte)

Das Unternehmen Miss Marble verwendet Glas und Metall für die Herstellung von Figuren. In der Fertigungsstufe 1 werden aus den drei Materialien Glas (M_1), Eisen (M_2) und Messing (M_3) drei Figuren (F_1 bis F_3) hergestellt. In der zweiten Fertigungsstufe werden die Figuren in drei verschiene Verkaufssets (S_1 bis S_3) abgepackt.

Für die Verflechtung auf den beiden Fertigungsstufen gelten folgende parameterabhängige Matrizen, welche die jeweils benötigten Mengen in Mengeneinheiten (ME) enthalten.

$$A_{MF} = \begin{pmatrix} a & b & 2 \\ 3 & c & 0 \\ 2 & 3 & 0 \end{pmatrix}, \quad B_{FS} = \begin{pmatrix} 4 & 1 & 2 \\ 0 & 2 & 2 \\ a & 0 & 2 \end{pmatrix} \quad \text{und} \quad C_{MS} = \begin{pmatrix} 24 & 6 & 14 \\ 12 & 11 & 14 \\ 8 & 8 & 10 \end{pmatrix}$$

4.1.1 Bestimmen Sie die Werte der Parameter a, b und c.   5

4.1.2 Erläutern Sie die Bedeutung des Parameterwertes a in den Matrizen A_{MF} und B_{FS} im Sachzusammenhang.   2

4.1.3 Betrachtet man die Matrix $M = \begin{pmatrix} 4 & 1 & 2 \\ 3 & c & 0 \\ 2 & 3 & 0 \end{pmatrix}$, so gibt es einen Wert für c, so dass die Matrix M nicht invertierbar ist.

Ermitteln Sie diesen Wert für c.   3

4.2 Im Folgenden gilt a = 4, b = 1 und c = 4.

Ein Dortmunder Kunde bestellt 10 ME von Set S_1, 5 ME von Set S_2 und 20 ME von Set S_3.

4.2.1 Die Materialkosten betragen 0,2 GE/ME für M_1, 0,4 GE/ME für M_2 und 0,6 GE/ME für M_3. Berechnen Sie die Materialkosten für den Auftrag aus Dortmund.   3

4.2.2 Aus Marketinggründen sollen die Fertigungskosten für den Auftrag aus Dortmund insgesamt höchstens 1450 GE betragen.
Die Kosten für die Fertigung der drei Sets S_1, S_2, S_3 sind gleich hoch.
Außerdem sind die Kosten der Fertigung von F_1 doppelt so hoch wie die Kosten der Fertigung eines Sets. Die Fertigung von F_2 und F_3 kostet jeweils 6 GE mehr als die Fertigung eines Sets.
Bestimmen Sie die Kosten, die zur Fertigung eines Sets höchstens anfallen dürfen.   7

Zentrale Abiturprüfung 2018

Aufgabenteil B: Hilfsmittel GTR

Aufgabe 4 – Lineare Algebra (Fortsetzung)

4.3 In einem Zweigwerk stellt das Unternehmen Miss Marble drei hochwertige Fenstergläser E_1 bis E_3 her, bei denen der Wärmeschutz wichtig ist.

Die folgende Verflechtungstabelle zeigt den Zusammenhang zwischen den drei Rohstoffen R_1 bis R_3 und den drei Endprodukten E_1 bis E_3.
In den Mengenangaben der Rohstoffe beschreibt der Parameter d mit $0 \leq d \leq \frac{5}{3}$ die Wärmedämmeigenschaft der Fenstergläser. Je höher dieser Wert ist, desto schlechter ist die Wärmedämmeigenschaft.

	E_1	E_2	E_3
R_1	5d	20 – d	5
R_2	2	4	4
R_3	10 – 6d	5	d

Ein Großkunde aus München benötigt zum nächstmöglichen Termin 20 ME von E_1, 30 ME von E_2 und 50 ME von E_3. Die für diesen Auftrag notwendigen Rohstoffmengen hängen von d ab.

4.3.1 Bestätigen oder widerlegen Sie den folgenden Zusammenhang:
Je kleiner der Wert d gewählt wird, desto weniger muss von Rohstoff R_1 und desto mehr muss von Rohstoff R_3 zur Erfüllung des Auftrags eingesetzt werden.

6

4.3.2 Für die Kalkulation der Verkaufspreise muss das Unternehmen Miss Marble Marktpreisschwankungen berücksichtigen. Dies geschieht durch den Parameter m für den gilt: $0{,}5 \leq m \leq 1{,}8$.

Die von m abhängigen Preise sind folgender Tabelle zu entnehmen:

Fenstergläser	E_1	E_2	E_3
Preise in GE/ME	$30 \cdot m$	$10 \cdot m^3 - m$	$m^4 - 10 \cdot m^3 + 50$

Ermitteln Sie rechnerisch für die Bestellung aus München die jeweiligen Preise, die zum absoluten Maximum des Erlöses führen, und den maximalen Erlös.

6

Lösungen - Zentrale Abiturprüfung 2018
Aufgabenteil A: ohne Hilfsmittel
1.1 Analysis

1.1.1 $K_c(x) = \frac{1}{3}x^3 - 6x^2 + c \cdot x + 30$; $c \geq 0$; $K'_c(x) = x^2 - 12x + c$

Bed. für lokale Extrema: $K'_c(x) = 0 \qquad x^2 - 12x + c = 0$

Mit der pq-Formel: $\qquad\qquad\qquad\qquad x_{1|2} = 6 \pm \sqrt{36 - c}$

Für $c > 36$ ist die Wurzel nicht definiert, die Gleichung $K'_c(x) = 0$ hat keine reelle Lösung, somit hat K_c keine lokalen Extrema.

1.1.2 Betriebsminimale Ausbringungsmenge (Betriebsminimum, Minimalstelle der variablen Stückkostenfunktion k_v)

$k_{v,c}(x) = \frac{K_{v,c}(x)}{x} = \frac{\frac{1}{3}x^3 - 6x^2 + c \cdot x}{x} = \frac{1}{3}x^2 - 6x + c$; $k'_{v,c}(x) = \frac{2}{3}x - 6$

Bedingung: $k'_{v,c}(x) = 0 \qquad x = 9$ (Nullstelle von $k'_{v,c}$ unabhängig von c)

Die Lösung hängt nicht von c ab, da in $k'_{v,c}(x)$ kein Parameter vorhanden ist.

1.2 Analysis

1.2.1 $a_b(t) = e^{-0.5 \cdot t^2 + b \cdot t}$ mit $t \geq 0$ und $b > 0$

Bedingung:	$a_b(t) = 1$	$e^{-0.5 \cdot t^2 + b \cdot t} = 1 \qquad e^0 = 1$
Logarithmieren:		$-0.5 \cdot t^2 + b \cdot t = \ln(1) = 0$
Ausklammern:		$t(-0.5 \cdot t + b) = 0$
Satz vom Nullprodukt:		$t = 0 \vee -0.5 \cdot t + b = 0$
Lösungen (Zeitpunkte):		$t = 0 \vee t = 2b$

1.2.2 A: Die Aussage ist richtig, da die Fläche unterhalb des Graphen von $a_{1,2}$ größer als 12 Kästchen (also 3 ME) ist, 4 Kästchen entsprechen 1 ME.

B: Die Aussage ist falsch, da der y-Achsenabschnitt, welcher den Absatz am Jahresanfang angibt, nicht Null ist: $a_{1,2}(0) = 1$

1.3 Stochastik

1.3.1 Baumdiagramm

$\overline{F}$: fehlerfrei beim Brennen

F: fehlerhaft beim Brennen

1.3.2 X: Höhe des Gewinns

$E(X) = 16 \cdot \frac{3}{4} \cdot \frac{3}{4} + 8 \cdot \frac{3}{4} \cdot \frac{1}{4} - r \cdot \frac{1}{4}$

$E(X) = 10{,}5 - r \cdot \frac{1}{4} = 0$ für $r = 42$

Der Verlust im ersten Brennvorgang darf höchstens 42 GE betragen.

1.4 Lineare Algebra

1.4.1 $A_{RZ} \cdot B_{ZE} = C_{RE}$: $\begin{pmatrix} 2 & 1 & 0 \\ 0 & 0 & 1 \\ 2 & 0 & 2 \end{pmatrix} \cdot \begin{pmatrix} 3 & 5 \\ a & 6 \\ 0 & 4 \end{pmatrix} = \begin{pmatrix} 14 & 16 \\ 0 & 4 \\ 6 & 18 \end{pmatrix}$ ergibt $2 \cdot 3 + a = 14 \Leftrightarrow a = 8$

Es kann lediglich E_1 produziert werden, da R_2 nicht für die Produktion von E_1 benötigt wird, da $c_{21} = 0$

Lösungen - Zentrale Abiturprüfung 2018

Aufgabenteil A: ohne Hilfsmittel

1.4 Lineare Algebra

1.4.2

		Z_1	Z_2	Z_3
R_1	R_1	2	1	0
R_2	R_{21}	0	0	3
	R_{22}	0	0	5
R_3	R_3	2	0	2

$$A_{RZ,\,neu} = \begin{pmatrix} 2 & 1 & 0 \\ 0 & 0 & 3 \\ 0 & 0 & 5 \\ 2 & 0 & 2 \end{pmatrix}$$

Aufgabenteil B: Hilfsmittel GTR   Lösungen

Aufgabe 2 – Analysis (32 Punkte)

2.1.1 Ansatz: $p_N(x) = ax^3 + bx^2 + cx + d$;

Ableitungen: $p'_N(x) = 3ax^2 + 2bx + c$; $p''_N(x) = 6ax + 2b$

Bedingungen und LGS

$p_N(5) = 71{,}5$	$125a + 25b + 5c + d = 71{,}5$
$p_N(8) = 35{,}2$	$512a + 64b + 8c + d = 35{,}2$
$p_N(10) = 0$	$1000a + 100b + 10c + d = 0$
$p''_N(4) = 0$	$24a + 2b = 0$

Hinweis: p_N fällt am stärksten in der Wendestelle.
Lösung des LGS: $a = -0{,}1$; $b = 1{,}2$; $c = -14{,}8$; $d = 128$

Funktionsgleichung: $p_N(x) = -0{,}1x^3 + 1{,}2x^2 - 14{,}8x + 128$

2.1.2 Flächenberechnung

$$A_1 = \int_0^5 (p_N(x) - 71{,}5)\,dx = \int_0^5 (-0{,}1x^3 + 1{,}2x^2 - 14{,}8x + 56{,}5)\,dx \approx 131{,}88$$

$A_2 = 5 \cdot 71{,}5 = 357{,}5$

Erläuterung: A_1 entspricht der Konsumentenrente, also der theoretischen Geldreserve aller Konsumenten. A_2 entspricht dem Erlös, der mit dem Produkt auf dem Markt erzielt werden kann.

2.1.3 Nachfrageüberhang weniger als 5 ME

$p_N(x) = 40$	$-0{,}1x^3 + 1{,}2x^2 - 14{,}8x + 128 = 40 \Rightarrow x \approx 7{,}67$
$p_A(x) = 40$	$0{,}2x^3 - 1{,}5x^2 + 12{,}8x + 20 = 40 \Rightarrow x \approx 1{,}87$

Der Nachfrageüberhang beträgt somit $7{,}67 - 1{,}87 = 5{,}8$ (ME). Die Ausssage ist falsch.

Lösungen - Zentrale Abiturprüfung 2018
Aufgabenteil B: Hilfsmittel GTR
Aufgabe 2 – Analysis (Fortsetzung)

2.2.1 Ableitung mit der Produkt- und der Kettenregel

$$u_a(t) = t \cdot e^{-a \cdot t^2 + 4}$$

$$u'_a(t) = 1 \cdot e^{-a \cdot t^2 + 4} + t \cdot e^{-a \cdot t^2 + 4} \cdot (-2at) = (1 - 2a \cdot t^2) \cdot e^{-a \cdot t^2 + 4}$$

2.2.2 Bedingung für **maximalen Umsatz**: $u'_a(t) = 0 \Leftrightarrow 1 - 2a \cdot t^2 = 0 \qquad e^{-a \cdot t^2 + 4} > 0$

Auflösen nach t: $t^2 = \frac{1}{2a} \Rightarrow t = \pm\sqrt{\frac{1}{2a}}$

Wegen $t = -\sqrt{\frac{1}{2a}} \notin D_{ök}$ wird der maximale Umsatz zum Zeitpunkt $t = \sqrt{\frac{1}{2a}}$ erzielt.

2.2.3 Für a = 0,005: $u_{0,005}(t) = t \cdot e^{-0,005 \cdot t^2 + 4}$

Maximalstelle $t = \sqrt{\frac{1}{2 \cdot 0,005}} = 10$

Maximaler Umsatz: $u_{0,005}(10) \approx 331{,}15$

Der maximale monatliche Umsatz beträgt ca. 331,15 GE/Monat.

2.2.4 Hinweis: Umsatzrückgang bedeutet

$u'_{0,005}(t) < 0$ (unterhalb der t-Achse)

Untersucht wird z. B. an welchen Stellen die Steigung – 1 beträgt

(alle Steigungen von – 0,1 bis ca. – 20 sind möglich.)

Grafische Bestimmung: $t_1 \approx 10{,}15$; $t_2 \approx 36$

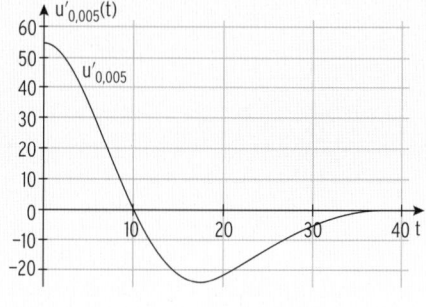

(Schnitt von y = – 1 mit dem Graphen von $u'_{0,005}$)

Nach ca. 10,15 Monaten und nach ca. 36 Monaten ist der Umsatzrückgang gleich.

Hinweis: z. B. Steigung – 10 wird erreicht nach ca. 11,66 und nach ca. 26,4 Monaten

2.2.5 Gesamtumsätze

erste Hälfte: $\int_0^{30} u_{0,005}(t)\, dt = \int_0^{30} t \cdot e^{-0,005 \cdot t^2 + 4}\, dt \approx 5399{,}16$

zweite Hälfte: $\int_{30}^{60} u_{0,005}(t)\, dt = \int_{30}^{60} t \cdot e^{-0,005 \cdot t^2 + 4}\, dt \approx 60{,}65$

Somit wird in der zweiten Hälfte nur noch ca. 1 % des Gesamtumsatzes erreicht. es stellt sich die Frage, ob das Produkt nicht nach der ersten Hälfte vom Markt genommen werden sollte. Zumindest muss das Produkt anders aufgestellt werden, z.B. durch Produktdiversifkation

Aufgabenteil B: Hilfsmittel GTR — Lösungen

Aufgabe 3 – Stochastik (32 Punkte)

3.1.1 Baumdiagramm

A: Transport durch ALKW
B: Transport durch Brummie
C: Transport durch CRail
D: geht zu Bruch (defekt)

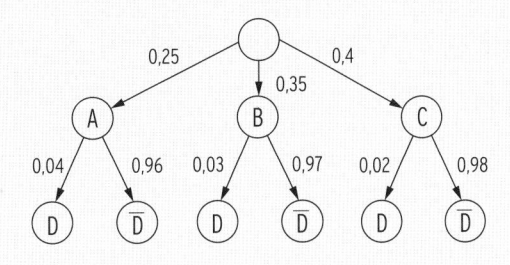

Verzweigungen: Wurzel → A (0,25), B (0,35), C (0,4)
A → D (0,04), $\bar{D}$ (0,96)
B → D (0,03), $\bar{D}$ (0,97)
C → D (0,02), $\bar{D}$ (0,98)

Endwahrscheinlichkeiten: 0,01   0,24   0,0105   0,3395   0,008   0,392

3.1.2 $P(E_1) = P(B \cap D) = 0{,}35 \cdot 0{,}03 = 0{,}0105$

$P(E_2) = P(\bar{D}) = P(A \cap \bar{D}) + P(B \cap \bar{D}) + P(C \cap \bar{D}) = 0{,}24 + 0{,}3395 + 0{,}392 = 0{,}9715$

$P(E_3) = P_D(C) = \dfrac{P(C \cap D)}{P(D)} = \dfrac{0{,}008}{1 - 0{,}9715} = \dfrac{0{,}008}{0{,}0285} \approx 0{,}2807$

3.2.1 X: Anzahl der zu Bruch gegangenen Glaswaren; X ist binomialverteilt mit n = 1200 und p = 0,02: $P(22 < X < 28) \approx 0{,}3796$

Die Wahrscheinlichkeit dafür, dass mehr als 22 und weniger als 28 Glasteile beschädigt werden, liegt bei ca. 38 %.

3.2.2 Erwartungswert $E(X) = 1200 \cdot 0{,}02 = 24$

Durch systematisches Ausprobieren: $P(24 - 4 \leq X \leq 24 + 4) \approx 0{,}6471$

$P(24 - 5 \leq X \leq 24 + 5) \approx 0{,}7444$

Das gesuchte Intervall ist [19; 29].

3.3.1 Aussage A_1: $X_{0,02}$ gibt die Anzahl defekter Glasteile an, $X_{0,02}$ ist binomialverteilt mit n = 500 und p = 0,02: $H_1: p > 0{,}02$ $H_0: p \leq 0{,}02$

$\alpha = P(X_{0,02} \geq 15) \approx 0{,}0814 < 0{,}1$

Die Aussage A_1 ist somit richtig.

Aussage A_2: $X_{0,03}$ gibt die Anzahl defekter Glasteile an, $X_{0,03}$ ist binomialverteilt mit n = 500 und p = 0,03: $H_1: p < 0{,}03$ $H_0: p \geq 0{,}03$

$\alpha = P(X_{0,03} \leq 11) \approx 0{,}1807 > 0{,}1$

Die Aussage A_2 ist somit falsch.

Aussage A_3: $E = 500 \cdot 0{,}026 = 13$

Da 13 nicht im Ablehnungsbereich von $H_0: p \leq 0{,}02$ (vgl A_1) liegt, ist die Aussage z.B. auf dem 10 % Signifikanzniveau falsch.

Lösungen - Zentrale Abiturprüfung 2018

Aufgabenteil B: Hilfsmittel GTR   Lösungen

Aufgabe 2 – Stochastik (Fortsetzung)

3.3.2 X gibt die Anzahl defekter Glasteile an, X ist binomialverteilt mit n = 500 und p = 0,02:

Fehler 2. Art: $\beta = P(X \geq 9) = 1 - P(X \leq 8) \approx 1 - 0,3305 = 0,6695$

3.4.1 X_n gibt die Anzahl defekter Glasteile an, X_n ist binomialverteilt mit n und p = 0,02

Bedingung: $P(X_n \geq 3) \approx 90\,\%$

Durch ausprobieren: $P(X_{264} \geq 3) \approx 0,8994$

$P(X_{265} \geq 3) \approx 0,9008$

Also müssen 264 bzw. 265 Glasteile untersucht werden.

3.4.2 X_n gibt die Anzahl defekter Glasteile an, X_n ist binomialverteilt mit n und p = 0,02

Eine Verdoppelung der beiden Werte 398 und 5 ergibt:

$P(X_{796} \geq 10) \approx 0,956 > 0,9$

Die Aussage ist falsch, da eine Verdoppelung des Stichprobenumfangs nicht notwendig ist.

Hinweis: $P(X_{710} \geq 10) \approx 0,902 > 0,9$

Aufgabenteil B: Hilfsmittel GTR   Lösungen

Aufgabe 4 – Lineare Algebra (32 Punkte)

4.1.1 Ansatz: $A_{MF} \cdot B_{FS} = C_{MS}$

$$\begin{pmatrix} a & b & 2 \\ 3 & c & 0 \\ 2 & 3 & 0 \end{pmatrix} \cdot \begin{pmatrix} 4 & 1 & 2 \\ 0 & 2 & 2 \\ a & 0 & 2 \end{pmatrix} = \begin{pmatrix} 6a & a+2b & 2a+2b+4 \\ 12 & 3+2c & 6+2c \\ 8 & 8 & 10 \end{pmatrix} = C_{MS} = \begin{pmatrix} 24 & 6 & 14 \\ 12 & 11 & 14 \\ 8 & 8 & 10 \end{pmatrix}$$

Lösung zugehöriger Gleichungen (Vergleich der Elemente)

$6a = 24 \Rightarrow a = 4$

$a + 2b = 6$ ergibt mit a = 4 eingesetzt: $2b = 2 \Rightarrow b = 1$

$3 + 2c = 11 \Rightarrow c = 4$

Parameterwerte: a = 4; b = 1; c = 4

4.1.2 Der Parameter a bedeutet zum einen (vgl. A_{MF}), dass für die Herstellung von 1 ME der Figur F_1 a ME Glas verwendet werden, andererseits (vgl. B_{FS}) werden auch für die Herstellung von 1 ME des Verkaufssets S_1 a ME von der Figur F_3 benötigt.

4.1.3 Wenn eine Zeile ein Vielfaches einer anderen Zeile ist, dann ist die Matrix M nicht invertierbar. Die gilt für c = 4,5:   2. Zeile (3 4,5 0); 3. Zeile (2 3 0)

Die 2. Zeile ist das 1,5-fache der 3. Zeile.

Aufgabenteil B: Hilfsmittel GTR Lösungen

Aufgabe 4 – Lineare Algebra (Fortsetzung)

4.2.1 Materialkosten $(0{,}2 \quad 0{,}4 \quad 0{,}6) \cdot \begin{pmatrix} 24 & 6 & 14 \\ 12 & 11 & 14 \\ 8 & 8 & 10 \end{pmatrix} \cdot \begin{pmatrix} 10 \\ 5 \\ 20 \end{pmatrix} = 484$

oder: $C_{MS} \cdot \begin{pmatrix} 10 \\ 5 \\ 20 \end{pmatrix} = \begin{pmatrix} 550 \\ 455 \\ 320 \end{pmatrix}$; $(0{,}2 \quad 0{,}4 \quad 0{,}6) \cdot \begin{pmatrix} 550 \\ 455 \\ 320 \end{pmatrix} = 484$

Die Materialkosten für diesen Auftrag betragen 484 GE.

4.2.2 Fertigungskostenvektor der Sets: $(z \quad z \quad z)$

Fertigungskostenvektor der Figuren: $(2z \quad z+6 \quad z+6)$

Kosten der Fertigung für ein Set in Abhängigkeit von z:

$\vec{k}_F = (2z \quad z+6 \quad z+6) \cdot \begin{pmatrix} 4 & 1 & 2 \\ 0 & 2 & 2 \\ 4 & 0 & 2 \end{pmatrix} + (z \quad z \quad z)$

$= (12z + 24 \quad 4z + 12 \quad 8z + 24) + (z \quad z \quad z) = (13z + 24 \quad 5z + 12 \quad 9z + 24)$

Fertigungskosten für den Auftrag in Abhängigkeit von z:

$(13z + 24 \quad 5z + 12 \quad 9z + 24) \cdot \begin{pmatrix} 10 \\ 5 \\ 20 \end{pmatrix} = 335z + 780$

Bedingung für z: $335z + 780 \leq 1450 \Leftrightarrow 335z \leq 670 \Leftrightarrow z \leq 2$

Die Fertigungskosten für ein Set dürfen höchstens bei 2 GE liegen.

4.3.1 Rohstoffmengen: $\begin{pmatrix} 5d & 20-d & 5 \\ 2 & 4 & 4 \\ 10-6d & 5 & d \end{pmatrix} \cdot \begin{pmatrix} 20 \\ 30 \\ 50 \end{pmatrix} = \begin{pmatrix} 70d + 850 \\ 360 \\ 350 - 70d \end{pmatrix}$

Also werden von Rohstoff R_1 $(70d + 850)$ ME, von Rohstoff R_2 360 ME (unabhängig von d) und von Rohstoff R_3 $(350 - 70d)$ ME benötigt.

Je kleiner d ist, desto weniger von R_1 und desto mehr von R_3 wird benötigt.

Damit ist die Aussage bestätigt.

4.3.2 Bestellmengenvektor: $\vec{b} = \begin{pmatrix} 20 \\ 30 \\ 50 \end{pmatrix}$

Preisvektor $\vec{p} = (30m \quad 10m^3 - m \quad m^4 - 10 \cdot m^3 + 50)$

ergibt sich die Erlösfunktion: $E(m) = \vec{p} \cdot \vec{b} = 50 \cdot m^4 - 200 \cdot m^3 + 570m + 2500$

Hinreichende Bedingung für Maximum: $E'(m) = 0 \wedge E''(m) < 0$

Mit dem GTR: $E'(m) = 0$ $m_1 \approx -0{,}859 \notin D_{\text{ök}}$; $m_2 \approx 1{,}2916$; $m_3 \approx 2{,}5677 \notin D_{\text{ök}}$

Mit $E''(1{,}2916) \approx -548{,}98 < 0$ und $E(1{,}2916) \approx 2944{,}42$ ergibt sich

Für $m = 1{,}2916$ wird der Erlös mit 2944,42 GE maximal.

Das Fensterglas E_1 muss für etwa 38,75 GE/ME $(30 \cdot 1{,}2916)$,

das Fensterglas E_2 muss für etwa 20,26 GE/ME $(10 \cdot 1{,}2916^3 - 1{,}2916)$,

das Fensterglas E_3 muss für etwa 31,24 GE/ME $(1{,}2916^4 - 10 \cdot 1{,}2916^3 + 50)$

verkauft werden.

Zentrale Abiturprüfung 2019
Leistungskursfach Mathematik
Fachbereich Wirtschaft und Verwaltung
Lösungen Seite 232 - 239
Aufgabenteil A: ohne Hilfsmittel (oHiMi)

Beschreibung der Ausgangssituation zu Aufgabenteil A
Das Unternehmen SelfCar GmbH entwickelt und produziert unter anderem Akkus und Computerchips für Elektro-Autos.

Aufgabe 1 (24 Punkte)
1.1 Analysis
1.1.1 Die SelfCar GmbH besitzt bezüglich des Modells Akku1000 aufgrund seiner hohen Laufzeit eine monopolistische Stellung.

Die Controllingabteilung rechnet mit der folgenden ertragsgesetzlichen Kostenfunktion K mit $\quad K(x) = \frac{1}{3}x^3 - 4x^2 + 22x + 4$

und mit der Grenzgewinnfunktion G' mit $G'(x) = -x^2 + 2x + 8$.

Die Menge x ist in ME (Mengeneinheiten), K(x) in GE (Geldeinheiten) und G'(x) in GE/ME angegeben. Berechnen Sie den maximalen Erlös. (6 Punkte)

1.2 Analysis

Gegeben sind die drei Geraden g_1, g_2 und g_3 mit

$$g_1(x) = 20x + c_1$$
$$g_2(x) = 8x + c_2$$
$$g_3(x) = 6x + c_3.$$

Eine der Geraden ist die Wendetangente der Kostenfunktion K aus (1.1.1), eine andere der Geraden ist die Tangente von K an der Stelle x_{BM} (Betriebsminimum).

1.2.1 Entscheiden Sie für die beiden Tangenten auf Grundlage geeigneter Berechnungen, welche der angegebenen Geradengleichungen dazugehört. (6 Punkte)

1.3 Lineare Algebra

Die SelfCar GmbH fertigt die Computerchips C1 und C2. Dazu nutzt sie drei Maschinen M1, M2 und M3 mit unterschiedlichen Laufzeiten.

Das Schaubild in Anlage 1 zeigt die graphische Lösung (Lösungspolygon) eines Ungleichungssystems, das durch die Maschinenbelegung und die maximalen Laufzeiten gegeben ist. Der Gesamtdeckungsbeitrag soll maximal werden.

1.3.1 Der Stückdeckungsbeitrag von C1 beträgt 6 GE/ME, der von C2 beträgt 4 GE/ME. Zeichnen Sie die optimale Zielgerade in das Schaubild (Anlage 1) ein und geben Sie die Mengenkombination an, die zum maximalen Deckungsbeitrag führt. (3 Punkte)

Zentrale Abiturprüfung 2019
Aufgabenteil A: ohne Hilfsmittel (oHiMi)

1.3 Lineare Algebra

1.3.2 Bestimmen Sie ein Verhältnis der Stückdeckungsbeiträge von C1 und C2, bei dem mehrere Produktionsmöglichkeiten zu einer optimalen Lösung führen.

(3 Punkte)

1.4 Stochastik

Die Produktion des Computerchips C1 ist anfällig für Fehler.

Das Qualitätsmanagement geht von einer Defektwahrscheinlichkeit von p = 0,25 aus und hat für die binomialverteilte Zufallsgröße X, die die Anzahl der defekten Chips in einer Stichprobe von 40 Stück angibt, folgendes Histogramm erstellt:

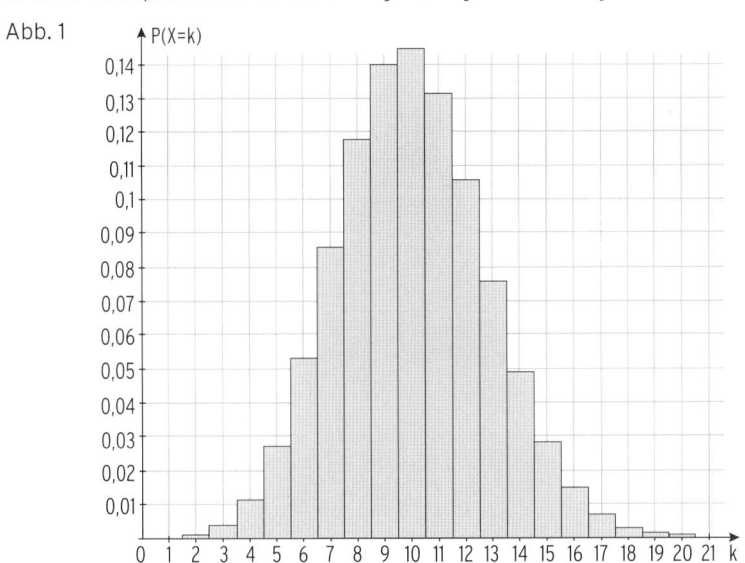

Abb. 1

1.4.1 Beurteilen Sie mit Hilfe des Histogramms folgende Behauptungen:

B1: Die Wahrscheinlichkeit, dass bei einer Produktion von 40 Chips genau 5 defekt sind, ist halb so groß wie die Wahrscheinlichkeit, dass genau 10 defekt sind.

B2: Die Wahrscheinlichkeit, dass kein einziger Chip defekt ist, ist Null. Dieses Ereignis kann also gar nicht eintreten.

B3: Durch einen Hypothesentest soll bei einem Signifikanzniveau von 3 % gezeigt werden, dass die Defektwahrscheinlichkeit niedriger ist als der angenommene Wert p = 0,25.

Wenn sich in der Stichprobe höchstens 4 defekte Chips befinden, ist dieser Nachweis gelungen.

(6 Punkte)

Zentrale Abiturprüfung 2019
Aufgabenteil A: ohne Hilfsmittel (oHiMi)

Name des Prüflings: _____

Anlage 1:

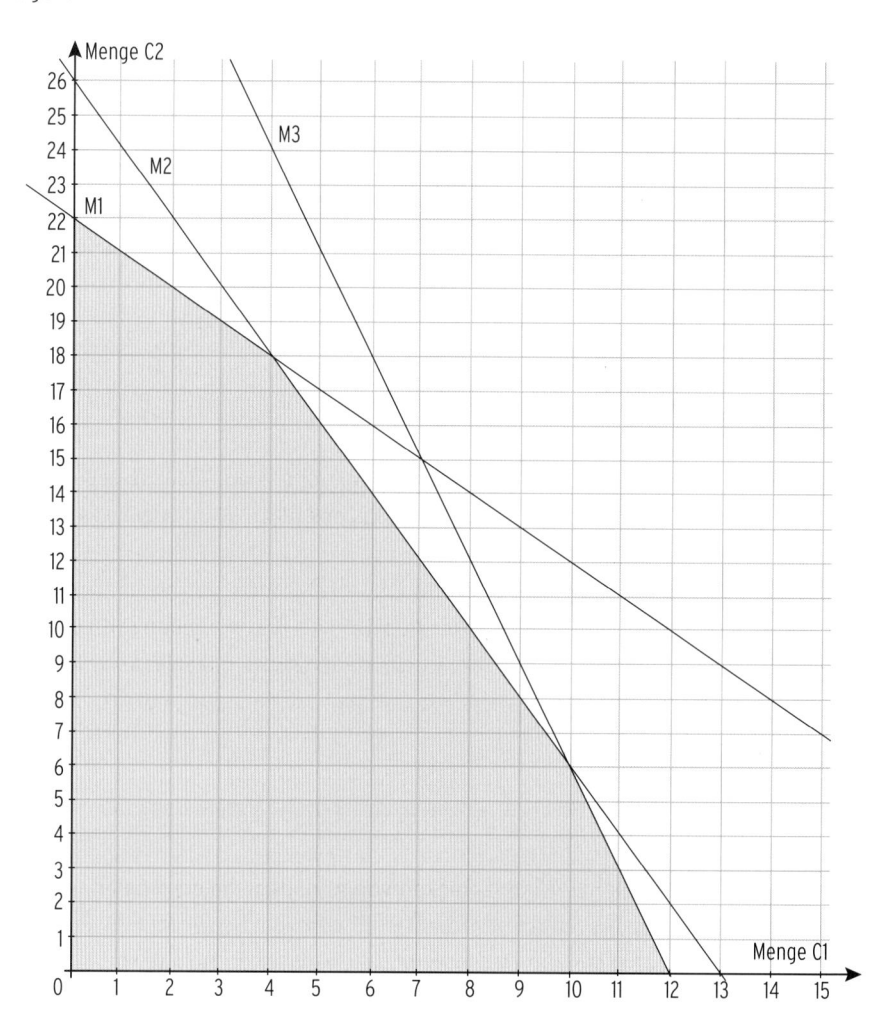

Zentrale Abiturprüfung 2019

Aufgabenteil B: Hilfsmittel GTR

Aufgabe 2 – Analysis (32 Punkte)

Die SelfCar GmbH produziert auch Akkus mit geringer Laufzeit. Hierbei handelt es sich um marktübliche Akkus, die von vielen Anbietern hergestellt werden.

2.1 In der Wachstumsphase des Produkt Akku280 wurden die folgenden monatlichen Absatzzahlen ermittelt:

Zeitpunkt t (in Monaten)	0	2	4	6	8	10
Absatzzahlen (in ME pro Monat)	50	90	180	450	1000	2000

2.1.1 Entwickeln Sie durch exponentielle Regression oder mithilfe eines Gleichungssystems eine Funktion A mit

$$A(t) = a \cdot b^t \quad \text{mit } a, b, t \in \mathbb{R}, a > 0, b > 1,$$

[alternativ: $A(t) = a \cdot e^{b \cdot t}$ mit $a, b, t \in \mathbb{R}, a > 0, b > 0$,

die die obigen monatlichen Absatzzahlen in der Wachstumsphase näherungsweise beschreibt. Runden Sie a und b auf zwei Nachkommastellen.

(4 Punkte)

2.1.2 Beurteilen Sie aus ökonomischer Sicht, ob der Funktionstyp aus 2.1.1 die gesamte Absatzentwicklung, also den Produktlebenszyklus des Akku280, modellieren kann.

(2 Punkte)

2.2 Die Vertriebsleitung stellt eine Prognose für die Absatzzahlen des bauähnlichen Akku300 für das kommende Jahr auf. Der Absatz in Mengeneinheiten (ME) pro Monat ist dabei abhängig vom Zeitpunkt t in Monaten und dem konjunkturabhängigen Parameter a. Die monatlichen Absatzzahlen werden durch die Funktion f_a beschrieben, wobei gilt:

$$f_a(t) = 20 \cdot t \cdot e^{-0{,}1at^2} + 10 \text{ mit } t, a \in \mathbb{R}, t \geq 0, a > 0.$$

2.2.1 Berechnen Sie den Wert des Parameters a, so dass der monatliche Absatz nach drei Monaten 19,92 ME beträgt.

(3 Punkte)

2.2.2 Berechnen Sie den Zeitpunkt in Abhängigkeit von a, zu dem die maximalen monatlichen Absatzzahlen erreicht werden.
Auf die Überprüfung der hinreichenden Bedingung soll verzichtet werden.

(6 Punkte)

2.2.3 Der Hochpunkt der Funktion f_a liegt bei $H(\sqrt{\frac{5}{a}} \mid \frac{20 \cdot \sqrt{5} \cdot e^{-0{,}5}}{\sqrt{a}} + 10)$.

Analysieren Sie den Einfluss des Parameters a auf den Zeitpunkt und die Höhe des maximalen monatlichen Absatzes.

(4 Punkte)

2.2.4 Widerlegen Sie anhand eines Beispiels die Behauptung, dass sich bei einer Verdopplung des Parameters a die gesamte Absatzmenge des ersten Jahres halbiert.

(4 Punkte)

Zentrale Abiturprüfung 2019
Aufgabenteil B: Hilfsmittel GTR
Aufgabe 2 – Analysis Fortsetzung

2.3 Für die Produktion des Akku300 geht die SelfCar GmbH von einer ertragsgesetzlichen Kostenfunktion der Form
$K(x) = a \cdot x^3 + b \cdot x^2 + c \cdot x + d$ mit $a, b, c, d, x \in \mathbb{R}$, $a > 0$ aus.

2.3.1 Eine ertragsgesetzliche Kostenfunktion hat immer genau eine Wendestelle x_W und genau ein Betriebsminimum x_{BM}.
Zeigen Sie: $x_{BM} = 1{,}5 \cdot x_W$. (5 Punkte)

2.3.2 Untersuchen Sie rechnerisch, ob die SelfCar GmbH für den Akku300 einen vom Markt vorgegebenen Preis von 13 GE/ME langfristig unterbieten kann, wenn gilt: $K(x) = x^3 - 8x^2 + 25x + 16$. (4 Punkte)

Zentrale Abiturprüfung 2019
Aufgabenteil B: Hilfsmittel GTR
Aufgabe 3 – Lineare Algebra (32 Punkte)

Die Akkus für die E-Autos werden in einem zweistufigen Produktionsprozess hergestellt. Die SelfCar GmbH verarbeitet in einem ersten Produktionsschritt die Rohstoffe R_1, R_2 und R_3 zu den Bauteilen B_1, B_2 und B_3. In einem zweiten Produktionsschritt werden aus den Bauteilen die Akkus A_1, A_2 und A_3 hergestellt.

3.1 Die folgenden Tabellen geben den Materialfluss je produzierter Einheit an.

	B_1	B_2	B_3
R_1	a	4	2
R_2	1	6	7
R_3	2	5	b

	A_1	A_2	A_3
B_1	1	3	7
B_2	4	17	34
B_3	3	19	33

	A_1	A_2	A_3
R_1	25	115	223
R_2	46	238	442
R_3	40	205	382

3.1.1 Berechnen Sie die Werte für die Parameter a und b und erläutern Sie deren Bedeutung im Sachzusammenhang. (4 Punkte)

Zentrale Abiturprüfung 2019

Aufgabe 3 – Lineare Algebra Fortsetzung

3.1.2 Im Lager befinden sich 40 ME von B_1, 270 ME von B_2 und 340 ME von B_3.
Durch die Produktion von Akkus soll versucht werden, das Lager vollständig zu räumen.
Zeigen Sie, dass der Lagerbestand nicht vollständig verbraucht werden kann, obwohl aus mathematischer Sicht eine mehrdeutige Lösbarkeit vorliegt. (7 Punkte)

Die Rohstoffe R_2 und R_3 unterliegen Schwankungen aufgrund ihrer chemischen Zusammensetzung. Daraus ergeben sich Rohstoffkosten, die von einem Parameter s abhängen:

	R_1	R_2	R_3
Kosten in GE/ME	2	$0{,}75s^3$	$-2s^2 + 10$

3.1.3 Ermitteln Sie den ökonomisch sinnvollen Definitionsbereich für den Parameter s. (3 Punkte)

3.1.4 Es werden von jeder Akkusorte jeweils 10 ME bestellt.
Bestimmen Sie rechnerisch die hierfür benötigten Mengen der einzelnen Rohstoffe sowie den Wert des Parameters s, bei dem die dazugehörigen Rohstoffkosten minimal sind. (6 Punkte)

3.2 Die SelfCar GmbH fertigt die drei verschiedenen Akku-Typen Akku280, Akku300 und Akku400. Aufgrund von begrenzten Kapazitäten können von Akku280 und Akku300 zusammen höchstens 100 ME, von Akku300 und Akku400 zusammen höchstens 110 ME und von Akku280 und Akku400 zusammen höchstens 60 ME pro Tag hergestellt werden.
Der Stückdeckungsbeitrag für Akku280 beträgt 5 GE/ME und 7 GE/ME für Akku300. Der Stückdeckungsbeitrag für Akku400 beträgt 10t GE/ME, wobei $t \in \mathbb{R}$, $t \geq 1$.
Die SelfCar GmbH beabsichtigt, den Deckungsbeitrag zu maximieren.

3.2.1 Geben Sie für das Optimierungsproblem die zugehörigen Restriktionen, die Zielfunktion und das Anfangstableau an. (5 Punkte)

3.2.2 Durch die Anwendung des Simplex-Algorithmus ergibt sich folgendes Tableau.

x_1	x_2	x_3	u_1	u_2	u_3	
1	1	0	1	0	1	100
-1	1	0	0	1	-1	50
1	0	1	0	0	1	60
$5-10t$	7	0	0	0	$-10t$	$Z-600t$

Ermitteln Sie das darauffolgende Tableau und entscheiden Sie begründet, für welche Werte von t das so erhaltene Tableau optimal ist. (7 Punkte)

Zentrale Abiturprüfung 2019

Aufgabenteil B: Hilfsmittel GTR

Aufgabe 4 – Stochastik (32 Punkte)

Durchschnittlich sind 4 % der von der SelfCar GmbH produzierten Akkus defekt.

4.1 Im Rahmen der Qualitätsanalyse wird der laufenden Produktion eine Stichprobe von 200 Akkus entnommen und untersucht, wie viele davon defekt sind.
Erläutern Sie, warum hierbei von einer binomialverteilten Zufallsvariable ausgegangen werden kann.

(2 Punkte)

4.2 200 Akkus werden untersucht. Berechnen Sie die Wahrscheinlichkeiten der folgenden Ereignisse:

A: Genau acht Akkus sind defekt.

B: Es sind weniger als 5 oder mindestens zwölf Akkus defekt.

C: Mehr als 170, aber weniger als 190 Akkus sind intakt.

D: Die Anzahl der defekten Akkus weicht nicht mehr als die doppelte Standardabweichung vom Erwartungswert ab.

(7 Punkte)

4.3 Aufgrund der hohen Defektwahrscheinlichkeit von 4 % durchlaufen alle Akkus im Rahmen der Qualitätsanalyse einen vollautomatischen maschinellen Funktionstest. Dieser Test erkennt durchschnittlich 95 % der defekten Akkus, die dann aussortiert werden. Durchschnittlich 1 % der intakten Akkus werden fälschlicherweise aussortiert.

Neben den Produktionskosten von 2 GE/ME für die Akkus verursacht der Funktionstest folgende Kosten:

Für die Überprüfung einer ME der Akkus fallen Kosten in Höhe von 0,01a GE/ME an, wobei für den Parameter a gilt: $1 < a < 10$.

Für aussortierte Akkus entstehen Kosten in Höhe von 3 GE/ME für das umweltgerechte Recycling. Für jeden ausgelieferten defekten Akku betragen die Reklamationskosten 6 GE/ME.

4.3.1 Zeichnen Sie das zum Funktionstest gehörende und mit allen Pfad- und Endwahrscheinlichkeiten beschriftete Baumdiagramm.

(4 Punkte)

4.3.2 Berechnen Sie die bedingten Wahrscheinlichkeiten für folgende Ereignisse:

E_1: Ein aussortierter Akku ist intakt.

E_2: Ein nicht aussortierter Akku ist defekt.

(4 Punkte)

Zentrale Abiturprüfung 2019

Aufgabenteil B: Hilfsmittel GTR

Aufgabe 4 – Stochastik Fortsetzung

4.3.3 Bestätigen Sie, dass die durchschnittlichen Kosten pro produzierter ME des Akkus ca. 2,15 + 0,01a GE betragen und geben Sie den Bereich an, in dem die durchschnittlichen Kosten variieren können.

(5 Punkte)

4.4 Aufgrund der unbefriedigenden Qualität der Akkus wird überlegt, Akkus von einem Lieferanten zu beziehen. Dieser behauptet, er erreiche sogar eine Defektwahrscheinlichkeit von unter 3 %. Der Lieferant möchte das durch einen Hypothesentest nachweisen.
Dazu untersucht er eine Stichprobe von 250 Akkus.

4.4.1 Leiten Sie die Entscheidungsregel zum Signifikanzniveau 10 % her und geben Sie die Irrtumswahrscheinlichkeit an.

(7 Punkte)

4.4.2 Der Lieferant sieht die Fehlerquote von unter 3 % auf einem anderen Signifikanzniveau als bestätigt an, wenn die Anzahl der defekten Akkus in der Stichprobe unter dem Erwartungswert liegt.
Nehmen Sie hierzu Stellung vor dem Hintergrund eines Hypothesentests.

(3 Punkte)

Lösungen - Zentrale Abiturprüfung 2019
Aufgabenteil A: ohne Hilfsmittel (oHiMi)

1.1 Analysis

1.1.1 Aufstellen der Erlösfunktion

Integration von G' ergibt: $G(x) = -\frac{1}{3}x^3 + x^2 + 8x + d$ mit $d = -K_f$

Mit $K_f = K(0) = 4$ ergibt sich $G(x) = -\frac{1}{3}x^3 + x^2 + 8x - 4$.

$G(x) = E(x) - K(x) \Rightarrow E(x) = G(x) + K(x) = -\frac{1}{3}x^3 + x^2 + 8x - 4 + (\frac{1}{3}x^3 - 4x^2 + 22x + 4)$
$= -3x^2 + 30x$

Maximieren der Erlösfunktion

Notwendige Bedingung: $E'(x) = 0 \quad -6x + 30 = 0 \quad$ für $x = 5$

Es handelt sich um eine Maximalstelle, da die zugehörige Parabel nach unten geöffnet ist.

$E(5) = 75$ Der maximale Erlös liegt bei 75 GE.

Hinweis: Aus $E(x) = G(x) + K(x)$ ergibt sich $E'(x) = G'(x) + K'(x)$
$E'(x) = -x^2 + 2x + 8 + x^2 - 8x + 22 = -6x + 30$

1.2.1 Entscheidung für die beiden Tangenten

Wendestelle

$K'(x) = x^2 - 8x + 22$; $K''(x) = 2x - 8$

notwendige Bedingung: $K''(x) = 0 \quad 2x - 8 = 0$ für $x = 4$

$K'(4) = 6$, also ist g_3 die Wendetangente. g_3 hat die Steigung 6.

Betriebsminimum

$k_v(x) = \frac{1}{3}x^2 - 4x + 22$; $k_v'(x) = \frac{2}{3}x - 4$

notwendige Bedingung: $k_v'(x) = 0 \quad \frac{2}{3}x - 4 = 0$ für $x = 6 = x_{BM}$

$K'(6) = 10$, also ist g_1 die Tangente bei x_{BM}. g_1 hat die Steigung 10.

1.3 Lineare Algebra Stochastik

1.3.1 Deckungsbeitrag Z: $Z = 6x + 4y \Rightarrow y = -1{,}5x + \frac{Z}{4}$

Abbildung siehe nächste Seite

Um den Deckungsbeitrag zu maximieren, müssen 4 ME von C1 und 18 ME von C2 produziert werden.

1.3.2 Verhältnis der Stückdeckungsbeiträge von C1 und C2,

Die Steigung der Zielfunktion muss gleich der Steigung einer der Geraden M_1, M_2 oder M_3 sein.

Beispielhafte Berechnung der Steigung von M_2: $m = \frac{26-22}{0-2} = -2$

$y = -2x + z \Rightarrow 2x + y = z$

Das Verhältnis der Deckungsbeiträge von C1 zu C2 könnte bei 2:1 liegen.

Hinweis: $m_{M_1} = \frac{22-18}{0-4} = -1$; $y = -x + z \Rightarrow x + y = z$ \qquad Verhältnis 1 : 1

$m_{M_3} = \frac{24-18}{4-6} = -3$; $y = -3x + z \Rightarrow 3x + y = z$ \qquad Verhältnis 3 : 1

Lösungen - Zentrale Abiturprüfung 2019

Aufgabenteil A: ohne Hilfsmittel

Abb. zu 1.3.1

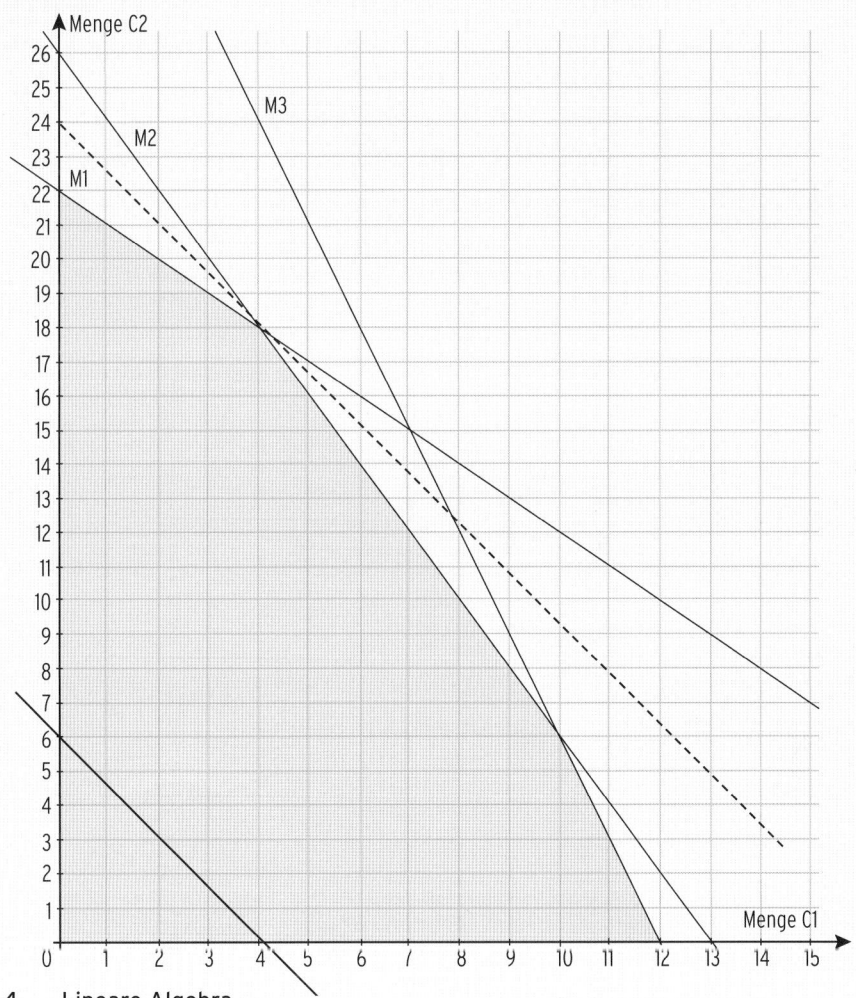

1.4 Lineare Algebra

1.4.1 Beurteilen mit Hilfe des Histogramms

Die Behauptung B1 ist falsch. Am Histogramm ist zu erkennen, dass $P(X = 5) \approx 0{,}027$ und $P(X = 10) \approx 0{,}145$.

Die Behauptung B2 ist falsch. Auch wenn die Wahrscheinlichkeit so gering ist, dass der zugehörige Balken im Histogramm nicht erkennbar ist, kann sie bei binomialverteilten Zufallsgrößen nicht Null sein.

Die Behauptung B3 ist richtig, da $P(X \leq 4) \approx 0{,}015 < 0{,}03$.

$P(X \leq 4) = P(X = 0) + P(X = 1) + P(X = 2) + P(X = 3) + P(X = 4)$
$\approx 0 + 0{,}001 + 0{,}003 + 0{,}011 = 0{,}015$

Lösungen - Zentrale Abiturprüfung 2019
Aufgabenteil B: Hilfsmittel GTR   Lösungen

Aufgabe 2 – Analysis (32 Punkte)

2.1.1 Ansatz: $A(t) = a \cdot b^t$ bzw. $A(t) = a \cdot e^{b \cdot t}$

t: Zeit in Monaten, A(t): monatliche Absatzzahlen in ME zum Zeitpunkt t

exponentielle Regression führt auf $A(t) = 44{,}92 \cdot 1{,}46^t$

Alternativ können Werte ausgewählt werden, um die Funktion mithilfe eines Gleichungssystems aufzustellen, wodurch sich eine abweichende Funktionsgleichung ergibt.

Gleichungssystem z. B.:
$A(0) = 50 \quad a \cdot b^0 = 50 \Rightarrow a = 50 \quad (b^0 = 1)$
$A(2) = 90 \quad 50 \cdot b^2 = 90 \Rightarrow b = \sqrt{1{,}8} \approx 1{,}34 \quad (b > 0)$

$A(t) = 50 \cdot 1{,}34^t$

2.1.2 Die exponentielle Funktion A ist für $a > 0$ progressiv steigend. Da die Absatzzahlen des Akku280 langfristig einer Sättigungsphase unterliegen, ist die exponentielle Regression nur für die Wachstumsphase sinnvoll.

2.2 $f_a(t) = 20 \cdot t \cdot e^{-0{,}1at^2} + 10$ mit $t, a \in \mathbb{R}$, $t \geq 0$, $a > 0$.

2.2.1 Monatliche Absatz nach drei Monaten beträgt 19,92 ME

Bedingung: $f_a(3) = 19{,}92 \quad 20 \cdot 3 \cdot e^{-0{,}1a \cdot 3^2} + 10 = 19{,}92$

Lösung mit GTR: $a = 1{,}9997\ldots$

Für $a = 2$ beträgt der monatliche Absatz nach drei Monaten 19,92 ME.

2.2.2 Zeitpunkt mit maximaler monatlicher Absatzzahl

Mit Produkt- und Kettenregel: $f_a'(t) = 20 \cdot e^{-0{,}1at^2} + 20 \cdot t \cdot e^{-0{,}1at^2} \cdot (-0{,}2at)$

$f_a'(t) = 20 \cdot e^{-0{,}1at^2}(1 - 0{,}2at^2)$

Notwendige Bedingung: $f_a'(t) = 0 \quad 1 - 0{,}2at^2 = 0 \Leftrightarrow t^2 = \frac{5}{a} \quad e^{-0{,}1at^2} > 0$

Maximalstelle ($t > 0$): $\quad t = \sqrt{\frac{5}{a}} \quad\quad (t = -\sqrt{\frac{5}{a}} \notin D_{ök})$

Der Zeitpunkt des maximalen monatlichen Absatzes ist $t = \sqrt{\frac{5}{a}}$.

2.2.3 Die Maximalstelle liegt bei $t = \sqrt{\frac{5}{a}}$.

Mit wachsendem a wird der maximale Absatz früher erreicht.

Für die Höhe des maximalen Absatzes gilt: $\frac{20 \cdot \sqrt{5} \cdot e^{-0{,}5}}{\sqrt{a}} + 10$

Die Höhe des maximalen Absatzes pro Monat fällt mit wachsendem a.
(Nenner wird größer)

2.2.4 Gegenbeispiel:

Für $a = 2$ Gesamtabsatz: $\int_0^{12} f_2(t)\,dt = \int_0^{12} (20 \cdot t \cdot e^{-0{,}2t^2} + 10)\,dt = 170$ (ME)

Für $a = 4$ Gesamtabsatz: $\int_0^{12} f_4(t)\,dt = \int_0^{12} (20 \cdot t \cdot e^{-0{,}4t^2} + 10)\,dt = 145$ (ME)

Bei einer Verdopplung des Parameters a halbiert sich die gesamte Absatzmenge des ersten Jahres nicht.

Lösungen - Zentrale Abiturprüfung 2019
Aufgabenteil B: Hilfsmittel GTR
Aufgabe 2 – Analysis (Fortsetzung)

2.3 $K(x) = a \cdot x^3 + b \cdot x^2 + c \cdot x + d$; $K'(x) = 3ax^2 + 2bx + c$; $K''(x) = 6ax + 2b$; $K'''(x) = 6a \neq 0$

2.3.1 Wendestelle x_W

Notwendige Bedingung: $K''(x) = 0 \qquad 6ax + 2b = 0$ für $x = -\frac{b}{3a} = x_W$

Betriebsminimum x_{BM}

$k_v(x) = \frac{K_v(x)}{x} = a \cdot x^2 + b \cdot x + c$; $k_v'(x) = 2ax + b$

Notwendige Bedingung: $k_v'(x) = 0 \qquad 2ax + b = 0$ für $x = -\frac{b}{2a} = x_{BM}$

Zu Zeigen: $x_{BM} = 1{,}5 \cdot x_W$

$-\frac{b}{2a} = 1{,}5 \cdot -\frac{b}{3a}$

$-\frac{b}{2a} = -\frac{b}{2a}$ wahre Aussage

Die hinreichenden Bedingungen müssen nicht überprüft werden, da laut Aufgabenstellung genau eine Wendestelle und ein Betriebsminimum existieren.

2.3.2 Langfristige Preisuntergrenze

$K(x) = x^3 - 8x^2 + 25x + 16$; $k(x) = \frac{K(x)}{x} = x^2 - 8x + 25 + \frac{16}{x}$;

$k'(x) = 2x - 8 - \frac{16}{x^2}$; $k''(x) = 2 + \frac{32}{x^3}$

Notwendige Bedingung: $k'(x) = 0 \Rightarrow x \approx 4{,}41$

Dazu hinreichend: $k''(x) > 0 \qquad k''(4{,}41) \approx 2{,}37 > 0$

$k(4{,}41) \approx 12{,}80$

Die langfristige Preisuntergrenze liegt bei etwa 12,80 GE/ME. Somit kann der vorgegebene Marktpreis langfristig unterboten werden.

Aufgabenteil B: Hilfsmittel GTR   Lösungen

Aufgabe 3 – Lineare Algebra (32 Punkte)

3.1.1 Berechnung von a und b

Aus der Matrizenmultiplikation $A_{RB} \cdot B_{BA} = C_{RA}$ ergibt sich das Gleichungssystem.

$a \cdot 1 + 4 \cdot 4 + 2 \cdot 3 = a + 16 + 6 = 25 \Rightarrow a = 3$

$2 \cdot 1 + 5 \cdot 4 + b \cdot 3 = 2 + 20 + 3b = 40 \Rightarrow b = 6$

Bedeutung im Sachzusammenhang:

Für die Produktion von 1 ME von B_1 werden 3 ME von R_1 benötigt.

Für die Produktion von 1 ME von B_3 werden 6 ME von R_3 benötigt.

3.1.2 Ansatz: $B_{BA} \cdot \vec{x} = \begin{pmatrix} 1 & 3 & 7 \\ 4 & 17 & 34 \\ 3 & 19 & 33 \end{pmatrix} \cdot \begin{pmatrix} x \\ y \\ z \end{pmatrix} = \begin{pmatrix} 40 \\ 270 \\ 340 \end{pmatrix}$

GTR liefert folgende obere Dreiecksform: $\begin{pmatrix} 1 & 0 & 3{,}4 & | & -26 \\ 0 & 1 & 1{,}2 & | & 22 \\ 0 & 0 & 0 & | & 0 \end{pmatrix}$

Das LGS ist mehrdeutig lösbar.

Für $z = s$; $s \in \mathbb{R}$, ergibt sich $y + 1{,}2s = 22 \Rightarrow y = 22 - 1{,}2s$

und $x + 3{,}4s = -26 \Rightarrow x = -26 - 3{,}4s$

Lösungen - Zentrale Abiturprüfung 2019
Aufgabenteil B: Hilfsmittel GTR   Lösungen
Aufgabe 3 –Lineare Algebra (Fortsetzung)

3.1.2 Für die Produktionsmengen gelten die Nichtnegativitätsbedingungen:

I. $x = -26 - 3{,}4s \geq 0 \Leftrightarrow s \leq -\frac{26}{3{,}4} \approx -7{,}65$

II. $y = 22 - 1{,}2s \geq 0 \Leftrightarrow s \leq \frac{22}{1{,}2} \approx 18{,}33$

III. $z = s \geq 0 \Leftrightarrow s \geq 0$

Aus der ersten und der dritten Ungleichung folgt: Es existiert somit kein Wert für s, so dass alle Produktionsmengen positiv sind.

3.1.3 Ökonomisch sinnvoller Definitionsbereich für s

I. $0{,}75s^3 \geq 0$ für $s \geq 0$

II. $-2s^2 + 10 \geq 0$ für $-\sqrt{5} \leq s \leq \sqrt{5}$ Skizze:

Aus der Skizze: Die Parabel verläuft für $-\sqrt{5} \leq s \leq \sqrt{5}$ oberhalb der s-Achse.

$D_{\text{ök}} = \{s \mid 0 \leq s \leq \sqrt{5}\}$

3.1.4 Rohstoffmengen für die Bestellung

Ansatz: $C_{RA} \cdot \begin{pmatrix}10\\10\\10\end{pmatrix} = \begin{pmatrix}25 & 115 & 223\\46 & 238 & 442\\40 & 205 & 382\end{pmatrix} \cdot \begin{pmatrix}10\\10\\10\end{pmatrix} = \begin{pmatrix}3630\\7260\\6270\end{pmatrix}$

Rohstoffkosten für die Bestellung

$(2 \quad 0{,}75s^3 \quad -2s^2 + 10) \cdot \begin{pmatrix}3630\\7260\\6270\end{pmatrix} = 7260 + 5445s^3 - 12540s^2 + 62700$

$K(s) = 5445s^3 - 12540s^2 + 69960$; $K'(s) = 16335s^2 - 25080s$; $K''(s) = 32670s - 25080$

Notwendige Bedingung: $K'(s) = 0 \Rightarrow s = 0 \vee s \approx 1{,}54 < \sqrt{5}$

Dazu hinreichend: $K''(1{,}54) \approx 25232 > 0$ $K''(0) = -25080 < 0$

Für $s = 1{,}54$ sind die gesamten Rohstoffkosten am geringsten.

($K(1{,}54) \approx 60106{,}71$; Die minimalen Rohstoffkosten betragen ca. 60107 GE.)

3.2.1 Restriktionen, Zielfunktion und Anfangstableau

x_1: Menge von Akku280; x_2: Menge von Akku300; x_3: Menge von Akku400

Nichtnegativitätsbedingung: $x_1, x_2, x_3 \geq 0$

Einschränkende Bedingungen (Restriktionen):

$x_1 + x_2 \leq 100$ $x_2 + x_3 \leq 110$ $x_1 + x_3 \leq 60$

Zielfunktion: $Z = 5x_1 + 7x_2 + 10t \cdot x_3 \to \max$

Anfangstableau

Lösungen - Zentrale Abiturprüfung 2019
Aufgabenteil B: Hilfsmittel GTR   Lösungen
Aufgabe 3 – Lineare Algebra (Fortsetzung)

3.2.1 Anfangstableau

x_1	x_2	x_3	u_1	u_2	u_3	
1	1	0	1	0	0	100
0	1	1	0	1	0	110
1	0	1	0	0	1	60
5	7	$10t$	0	0	0	Z

3.2.2 Da t eine positive Zahl ist, ergibt sich folgende Pivotspalte und Pivotzeile:

x_1	x_2	x_3	u_1	u_2	u_3	
1	1	0	1	0	1	100
-1	1	0	0	1	-1	50
1	0	1	0	0	1	60
$5 - 10t$	7	0	0	0	$-10t$	$Z - 600t$

Darauffolgendes Tableau

x_1	x_2	x_3	u_1	u_2	u_3	
2	0	0	1	-1	2	50
-1	1	0	0	1	-1	50
1	0	1	0	0	1	60
$12 - 10t$	0	0	0	-7	$7 - 10t$	$Z - 600t - 350$

Wert von t für das optimale Tableau

Das optimale Tableau wird erreicht, wenn $12 - 10t \leq 0$ und $7 - 10t \leq 0$.

$12 - 10t \leq 0$ für $t \geq \frac{12}{10} = 1{,}2$

$7 - 10t \leq 0$ für $t \geq \frac{7}{10} = 0{,}7$

Für $t \geq 1{,}2$ wird das optimale Tableau erreicht, da alle Werte der Z-Zeile nicht positiv sind.

Lösungen - Zentrale Abiturprüfung 2019
Aufgabenteil B: Hilfsmittel GTR   Lösungen
Aufgabe 4 – Stochastik

4.1 Binomialverteilte Zufallsvariable

Da bei jedem Akku nur unterschieden wird, ob er intakt oder defekt ist, kann man die Produktion als Bernoullikette auffassen.

X: Anzahl der defekten Akkus.

Es ist plausibel, anzunehmen, dass die Defektwahrscheinlichkeit bei jedem neu produzierten Akku immer gleich ist, unabhängig davon, wie viele Fehler vorher aufgetreten sind. Somit ist X binomialverteilt.

4.2 X ist binomialverteilt mit n = 200 und p = 0,04

$P(A) = P(X = 8) \approx 0{,}1425$

$P(B) = P(X \leq 4) + P(X \geq 12) = P(X \leq 4) + (1 - P(X \leq 11)) \approx 0{,}2025$

Y: Anzahl der intakten Akkus, Y ist binomialverteilt mit n = 200 und p = 0,96.

$P(C) = P(171 \leq Y \leq 189) \approx 0{,}18$

$E(X) = 200 \cdot 0{,}04 = 8$;

$\sigma = \sqrt{200 \cdot 0{,}04 \cdot 0{,}96} \approx 2{,}77$; $2\sigma \approx 5{,}54$

$P(D) = P(3 \leq X \leq 13) \approx 0{,}9563$

4.3.1 Baumdiagramm

A: Akku wird aussortiert (und recycelt)

D: Akku ist defekt

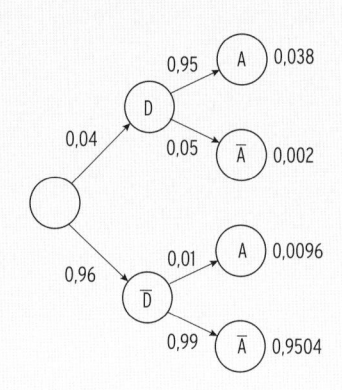

```
          0,95   A   0,038
    0,04  D
         0,05   Ā   0,002
○
         0,01   A   0,0096
    0,96  D̄
         0,99   Ā   0,9504
```

4.3.2 bedingte Wahrscheinlichkeiten

$P(E_1) = P_A(\overline{D}) = \dfrac{P(A \cap \overline{D})}{P(A)} = \dfrac{0{,}96 \cdot 0{,}01}{0{,}96 \cdot 0{,}01 + 0{,}04 \cdot 0{,}95} \approx 0{,}2017$

$P(E_2) = P_{\overline{A}}(D) = \dfrac{P(\overline{A} \cap D)}{P(\overline{A})} = \dfrac{0{,}04 \cdot 0{,}05}{0{,}04 \cdot 0{,}05 + 0{,}96 \cdot 0{,}99} \approx 0{,}0021$

4.3.3 X: durchschnittliche Kosten pro ME des Akkus

$E(X) = 2 \quad + \quad 0{,}01a \quad + \quad (0{,}038 + 0{,}0096) \cdot 3 \quad + \quad 0{,}002 \cdot 6$

   Produktionskosten   Überprüfung   recycelt   Reklamation

$E(X) = 2{,}1548 + 0{,}01a$

Für a = 1: E(X) = 2,1648; Für a = 10: E(X) = 2,2548

Aus $1 < a < 10$ folgt: Die durchschnittlichen Kosten liegen zwischen 2,16 und 2,25 GE/ME.

Lösungen - Zentrale Abiturprüfung 2019

Aufgabenteil B: Hilfsmittel GTR — Lösungen

Aufgabe 4 – Stochastik (Fortsetzung)

4.4.1 Entscheidungsregel, Irrtumswahrscheinlichkeit

$H_1: p < 0{,}03$

$H_0: p \geq 0{,}03$

X: Anzahl an defekten Akkus; X ist binomialverteilt mit n = 250 und p = 0,03

$P(X \leq k) \leq 0{,}1$

$P(X \leq 3) \approx 0{,}0565 < 0{,}1$

$P(X \leq 4) \approx 0{,}128 > 0{,}1$

Entscheidungsregel:

Sind unter den 250 Akkus maximal 3 defekt, so kann auf einem Signifikanzniveau von 10 % davon ausgegangen werden, dass die Fehlerquote unter 3 % liegt.

Die Irrtumswahrscheinlichkeit beträgt 5,65 %.

4.4.2 Stellungnahme vor dem Hintergrund eines Hypothesentests.

$E(X) = 250 \cdot 0{,}03 = 7{,}5$

Die Anzahl defekter Akkus liegt unter dem Erwartungswert: [0; 7]

$P(0 \leq X \leq 7) \approx 0{,}5235$

Da 52,35 % zu hoch ist, stellt es kein geeignetes Signifikanzniveau dar. Dadurch ist der Nachweis des Lieferanten hier nicht gegeben.

Zentrale Abiturprüfung 2020
Leistungskursfach Mathematik
Fachbereich Wirtschaft und Verwaltung

Lösungen Seite 248 - 254

Aufgabenteil A: ohne Hilfsmittel (oHiMi)

Beschreibung der Ausgangssituation zu Aufgabenteil A

Die Mandelrath GmbH produziert ein umfangreiches Sortiment an Feingebäck.

Aufgabe 1 (24 Punkte)   Punkte

1.1 Analysis

Die Mandelrath GmbH plant die neue Plätzchenkreation Schokozart auf den Markt zu bringen. Erwartungsgemäß lässt sich der Gewinn der Produktion von Schokozart durch die Gewinnfunktion $G(x) = -x^3 + 6x^2 + 36x - 120$ mit $x \in \mathbb{R}$, $x \geq 0$ beschreiben, wobei die Produktionsmenge x in ME (Mengeneinheiten) und der Gewinn $G(x)$ in GE (Geldeinheiten) angegeben werden.

1.1.1 Bestätigen Sie, dass die gewinnmaximale Ausbringungsmenge bei 6 ME liegt.   2

1.1.2 Entscheiden Sie begründet, welcher der dargestellten Graphen zur Grenzgewinnfunktion G' gehört, und geben Sie die fehlenden Achsenskalierungswerte s_x und s_y an. Die Skalierungen sollen ganzzahlig sein.

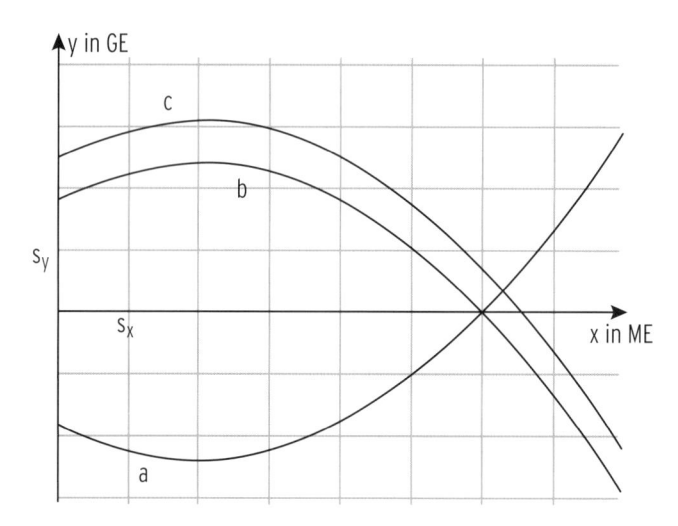

4

Zentrale Abiturprüfung 2020
Aufgabenteil A: ohne Hilfsmittel (oHiMi)

1.2 Analysis

Der monatliche Umsatz von Schokozart wird durch die Funktion
$u(t) = 20t \cdot e^{-0{,}2t}$ mit $t \in \mathbb{R}$, $t \geq 0$ modelliert, wobei t die Zeit in Monaten und u(t) den monatlichen Umsatz in GE/Monat angibt.
Zur Berechnung des Gesamtumsatzes wird die Funktion U verwendet:
$U(t) = (-100t - 500) \cdot e^{-0{,}2t} + c$.
U(t) gibt den Gesamtumsatz bis zum Zeitpunkt t in GE an.

1.2.1 Zeigen Sie, dass die Funktion U eine Stammfunktion der Umsatzfunktion u ist.   4

1.2.2 Bestimmen Sie den Wert für c, wenn t = 0 der Zeitpunkt der Markteinführung des Produkts Schokozart ist.   2

1.3 Lineare Algebra

Zwei im Lager der Mandelrath GmbH verbliebene Rohstoffe R_1 und R_2 sollen zu zwei verschiedenen Keksfüllungen K_1 und K_2 verarbeitet werden.
Die Rezeptur wird durch die Matrix $C_{RK} = \begin{pmatrix} 1 & 2 \\ 4 & r \end{pmatrix}$ mit $r \in \mathbb{R}$, $r \geq 0$ beschrieben, wobei mit r eine Variation der Rezeptur modelliert wird.

1.3.1 Es sollen 10 ME von K_1 und 20 ME von K_2 hergestellt werden. Berechnen Sie r so, dass 100 ME von R_2 verbraucht werden.   2

1.3.2 Weisen Sie nach, dass für $r \neq 8$ gilt:

$C_{RK}^{-1} = \frac{1}{r-8} \begin{pmatrix} r & -2 \\ -4 & 1 \end{pmatrix}$.   4

1.4 Stochastik

Bei durchschnittlich 5 % der Gebäckverpackungen ist die Plastikfolie schwer zu öffnen (A) und bei durchschnittlich 4 % der Gebäckverpackungen ist das Verfallsdatum unleserlich (B). Bei durchschnittlich 93 % der Gebäckverpackungen tritt keiner der beiden Fehler auf.

1.4.1 Erklären Sie die folgenden Wahrscheinlichkeiten im Sachzusammenhang.
     I. $P_A(B)$
     II. $P(A \cap \overline{B})$ 2

1.4.2 Erstellen Sie für die gegebene Situation eine Vierfeldertafel und überprüfen Sie die beiden Fehler auf stochastische Unabhängigkeit.   4

Zentrale Abiturprüfung 2020

Aufgabenteil B: Hilfsmittel GTR
Aufgabenstellung
Beschreibung der Ausgangssituation zu Aufgabenteil B

Unter dem Motto „Gebäckvielfalt in Premiumqualität" vertreibt die Mandelrath GmbH ein umfangreiches Sortiment an Feingebäck.

Aufgabe 2 – Analysis (32 Punkte)   Punkte

Die Mandelrath GmbH beabsichtigt für die kommende Sommersaison ihr Sortiment um das einzigartige Produkt fresh cookies zu erweitern (Monopolstellung). Zur Planung der Markteinführung sind Daten einer Studie auszuwerten.

Bei der Ermittlung der Gesamtkosten geht die Mandelrath GmbH von der ertragsgesetzlichen Kostenfunktion K_c aus:

$K_c(x) = 0{,}25x^3 - 2{,}7x^2 + c \cdot x + 7$ mit $x, c \in \mathbb{R}$, $x \geq 0$, $c \geq 10$,

wobei die Produktionsmenge x in ME (Mengeneinheiten) und die Kosten K_c in GE (Geldeinheiten) angegeben werden. Hier beschreibt c den Einfluss der Rohstoffpreise auf die Gesamtkosten.

2.1 Die Erlöse werden in der Einführungsphase durch die Funktion

$E(x) = -2{,}8x^2 + 26x$ mit $x \in \mathbb{R}$, $x \geq 0$ modelliert.

2.1.1 Berechnen Sie für c = 15 den Cournotschen Punkt und erklären Sie seine
Bedeutung im Sachzusammenhang.   6

2.2 Einige Zeit nach der Einführung von fresh cookies hat sich durch das Auftreten von mehreren Konkurrenzprodukten die Marktsituation verändert.

2.2.1 Bestimmen Sie den von c abhängigen niedrigsten Preis, zu dem das Produkt fresh cookies angeboten werden kann, um langfristig kostendeckend zu produzieren.   6

2.3.1 Der Vergleich mit ähnlichen Produkten lässt die Marketingabteilung von den folgenden monatlichen Absatzzahlen f(t) für das Produkt fresh cookies ausgehen (t: Zeitpunkt in Monaten, f(t): Absatzzahlen in ME/Monat):

Der Verlauf der Absatzzahlen soll mit Hilfe einer Regression beschrieben werden.

t	0	1	2	3	4	5
$f(t)$	1,2	7,6	12,9	16,4	18,5	19,6

Prüfen Sie, ob eine kubische oder eine exponentielle Regression im Zeitraum $0 \leq t \leq 5$ besser geeignet ist.   5

Zentrale Abiturprüfung 2020

Aufgabenteil B: Hilfsmittel GTR

Aufgabe 2 – Analysis (Fortsetzung)

2.3.2 Die Firma beschließt ein neues Marketingkonzept, woraus sich von Beginn an eine andere Absatzmodellierung mit der folgenden Funktion ergibt:

$$f_a(t) = 9t \cdot e^{-\frac{1}{a}t} \text{ mit } t, a \in \mathbb{R}, t \geq 0; a > 0$$

Die Zeit t wird in Monaten und der Absatz f_a in ME/Monat angegeben. Der marketingabhängige Parameter a beeinflusst den monatlichen Absatz.

Bestimmen Sie den Zeitpunkt des maximalen monatlichen Absatzes und dessen Höhe in Abhängigkeit von a.

Auf die Überprüfung der hinreichenden Bedingung kann hier verzichtet werden.

5

2.3.3 Geben Sie für a = 10 die Zeitspanne an, in der der monatliche Absatz über 30 ME/Monat liegt.

3

2.3.4 Prüfen Sie die Behauptung der Marketingabteilung:

„Werden die Werbeausgaben erhöht, so dass der Parameter a = 10 um 20 % steigt, so wird der Gesamtabsatz der ersten drei Jahre um etwas mehr als 30 % gesteigert."

7

Zentrale Abiturprüfung 2020

Aufgabenteil B: Hilfsmittel GTR

Aufgabe 3 – Lineare Algebra (32 Punkte)

Die Mandelrath GmbH stellt die Gebäckspezialitäten Schokoladenwirbel (P_1), Waffeln (P_2) und Haselnuss-Schnecken (P_3) in einem dreistufigen Produktionsprozess her. Aus den vier Rohstoffen R_1 bis R_4 werden zunächst die drei Komponenten K_1 bis K_3, hieraus dann die drei Vorprodukte V_1 bis V_3 und anschließend aus diesen die drei Produkte P_1 bis P_3 gefertigt.

3.1 Die erste und die zweite Stufe des Produktionsprozesses werden durch die folgenden beiden Matrizen beschrieben:

$$M_{RK} = \begin{pmatrix} 1 & 6 & 1 \\ 5 & 3 & 4 \\ 3{,}5 & 4 & 2 \\ 2 & 0 & 6{,}5 \end{pmatrix}, \quad M_{KV} = \begin{pmatrix} 3 & 1 & 1 \\ 2 & 1 & 0 \\ 1 & 0 & 1 \end{pmatrix}.$$

Der Bedarf an Komponenten für je eine ME der einzelnen Produkte ist gegeben durch:

$$M_{KP} = \begin{pmatrix} 4 & 7 & 10 \\ 2 & 5-a & 7 \\ 2 & 2+a & 3 \end{pmatrix} \text{ mit } a \in \mathbb{R},\ a \geq 0.$$

Der Parameter a beschreibt eine leicht veränderte Rezeptur der Waffeln. Die folgende Tabelle enthält die Rohstoffkosten und die Kosten für die Herstellung der Komponenten sowie der Vorprodukte in GE/ME:

R_1	R_2	R_3	R_4	K_1	K_2	K_3	V_1	V_2	V_3
0,02	0,04	0,05	0,01	0,07	0,05	0,05	0,30	0,50	0,40

3.1.1 Ein Kunde der Mandelrath GmbH ist an den Vorprodukten interessiert und bestellt 20 ME von V_1, 30 ME von V_2 und 40 ME von V_3.
Berechnen Sie die variablen Kosten für diese Bestellung. **7**

3.1.2 In der Produktion wurden 101 ME von R_1, 167 ME von R_2, 128,5 ME von R_3 und 121 ME von R_4 verbraucht. Bestimmen Sie die produzierten Mengen der Komponenten K_1, K_2 und K_3. **4**

3.1.3 Der Geschäftsführer hat in den Unterlagen folgende Notiz hinterlassen:
„Je größer a, desto weniger Mengeneinheiten von K_2 und desto mehr Mengeneinheiten von K_3 werden für die Produktion der Waffeln (P_2) benötigt. Das ist aber nicht unbegrenzt möglich."
Nehmen Sie zu dieser Aussage begründet Stellung. **4**

3.1.4 Aktuell befinden sich noch 436 ME von K_1 im Lager. Ermitteln Sie für $a = 3$ den Komponentenbedarf an K_2 und K_3, wenn von P_1 16 ME und von P_2 dreimal so viele ME wie von P_3 produziert werden sollen. **6**

Zentrale Abiturprüfung 2020
Aufgabe 3 – Lineare Algebra (Fortsetzung)

3.2 Die Produktion von verschiedenen Törtchen T_1, T_2 und T_3 erfolgt auf einer Produktionsanlage mit den Maschinen M_1 bis M_4. Die Mandelrath GmbH möchte durch eine Optimierung der Produktionszahlen den Deckungsbeitrag maximieren. Täglich kann auf M_1 und auf M_3 jeweils 18 Stunden, also 1080 Minuten, und auf M_2 und auf M_4 jeweils 21 Stunden, also 1260 Minuten, produziert werden.

Es gelten die folgenden Belegungszeiten in Minuten je ME:

	T_1	T_2	T_3
M_1	0,50	0,25	0
M_2	1	0	0,75
M_3	0,50	1	0,75
M_4	0	0,50	1

Der Deckungsbeitrag der Produkte liegt für T_1 bei 3 GE/ME, für T_2 bei 3 GE/ME und für T_3 bei 5,5 GE/ME.

3.2.1 Ermitteln Sie das Anfangstableau des Simplexverfahrens und die fehlenden Werte a_1 bis a_4 des darauffolgenden unten abgebildeten Tableaus (x_1: Anzahl der Törtchen T_1, x_2: Anzahl der Törtchen T_2, x_3: Anzahl der Törtchen T_3).

x_1	x_2	x_3	u_1	u_2	u_3	u_4	
0,5	a_1	0	1	0	0	0	1080
1	−0,375	0	0	1	0	−0,75	a_2
0,5	a_3	0	0	0	1	−0,75	135
0	0,5	1	0	0	0	1	1260
3	0,25	0	0	0	0	−5,5	$DB - a_4$

3.2.2 Bei der Durchführung des Simplexverfahrens ergibt sich nach einigen Schritten folgendes Tableau:

x_1	x_2	x_3	u_1	u_2	u_3	u_4	
0	−0,375	0	1	0	−1	0,75	945
0	−1,625	0	0	1	−2	0,75	45
1	1,25	0	0	0	2	−1,5	270
0	0,5	1	0	0	0	1	1260
0	−3,5	0	0	0	−6	−1	$DB - 7740$

Interpretieren Sie das Tableau unter Berücksichtigung der Produktionsmengen, der freien Maschinenkapazitäten und des Deckungsbeitrags.

Zentrale Abiturprüfung 2020

Aufgabenteil B: Hilfsmittel GTR

Aufgabe 4 – Stochastik (32 Punkte)

Die Mandelrath GmbH legt großen Wert auf ihren Ruf als Premiumanbieter, deshalb soll auch nur Premiumqualität als solche verkauft werden. Da sich Fehler in der Produktion aber nicht komplett vermeiden lassen, werden diese laufend analysiert.

4.1 Bei der Produktion der Florentiner-Törtchen treten unabhängig voneinander Fehler mit den folgenden Wahrscheinlichkeiten auf:

Fehler	Wahrscheinlichkeit
F_1: kein durchgängiger Schokorand	0,03
F_2: Mandelraute nicht in der Mitte	0,01
F_3: ungleichmäßiger Bräunungsgrad	0,04

4.1.1 Zeigen Sie, dass die Wahrscheinlichkeit für ein fehlerfreies Florentiner-Törtchen etwa 92,2 % beträgt und die für ein Florentiner-Törtchen mit zwei oder drei Fehlern unter 0,2 % liegt.   5

4.1.2 Die Herstellung eines Florentiner-Törtchens kostet 1,50 €. Ein fehlerfreies Törtchen wird für 3 € verkauft. Wenn ein Törtchen genau einen Fehler aufweist, soll es als zweite Wahl vermarktet werden. Bei mehr als einem Fehler verschenkt die Mandelrath GmbH die Törtchen an gemeinnützige Einrichtungen. Ermitteln Sie den Preis, der für ein Törtchen zweiter Wahl festgelegt werden muss, damit ein Stückdeckungsbeitrag von 1,40 € zu erwarten ist.   5

4.2 Bei der Herstellung der Makronen kann es zu Fehlern beim Schokoladenüberzug kommen. Einwandfreie Makronen haben die Qualität A (Ereignis A), alle anderen haben die Qualität B.

Ein Testgerät wird eingeführt, das die Makronen mit fehlerhaftem Schokoladenüberzug aussortieren soll. Allerdings arbeitet das Testgerät nicht in jedem Fall zuverlässig.

Wenn eine Makrone vom Testgerät als Qualität A eingestuft wird, wird das als Ereignis T_A bezeichnet.

Eine genauere Untersuchung ergibt die folgenden Wahrscheinlichkeiten:

12,5 % der Makronen werden vom Testgerät als Qualität B eingestuft.

1 % der vom Testgerät als Qualität A eingestuften Makronen haben tatsächlich die Qualität B.

67 % der vom Testgerät als Qualität B eingestuften Makronen haben tatsächlich die Qualität A.

Zentrale Abiturprüfung 2020
Aufgabenteil B: Hilfsmittel GTR
Aufgabe 4 – Stochastik (Fortsetzung)

4.2.1 Stellen Sie den beschriebenen Sachverhalt in einem Baumdiagramm mit allen Pfad- und Endwahrscheinlichkeiten oder in einer Vierfelder-Tafel dar.

4

4.2.2 Berechnen Sie die Wahrscheinlichkeiten für folgende Ereignisse:
   E_1: Eine Makrone wird vom Testgerät als Qualität A eingestuft und hat tatsächlich Qualität A.
   E_2: Eine Makrone hat tatsächlich die Qualität A.
   E_3: Eine Makrone mit Qualität A wird vom Testgerät richtig erkannt.

6

4.3 Für die Gebäckmischung Kaffeehaus werden Kekse auf zwei verschiedenen Anlagen 1 und 2 automatisch abgewogen und in Tüten verpackt. Aus Erfahrung weiß man, dass im Durchschnitt weniger als 8 % der Tüten von Anlage 1 aber 10 % der Tüten von Anlage 2 zerbrochene Kekse enthalten. Daraufhin wird Anlage 2 optimiert, um einen geringeren Ausschuss zu erhalten als bei Anlage 1.
Um diese Verbesserung von Anlage 2 zu prüfen, soll ein Signifikanztest mit: H_1: $p < 0{,}08$ und $\alpha \leq 0{,}1$ sowie $n = 100$ durchgeführt werden.

4.3.1 Begründen Sie die Wahl von H_1 im Sachzusammenhang.

3

4.3.2 Leiten Sie eine Entscheidungsregel zum obigen Signifikanztest her.

5

4.3.3 Der Ablehnungsbereich ist {0; ...; 1}.
Ermitteln Sie die Wahrscheinlichkeit des Fehlers 2. Art (β-Fehler) für den Fall, dass die Umstellung der Anlage 2 eine Verbesserung auf 6 % erbracht hat.

2

4.3.4 Interpretieren Sie diesen Fehler im Sachzusammenhang.

2

Lösungen - Zentrale Abiturprüfung 2020

Aufgabenteil A: ohne Hilfsmittel (oHiMi)

1.1 Analysis

1.1.1 gewinnmaximale Ausbringungsmenge bei 6 ME

$G'(x) = -3x^2 + 12x + 36$; $G''(x) = -6x + 12$

notwendige Bedingung $G'(x) = 0$ ist erfüllt für $x = 6$: $G'(6) = 0$
hinreichende Bedingung $G''(x) < 0$ ist erfüllt für $x = 6$: $G''(6) = -24 < 0$
Die gewinnmaximale Ausbringungsmenge liegt bei 6 ME.
Hinweis: $G'(x) = 0$ kann auch berechnet werden.

1.1.2 Entscheidung

Für die Grenzgewinnfunktion gilt: $G'(x) = -3x^2 + 12x + 36$

Der gesuchte Graph ist eine nach unten geöffnete Parabel, die die y-Achse bei
$y = 36$ schneidet. Daher muss der gesuchte Graph b oder c sein.

Eine Nullstelle der Grenzgewinnfunktion liegt bei $x = 6$. Daher scheidet c wegen
der Ganzzahligkeit der Skalierung aus. Also ist b der gesuchte Graph.

Damit muss für die Skalierungswerte gelten: $s_x = 1$ und $s_y = 20$.

1.2 Analysis

1.2.1 Funktion U ist eine Stammfunktion der Umsatzfunktion u

$u(t) = 20t \cdot e^{-0,2t}$; $U(t) = (-100t - 500) \cdot e^{-0,2t} + c$

Zu zeigen durch Ableitung: $U'(t) = u(t)$

Mit Produkt- und Kettenregel: $U'(t) = -100 \cdot e^{-0,2t} + (-100t - 500) \cdot e^{-0,2t} \cdot (-0,2)$

$$U'(t) = 20t \cdot e^{-0,2t} = u(t)$$

Alternative durch partielle Integration: $\int u'(t) \cdot v(t) dt = u(t) \cdot v(t) - \int u(t) \cdot v'(t) dt$

mit $u'(t) = e^{-0,2t} \Rightarrow u(t) = -5 \cdot e^{-0,2t}$;
und $v(t) = 20t \Rightarrow v'(t) = 20$

$\int 20t \cdot e^{-0,2t} dt = -5 \cdot e^{-0,2t} \cdot 20t - \int (-5 \cdot e^{-0,2t} \cdot 20) dt$

$\qquad = -100t \cdot e^{-0,2t} + 100 \cdot (-5) \cdot e^{-0,2t} = (-100t - 500) \cdot e^{-0,2t}$

Damit ergibt sich für die Stammfunktionen: $U(t) = (-100t - 500) \cdot e^{-0,2t} + c$; $c \in \mathbb{R}$

1.2.2 Wert für c, wenn $t = 0$ der Zeitpunkt der Markteinführung ist

Da $U(0) = 0$ gelten muss, ergibt sich: $U(0) = 500 \cdot e^0 = 500 \Leftrightarrow c = 500$

1.3 Lineare Algebra

1.3.1 Berechnung von r für 100 ME R_2

Ansatz: $C_{RK} \cdot \begin{pmatrix} 10 \\ 20 \end{pmatrix} = \begin{pmatrix} x \\ 100 \end{pmatrix}$ $\qquad \begin{pmatrix} 1 & 2 \\ 4 & r \end{pmatrix} \cdot \begin{pmatrix} 10 \\ 20 \end{pmatrix} = \begin{pmatrix} x \\ 100 \end{pmatrix}$

ergibt die Gleichung für r: $40 + 20r = 100 \Rightarrow r = 3$

Für $r = 3$ werden mit 100 ME von R_2 10 ME von K_1 und 20 ME von K_2 hergestellt.

Hinweis: $10 + 40 = x$ ist nicht verlangt.

1.3.2 $r \neq 8$ Bedingung: $C_{RK} \cdot C_{RK}^{-1} = E$ $\qquad \begin{pmatrix} 1 & 2 \\ 4 & r \end{pmatrix} \cdot \frac{1}{r-8} \begin{pmatrix} r & -2 \\ -4 & 1 \end{pmatrix} = \begin{pmatrix} 1 & 0 \\ 0 & 1 \end{pmatrix}$

was zu zeigen war.

NR: $\frac{1}{r-8} \cdot (r-8) = 1$; $\frac{1}{r-8} \cdot (4r - 4r) = 0$; $\frac{1}{r-8} \cdot (-2 + 2) = 0$

Lösungen - Zentrale Abiturprüfung 2020
Aufgabenteil A: ohne Hilfsmittel

1.4 Stochastik

1.4.1 Wahrscheinlichkeiten im Sachzusammenhang.

Mögliche Formulierungen:

I. $P_A(B)$: Wahrscheinlichkeit, dass das Verfallsdatum unleserlich ist, wenn die Plastikfolie schwer zu öffnen ist

II. $P(A \cap \overline{B})$: Wahrscheinlichkeit, dass bei einer Gebäckverpackung die Plastikfolie schwer zu öffnen und das Verfallsdatum leserlich ist

1.4.2 Vierfeldertafel und überprüfen der beiden Fehler auf stochastische Unabhängigkeit

Vierfeldertafel:

	B	$\overline{B}$	gesamt
A	0,02	0,03	**0,05**
$\overline{A}$	0,02	**0,93**	0,95
gesamt	**0,04**	0,96	1

Hinweise zur Vierfeldertafel: $P(A) = 0,05 \Rightarrow P(\overline{A}) = 0,95$
$P(B) = 0,04 \Rightarrow P(\overline{B}) = 0,96$
$P(\overline{A} \cap \overline{B}) = 0,93$

Überprüfung auf stochastische Unabhängigkeit zum Beispiel mit:

$P_A(B) = \dfrac{P(A \cap B)}{P(A)} = \dfrac{0,02}{0,05} = \dfrac{2}{5} = 0,4$

$P(B) = 0,04$

Mit $P_A(B) \neq P(B)$ folgt die stochastische Abhängigkeit der beiden Fehler A und B.

Lösungen - Zentrale Abiturprüfung 2020

Aufgabenteil B: Hilfsmittel GTR   Lösungen

Aufgabe 2 – Analysis

2.1.1 $K_c(x) = 0{,}25x^3 - 2{,}7x^2 + c \cdot x + 7$; $E(x) = -2{,}8x^2 + 26x$

$K_{15}(x) = 0{,}25x^3 - 2{,}7x^2 + 15x + 7$;

Cournotscher Punkt und seine Bedeutung im Sachzusammenhang.

$G(x) = E(x) - K_{15}(x) = -0{,}25x^3 - 0{,}1x^2 + 11x - 7$

$G'(x) = -0{,}75x^2 - 0{,}2x + 11$; $G''(x) = -1{,}5x - 0{,}2$

hinreichende Bed. für Maximum: $G'(x) = 0 \Leftrightarrow x_1 \approx 3{,}70$ oder $x_2 \approx -3{,}97$ ($\notin D_{\ddot{o}k}$)

Da $G''(x_1) < 0$ für $x > 0$, wird der maximale Gewinn bei etwa 3,70 (ME) erzielt.

Mit $p(x) = \frac{E(x)}{x} = -2{,}8x + 26$ ergibt sich $p(3{,}70) = 15{,}64$ und damit den Cournotschen Punkt $C(x_{max} \mid p(x_{max}))$: $C(3{,}70 \mid 15{,}64)$

Die Mandelrath GmbH sollte 3,7 ME produzieren und diese zu einem Preis von 15,64 GE/ME verkaufen, um maximalen Gewinn zu erzielen.

2.2.1 niedrigster Preis, um langfristig kostendeckend zu produzieren.

Es muss die langfristige Preisuntergrenze in Abhängigkeit von c berechnet werden.

Stückkostenfunktion: $k_c(x) = \frac{K_c(x)}{x} = 0{,}25x^2 - 2{,}7x + c + \frac{7}{x}$; $x > 0$

$k_c'(x) = 0{,}5x - 2{,}7 - \frac{7}{x^2}$;

Notwendige Bedingung: $k_c'(x) = 0 \Leftrightarrow x_1 \approx 5{,}81$

Da es sich um eine ertragsgesetzliche Kostenfunktion handelt, ist damit zugleich auch die hinreichende Bedingung erfüllt.

Die langfristige Preisuntergrenze beträgt $k_c(5{,}81) = c - 6{,}04$.

2.3.1 Kubische Regression ergibt $f(t) = 0{,}016t^3 - 0{,}82t^2 + 7{,}39t + 1{,}16$ mit Bestimmtheitsmaß $r^2 \approx 1$.

Exponentielle Regression ergibt $f(t) = 2{,}82\, e^{0{,}48t}$, bzw. $f(t) = 2{,}82 \cdot 1{,}62^t$ mit Bestimmtheitsmaß $r^2 \approx 0{,}71$.

Die kubische Regression beschreibt die Absatzzahlen wesentlich besser.

2.3.2 Monatlicher maximaler Absatz

$f_a(t) = 9t \cdot e^{-\frac{1}{a}t}$; $f_a'(t) = 9 \cdot e^{-\frac{1}{a}t} + 9t \cdot e^{-\frac{1}{a}t} \cdot (-\frac{1}{a}) = 9 \cdot e^{-\frac{1}{a}t} \cdot (1 - t \cdot \frac{1}{a})$

Notwendig für Maximum: $f_a'(t) = 0 \Leftrightarrow 1 - t \cdot \frac{1}{a} = 0 \Leftrightarrow t = a$

(Satz vom Nullprodukt; $e^{-\frac{1}{a}t} > 0$)

Der maximale Absatz wird zum Zeitpunkt $t = a$ erreicht.

Maximaler Absatz: $f_a(a) = 9ae^{-1} = \frac{9a}{e}$ (ME/Monat).

2.3.3 Zeitspanne an, in der der monatliche Absatz über 30 ME/Monat liegt.

Aus dem Graph liest man ab, dass f_{10} ($a = 10$) im Bereich [6,2; 15,1] einen monatlichen Absatz von über 30 ME beschreibt.

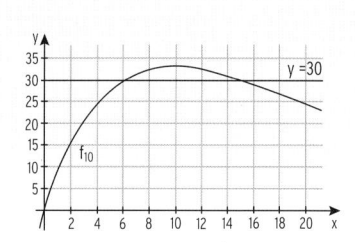

Lösungen - Zentrale Abiturprüfung 2020

Aufgabenteil B: Hilfsmittel GTR   Lösungen

Aufgabe 2 – Analysis   Fortsetzung

2.3.4 Prüfung der Behauptung der Marketingabteilung

Absatz ohne Erhöhung der Werbeausgaben:
$$\int_0^{36} f_{10}(t)\,dt = 786{,}88$$

Absatz mit Erhöhung der Werbeausgaben, also a = 12:
$$\int_0^{36} f_{12}(t)\,dt = 1037{,}9$$

Der Absatz wird durch die erhöhten Werbeausgaben um 31,9 % gesteigert, da $\frac{1037{,}9}{786{,}88} = 1{,}319$

Damit stimmt die Behauptung.

Aufgabe 3 – Lineare Algebra

3.1.1 Variable Kosten für diese Bestellung.

Rohstoffkosten: $(0{,}02 \quad 0{,}04 \quad 0{,}05 \quad 0{,}01) \cdot M_{RK} \cdot M_{KV} \cdot \begin{pmatrix} 20 \\ 30 \\ 40 \end{pmatrix} = 105{,}45$

Kosten für die Komponenten: $(0{,}07 \quad 0{,}05 \quad 0{,}05) \cdot M_{KV} \cdot \begin{pmatrix} 20 \\ 30 \\ 40 \end{pmatrix} = 15{,}60$

Kosten für die Vorprodukte: $(0{,}3 \quad 0{,}5 \quad 0{,}4) \cdot \begin{pmatrix} 20 \\ 30 \\ 40 \end{pmatrix} = 37$

$105{,}45 + 15{,}60 + 37 = 158{,}05$

Es fallen insgesamt 158,05 GE an Produktionskosten an.

3.1.2 Produzierte Mengen der Komponenten

$M_{RK} \cdot \begin{pmatrix} x_1 \\ x_2 \\ x_3 \end{pmatrix} = \begin{pmatrix} 101 \\ 167 \\ 128{,}5 \\ 121 \end{pmatrix}$ entspricht einem LGS für x_1, x_2, x_3.

LGS in Matrixform: $\left(\begin{array}{ccc|c} 1 & 6 & 1 & 101 \\ 5 & 3 & 4 & 167 \\ 3{,}5 & 4 & 2 & 128{,}5 \\ 2 & 0 & 6{,}5 & 121 \end{array}\right)$

Diagonalisierung mit GTR ergibt $\left(\begin{array}{ccc|c} 1 & 0 & 0 & 15 \\ 0 & 1 & 0 & 12 \\ 0 & 0 & 1 & 14 \\ 0 & 0 & 0 & 0 \end{array}\right)$

Das LGS ist eindeutig lösbar mit $x_1 = 15$, $x_2 = 12$, $x_3 = 14$

Es wurden 15 ME von K_1, 12 ME von K_2 und 14 ME von K_3 produziert.

Lösungen - Zentrale Abiturprüfung 2020
Aufgabenteil B: Hilfsmittel GTR   Lösungen
Aufgabe 3 – Lineare Algebra (Fortsetzung)

3.1.3 Begründete Stellungnahme.

Für die Herstellung der Waffeln P_2 werden $5 - a$ ME von K_2 benötigt.

Mit $a \geq 0$ gilt: je größer a ist, umso weniger K_2 wird benötigt.

Der Parameter a darf aber nicht größer als 5 werden.

Bei K_3 verhält es sich umgekehrt:

Für die Herstellung der Waffeln P_2 werden $2 + a$ ME von K_3 benötigt.

Je größer a, desto mehr K_3 wird benötigt (bis maximal 7).

Hinweis: $0 \leq a \leq 5$ ökonomisch sinnvoll

3.1.4 Komponentenbedarf an K_2 und K_3

Für $a = 3$ ist $M_{KP} = \begin{pmatrix} 4 & 7 & 10 \\ 2 & 2 & 7 \\ 2 & 5 & 3 \end{pmatrix}$

Aus $M_{KP} \cdot \begin{pmatrix} 16 \\ 3x_3 \\ x_3 \end{pmatrix} = \begin{pmatrix} 436 \\ k_2 \\ k_3 \end{pmatrix}$ ergibt sich das LGS für x_3, k_2 und k_3

$31 x_3 + 64 = 436$ $\qquad\qquad\qquad\qquad\qquad x_3 = 12$

$13 x_3 + 32 = k_2$ $\qquad$ Umformung ergibt $\quad 13 \cdot 12 + 32 = k_2 \Rightarrow k_2 = 188$

$18 x_3 + 32 = k_3$ $\qquad\qquad\qquad\qquad\qquad 18 \cdot 12 + 32 = k_3 \Rightarrow k_3 = 248$

Es werden von K_2 188 ME und von K_3 248 ME benötigt.

3.2.1 Anfangstableau des Simplexverfahrens und die fehlenden Werte des darauffolgenden Tableaus.

Anfangstableau:

x_1	x_2	x_3	u_1	u_2	u_3	u_4	
0,5	0,25	0	1	0	0	0	1080
1	0	0,75	0	1	0	0	1260
0,5	1	0,75	0	0	1	0	1080
0	0,5	1	0	0	0	1	1260
3	3	5,5	0	0	0	0	DB

$a_1 = 0,25$ Übernahme aus dem Starttableau

$a_2 = 1260 - 0,75 \cdot 1260 = 315$

$a_3 = 1 - 0,75 \cdot 0,5 = 0,625$

$a_4 = 5,5 \cdot 1260 = 6930$

Lösungen - Zentrale Abiturprüfung 2020
Aufgabenteil B: Hilfsmittel GTR   Lösungen
Aufgabe 3 – Lineare Algebra Fortsetzung

3.2.2 Interpretation: In der Zeile der Zielfunktion sind alle Werte (letzte Spalte ausgenommen) kleiner als 0, somit handelt es sich um das optimale Tableau. Der maximale Deckungsbeitrag von 7 740 GE wird erzielt, wenn von T_1 270 ME, von T_2 0 ME und von T_3 1260 ME produziert werden. Die Maschine M_1 hat dabei noch 945 Minuten und Maschine M_2 45 Minuten freie Kapazität. Die Maschinen M_3 sowie M_4 sind voll ausgelastet.

Aufgabe 4 – Stochastik

4.1.1 Wahrscheinlichkeiten

Bei einem fehlerfreien Florentiner-Törtchen darf keiner der drei Fehler F_1 bis F_3 vorliegen. Berechnung über das Produkt der drei Gegenwahrscheinlichkeiten:
$0{,}97 \cdot 0{,}99 \cdot 0{,}96 \approx 0{,}9219 \approx 92{,}2\,\%$

Bei zwei oder drei Fehlern beträgt die Wahrscheinlichkeit
$0{,}03 \cdot 0{,}01 \cdot 0{,}96 + 0{,}03 \cdot 0{,}99 \cdot 0{,}04 + 0{,}97 \cdot 0{,}01 \cdot 0{,}04 + 0{,}03 \cdot 0{,}01 \cdot 0{,}04$
$\approx 0{,}001876$, also unter 0,2 %.

4.1.2 Preis für Törtchen zweiter Wahl

Wahrscheinlichkeit für genau einen Fehler:
$0{,}03 \cdot 0{,}99 \cdot 0{,}96 + 0{,}97 \cdot 0{,}01 \cdot 0{,}96 + 0{,}97 \cdot 0{,}99 \cdot 0{,}04 \approx 0{,}0762$

Erwarteter Stückerlös in €: $1{,}50 + 1{,}40 = 2{,}90$

p: Preis für Törtchen zweiter Wahl

$0{,}922 \cdot 3{,}00 + 0{,}0762 \cdot p = 2{,}90 \Leftrightarrow p = 1{,}76$

Die Törtchen zweiter Wahl müssen dann zu ca. 1,76 €/Stück verkauft werden.

4.2.1 Baumdiagramm

$P(T_B) = P(\overline{T_A}) = 0{,}125$

$P_{T_A}(B) = P_{T_A}(\overline{A}) = 0{,}01$

$P_{\overline{T_A}}(A) = 0{,}67$

Restliche Wahrscheinlichkeiten als Differenz zu 1:

$P(T_A) = 1 - 0{,}125 = 0{,}875$

$P_{T_A}(A) = 1 - 0{,}01 = 0{,}99$

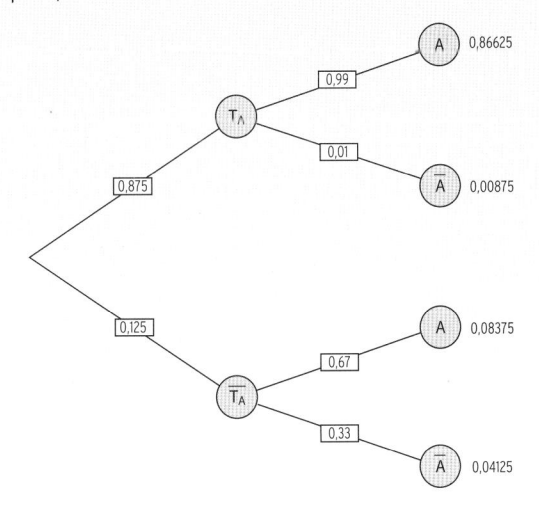

Lösungen - Zentrale Abiturprüfung 2020
Aufgabenteil B: Hilfsmittel GTR Lösungen

Aufgabe 4 – Stochastik Fortsetzung

4.2.1 Vierfeldertafel

$P(T_B) = P(\overline{T_A}) = 0{,}125$

$P_{T_A}(B) = P_{T_A}(\overline{A}) = 0{,}01$

$P_{\overline{T_A}}(A) = 0{,}67$

Restliche Wahrscheinlichkeiten z. B.

$P(T_A) = 1 - 0{,}125 = 0{,}875$

$P_{T_A}(A) = 1 - 0{,}01 = 0{,}99$

$P(T_A \cap \overline{A}) = 0{,}875 \cdot 0{,}01 = 0{,}00875$

	A	$\overline{A} = B$	
T_A	0,86625	0,00875	0,875
$T_{\overline{A}}$	0,08375	0,04125	**0,125**
	0,095	0,05	1

$P(\overline{T_A} \cap A) = 0{,}125 \cdot 0{,}67 = 0{,}08375$

4.2.2 Wahrscheinlichkeiten für folgende Ereignisse:

$P(E_1) = 0{,}86625$

$P(E_2) = 0{,}86625 + 0{,}08375 = 0{,}95$

$P(E_3) = P_A(T_A) = \dfrac{P(A \cap T_A)}{P(A)} = \dfrac{0{,}86625}{0{,}95} \approx 0{,}9118 = 91{,}18\,\%$

4.3.1 Wahl von H_1 im Sachzusammenhang.

H_1 ist die Gegenhypothese zur Nullhypothese H_0: $p = 0{,}08$ bzw. $p \geq 0{,}08$.

Es wird vermutet, dass die Optimierung von Anlage 2 tatsächlich gelungen ist und ihr Ausschuss geringer ist als der von Anlage 1, also unter 8 % liegt.

4.3.2 Entscheidungsregel zum obigen Signifikanztest

X : Anzahl der Tüten, die zerbrochene Kekse enthalten

X ist $B_{100;\,0{,}08}$-verteilt $n = 100$, $\alpha \leq 0{,}1$

H_0: $p \geq 0{,}08$; H_1: $p < 0{,}08$

Linksseitiger Test:

$P(X < k) \leq 0{,}1$

$P(X \leq 5) \approx 0{,}1800$

$P(X \leq 4) \approx 0{,}0903$

Entscheidungsregel: Bei maximal 4 gefundenen Tüten mit zerbrochenen Keksen geht man auf einem Signifikanzniveau von 10 % davon aus, dass die Optimierung gelungen ist.

4.3.3 Wahrscheinlichkeit des Fehlers 2. Art (β-Fehler) für den

$\beta = P(X \geq 5) \approx 0{,}723 = 72{,}3\,\%$

4.3.4 Interpretation

Der Fehler zweiter Art bedeutet, dass die Optimierung gelungen ist, aber im Test nicht auf einem Signifikanzniveau von 10 % nachgewiesen wird.

Stichwortverzeichnis

Analysis (Aufgaben ab Seite 61):
Ganzrationale Funktionen: 1; 4; 5; 6; 8; 9; Musteraufgabensatz 1 + 2;

in allen ZA 2017 - 2020

Herleitung von Funktionsgleichungen aus vorgegebenen Bedingungen: 5; 8; 9; 10; ZA 2017

Integration/Flächenberechnung: 1; 5; Musteraufgabensatz 1; Musteraufgabensatz 2

Exponentialfunktion vom Typ $f(x) = p(x) \cdot e^{q(x)}$ mit p und q ganzrationale Funktionen:

1; 2; 3; 5; 6; 7; 8; 11; 12; 13; Musteraufgabensatz 1 + 2; ZA 2018; ZA2019; ZA2020

Integration/Flächenberechnung: 2; 6; 12; ZA 2019

Ökonomische Anwendungen

Marktpreistheorie, Konsumenten-/Produzentenrente:

1; 2; 12; Musteraufgabensatz 2; ZA 2017; ZA 2018

Modell der vollständigen Konkurrenz: 6; 9; 10

Modell Angebotsmonopol: 4; 6; ZA 2017; ZA 2020

Umsatzentwicklung, Absatzentwicklung:

1 ; 2 ; 3; 5; 6; 7; 11; 12; Musteraufgabensatz 1 + 2 ; ZA 2019

Lineare Algebra (Aufgaben ab Seite 98)
Lineare Optimierungsprobleme: 3; 6; 8; 9; ZA 2017; ZA 2019; ZA 2020

Zweistufige Produktionsprozesse:

1; 3; 4; 6; 8; Musteraufgabensatz 1 + 2; ZA 2017; ZA2018; ZA 2019; ZA 2020

Logistische Zusammenhänge/Kundenwanderung: 2; 5; 7; 10; 11; 12

Stochastik (Aufgaben ab Seite 132):
Bedingte Wahrscheinlichkeit:

5;10; 11; Musteraufgabensatz 1; ZA 2018; ZA 2019; ZA 2020

Binomialverteilung:

1; 2; 3; 4; 6; 7; 12; Musteraufgabensatz 1 + 2; ZA 2017; ZA 2018; ZA 2019; ZA 2020

Einseitiger Hypothesentest/Fehler 1./2. Art:

1; 3; 4; 6; 7; 8; 9; 11; 12, Aufgabensatz 1 + 2; ZA 2017; ZA 2018; ZA 2019; ZA 2020

Ökonomische Anwendungen (Kostenabwägungen; …) in allen Aufgaben

Ott
Lengersdorf

Abitur 2021 | *Leistungskurs*
Aufgabensammlung zur zentralen Abiturprüfung
Mathematik am Berufskolleg – Berufliches Gymnasium
– Fachbereich Wirtschaft und Verwaltung –
Nordrhein-Westfalen